Heidemarie Bennent-Vahle

Glück kommt von Denken

Heidemarie Bennent-Vahle

Glück kommt von Denken

Die Kunst, das eigene Leben in die Hand zu nehmen

HERDER

FREIBURG · BASEL · WIEN

*Für Klaus,
meine Töchter Marlen, Pauline und Lilian
und Mio, der mich zum Herumstreunen
verpflichtet hat*

Inhalt

Ich glaube, dass die Fehlentwicklung nicht mit »Fehlfunktionen« der Märkte zu erklären sind. Das Problem liegt sehr viel tiefer. Die vorherrschende Theorie der freien Märkte leidet unter einem konzeptuellen Fehler, nämlich unter dem Unvermögen, das Wesen des Menschlichen zu begreifen.
In der herkömmlichen Wirtschaftstheorie wurde ein eindimensionales menschliches Wesen geschaffen, das die Rolle des Unternehmensführers, des sogenannten Entrepreneurs spielen soll. Wir haben die unternehmerische Tätigkeit vom übrigen Leben, das heißt vom religiösen, emotionalen, politischen und sozialen Leben getrennt. Der Unternehmer hat nur eine einzige Mission: Gewinnmaximierung. Unterstützung erhält er von anderen eindimensionalen Wesen, die ihm ihr Geld anvertrauen, um diese Mission zu erfüllen. Um es mit Oscar Wilde zu sagen: Sie kennen von allem den Preis und von nichts den Wert.

Unsere ökonomische Theorie hat eine eindimensionale Welt geschaffen, die von jenen bevölkert wird, die sich dem Spiel des Wettbewerbs verschrieben haben, einem Spiel, in dem der Erfolg ausschließlich am Gewinn gemessen wird. Und da man uns davon überzeugt hat, dass das Gewinnstreben die beste Art ist, die Menschheit glücklich zu machen, machen wir uns die Theorie mit Begeisterung zu eigen und versuchen, uns ebenfalls in derart eindimensionale menschliche Wesen zu verwandeln. Die Theorie ist also nicht der Realität nachempfunden, sondern wir zwingen die Realität, sich der Theorie anzupassen.

Die Welt ist derart gefesselt vom Erfolg des Kapitalismus, dass sie nicht wagt, Zweifel an der ökonomischen Theorie zu äußern, die diesem System zugrunde liegt.

Doch die Wirklichkeit unterscheidet sich erheblich von der Theorie. Die Menschen sind keine eindimensionalen Wesen, sondern weisen eine faszinierende Vielfalt von Dimensionen auf. Ihre Emotionen, Überzeugungen, Prioritäten und Verhaltensmuster sind am ehesten den Millionen Farbtönen vergleichbar, die aus den drei Primärfarben gemischt werden können.

Muhammad Yunus
Friedensnobelpreisträger des Jahres 2006

aus: Muhammad Yunus: Die Armut besiegen

Einleitung

Philosophie ist, worauf man beinahe von selbst gekommen ist. (Hans Blumenberg)

Wenn das Licht aus dem Raum getragen worden ist und meine Frau nichts mehr sagt – sie ist nämlich schon mit meiner Gewohnheit vertraut –, dann durchforste ich meinen gesamten Tag und gehe meine Taten und Worte noch einmal durch. Ich verhehle mir nichts und übergehe auch nichts. Warum sollte ich auch vor irgendeinem meiner Fehler Angst haben? Ich kann doch sagen: »Sieh zu, dass Du das nicht mehr tust. Dieses Mal verzeihe ich Dir noch.« (Seneca)

Die meisten Leute ahnen nicht, wie viel besser es ihnen gehen würde, wenn sie hin und wieder einmal sehr gründlich nachdenken würden. In dieser Angelegenheit ist ganz und gar auf eine Diagnose der Philosophin Hannah Arendt zu setzen, die das Denken zur wesentlichen Voraussetzung einer voll entfalteten Vitalität macht. Ohne Denken treiben wir wie narkotisiert durchs Leben und erleiden schlimmstenfalls eine Art seelisch-geistigen Erstickungstod.

Schenkt man einer Reihe von renommierten Beobachtern der gegenwärtigen westlichen Gesellschaften Glauben, so befindet sich eine nicht unerhebliche Zahl von Zeitgenossen in einem Zustand gesteigerter Erschöpfung. Viele fühlen sich überfordert von dem hohen Anspruch, ein erfolgreiches, kreatives und selbstverwirklichtes Leben zu führen, und sacken, ohne es recht zu bemerken, ermattet in sich zusammen, noch bevor das Lebensschiff so recht in Fahrt kommt. Während die einen sich schon früh wie gelähmt, niedergedrückt und verlangsamt fühlen, gleiten andere auf dem Strom sich anbietender Möglichkeiten scheinbar geschmeidig dahin, sind erfolgreich, zielorientiert, sorglos und brechen doch irgendwann in der Mitte des Lebens entzwei – nicht selten ausgelöst durch Trennung, berufliche Bruchlandungen oder Krankheit.

Dass hier das philosophische Nachdenken und nicht allein die therapeutisch angeleitete Selbstreflexion hilfreich sein kann, ist die Kernthese dieses Buches. Ich möchte sogar so wagemutig sein zu sagen, dass in vielen Fällen das Philosophieren nachhaltiger wirkt als jede selbstbezogene Nabelschau, insofern es einen weiteren Bogen spannt und uns dazu verhilft, über den Tellerrand unseres kleinen, schmächtigen Ichs hinauszublicken. Worin aber unterscheidet sich ein philosophisch angeleitetes Leben von einem nichtphilosophischen? Warum ist es heute mehr denn je so anstrengend, ein »philosophisches Leben« zu führen? Und warum sollte man überhaupt ein solches führen, wenn Mühen in Aussicht gestellt werden?

Soll das Denken vitalisierend wirken, so muss wohl mehr damit gemeint sein als die vertraute Hintergrundmusik flüchtiger Gedanken und routinierter Überlegungen, die unser alltägliches Leben permanent begleiten. Auch wenn es erst das Endziel dieses Buches ist, von der Besonderheit und unverzichtbaren Bedeutung des Philosophierens zu überzeugen, so lassen sich jetzt schon zwei Merkmale dieser Denkform absehen. Erstens: Da sie auf ein grundsätzlicheres Nachdenken zielt, ist sie beschwerlich, und man kann sie nicht dauerhaft durchhalten. Es wird also darauf ankommen, den richtigen Moment abzupassen, oder, wenn dieser versäumt wurde, wenigstens jenen zweiten oder dritten Moment zu ergreifen, an dem es noch gelingen kann, den Schaden zu begrenzen. Zweitens: Damit die Verlebendigung des Denkens wirkt, muss man selbst der Urheber seiner Gedanken sein. Frei nach Wilhelm Busch könnte man in humoriger Tonlage formulieren: »Das Denken tut dem Menschen gut, wenn er es nämlich selber tut.«

Was es heißt, etwas selbst zu tun, eigenursprünglich – und nicht außengelenkt, fremdbestimmt oder aus zweiter Hand – zu denken, das soll das zentrale Thema in den letzten Kapiteln dieses Buches sein. Es geht dabei um nicht mehr und nicht weniger als unser Lebensglück. Obwohl es viele hochintelligente, kluge und gebildete Menschen gibt, ist anzunehmen, dass das Denken als praktische Lebenskunst, als Lebensklugheit oder, wie andere sagen, als Lebenskönnerschaft heute nicht besonders hoch im Kurs steht, manchmal nicht einmal bei denen, die es berufsmäßig betreiben, also bei den Philosophen, Geisteswissenschaftlern und Fachexperten. Um dies zu erklären, kann ich auf ein Wort Hannah Arendts verweisen, das uns noch einmal etwas genauer mitteilt, was es mit einem Denken dieser Art auf sich hat: »Das Denken im nichtkognitiven, nichtspezialisierten Sinne als ein natürliches Bedürfnis des menschlichen Lebens (...) ist kein Vorrecht der wenigen, sondern eine stets bereitliegende Fähigkeit jedes Menschen; entsprechend ist die Denkunfähigkeit nicht ein Mangel an Hirn bei den vielen, sondern eine stets bereitliegende Möglichkeit bei jedem – auch bei Wissenschaftlern, Gelehrten und anderen geistigen Spezialisten. Bei jedem kann es dazu kommen, daß er jenem Verkehr mit sich selbst ausweicht, dessen Möglichkeit und Wichtigkeit Sokrates als erster entdeckt hat. (...) Ein Leben ohne Denken ist durchaus möglich; es entwickelt dann sein eigenes Wesen nicht – es ist nicht nur sinnlos, es ist gar nicht recht lebendig. Menschen, die nicht denken, sind wie Schlafwandler.«

In diesem Buch sollen also keine wirkungsvollen Selbsttechniken, Selbstbehauptungsübungen, Finessen und Tricks der Alltagsbewältigung vermittelt werden. Es geht vielmehr darum, im Blick auf wichtige Lebensthemen wie z. B. Liebe, Erziehung oder Alter in den Raum des Nachdenkens einzuladen und dabei verschiedene Grundprobleme der modernen Gesellschaft einzukreisen. Durch ideengeschichtliche Rückblicke werden einige historische Wurzeln unserer zunehmenden Weltentfremdung freigelegt, um damit ein Abrücken vom Zeitgeist anzuregen und erfahrbar zu machen, wie im Fingerzeig auf das Mangelhafte und Unvollkommene ein Eindruck des Richtigen als vorsichtiges Gegenbild aufscheint. Es gilt zu verstehen, dass dieses Richtige sich schwerlich in klare und nicht revidierbare Begriffe fassen lässt, sondern eher einer Intuition des Herzens gleicht, für die wir von Generation zu Generation unabschließbar Sprache und Ausdruck suchen müssen.

Ins Denken zu kommen, meint aber immer auch – im deutlichen Gegensatz zu vielen zeitgeistüblichen

Ablenkungsmanövern – eine radikale Konfrontation mit der Begrenztheit unserer Existenz. Diese soll uns nicht »runtermachen«, kleinkriegen oder deprimieren, sondern genau umgekehrt: Sie soll uns mit dem Leben ein wenig mehr versöhnen und uns ermöglichen, gewissermaßen als ganz besonders gute Kenner unserer selbst auf neue, selbstbewusste Weise in die Gemeinschaft mit anderen einzutreten.

Mag es auch gelingen, den Menschen wissenschaftlich präzise zu vermessen und mit psychologischer Kunstfertigkeit einigermaßen verkehrstüchtig zu erhalten, so bedarf es der Philosophie auf vielerlei Weise: 1. um zu verstehen, wer wir sind und wie wir handeln müssen, wenn wir wissen, wie wir »funktionieren«; 2. um zu fragen, wie das Wissen über unsere Funktionsapparate auf ebendieses Funktionieren zurückwirkt; 3. um da weiterzufragen, an den Rändern, Leerstellen und Einzellagen unserer Existenz, wo es keine naturwissenschaftlichen Antworten mehr gibt, und um zu zeigen, dass das nicht sinnlos ist; 4. um uns zu wundern, warum die Menschheit alles in allem im Zuge des wissenschaftlich-technischen Voranschreitens so miserabel und – wie es scheint – in vielen Dingen sogar immer schlechter dasteht, und 5. um uns zu fragen, warum es oft vorkommt, dass eine Einzelperson, die auf vielfältige Weise von Beratern, Experten, Therapeuten angeleitet und umhegt ist, sich dennoch nicht freudvoll in der Wirklichkeit verankern kann.

Dieses Buch ist also nicht für Philosophen von Profession geschrieben, sondern es versucht, wie ich hoffe, einigermaßen allgemeinverständlich, die alltagsbezogene Bedeutung philosophischer Reflexionen vorzuführen. Schon von jeher haben Philosophen erkannt, wie maßgeblich vor allem ein gelingendes menschliches Miteinander für unser Lebensglück ist. Schon Aristoteles bestimmte den Menschen als ein von Natur aus Gemeinschaften bildendes Wesen. Diese soziale Ausrichtung unserer Spezies wird inzwischen von Hirnspezialisten durch die Erforschung des Glücks bestätigt: Beinahe nichts bringt unsere Nervenzellen im sogenannten Lustzentrum so zum Sprühen und Glühen wie die Erfahrung vorbehaltloser Zwischenmenschlichkeit. Im sozialen Kontakt und beim Erlernen neuer Dinge kommen unsere Glücksgehirnströme so richtig in Schwung, während z. B. die elektrisierende Wirkung des Konsums nur von sehr kurzer und flüchtiger Dauer ist.

Man fragt sich sogleich, ob die Lebensbedingungen der modernen Gesellschaft, die uns zu Konkurrenzverhalten, materieller Gier, Leistungsstress sowie raffinierten Rollenstrategien und Selbstinszenierung veranlassen, diesem Glückserleben sehr zuträglich sind. Die Versprechungen und Erwartungen sind hier jedenfalls groß, denn nur so erklärt sich die Karriereversessenheit vieler jungen Menschen. Auch über das Glück ist also nachzudenken. Die Naturwissenschaft sagt uns hier, was der Fall ist, die Philosophie erkundet, was wir damit anfangen können. Sie bringt die Naturwissenschaft oft auch auf die Fragen, anhand derer man weiterforschen könnte. Zum Beispiel könnte man weiterfragen: Macht uns jede Form von Gemeinschaft gleichermaßen glücklich oder gibt es da Unterschiede? Oder noch genauer: Zeigen die Gehirnfeuerwerke Unterschiede, wenn man einbezieht, wer mit welchem Anspruch in welche Gemeinschaftsform eintritt, um sein Glück zu suchen?

Die nun folgenden Ausführungen versuchen auch den gebietsfremden, philosophisch unvertrauten Leser auf behutsame Weise mit einer Reihe philosophischer Gedanken in Berührung zu bringen. Es kann aber nicht darum gehen, einen in allen Passagen problemlos konsumierbaren Text anzubieten. Die Irritation, das Steckenbleiben und Verhakeln in einigen Gedanken sind unvermeidlich und gewollt, denn nur so wird der belebende Ansporn des Philosophierens erfahrbar. Da allzu leichte Kost unvereinbar mit einem tieferen Nachdenken und Erkennen wäre, kann es mir also nicht darum gehen, alle Schwierigkeiten aufzuheben oder alle Unebenheiten glattzustreichen. Vielmehr ist mein Anliegen, so zu schreiben, dass der grundsätzlich Aufgeschlossene sich motiviert findet, den Parcours nicht kurzerhand zu verlassen, wenn sich Untiefen, Engpässe oder Klippen vor ihm auftun. Ich hoffe auf einen Leser, dem die breiten, bequemen Wegstrecken zum Aufwärmen und zur Erholung dienen und der, wenn es komplizierter und unwegsamer wird, dennoch voller Entdeckerlaune seine Reise fortsetzt. Manche Teilstücke gilt es vielleicht auch zweifach zu durchlaufen, um das Gelände über einen Ausblick in beide Richtungen genauer zu erfassen. So wünsche ich Ihnen, die Sie nun bereits bis hierher gelesen haben, eine denk-anregende Zeit, weit über die Lektüre dieses Buches hinaus.

1. Sport: Über bitteren Unernst und verlorenen Ernst

Sport gehört zum Reich der Freiheit, Arbeit zum Reich der Notwendigkeit. Sport gehört (...) zum Lebensvollzug, Arbeit (...) zum Herstellen. Sport ist zweckfreie Bewegung, Arbeit zweckgebundene. Durch die Leistungsorientierung des Sports und durch Sport als Beruf ist diese schöne polare Ordnung allerdings einigermaßen durcheinandergeraten. (Gernot Böhme)

Von Tortenteilen und Sportzerwürfnissen

Es war ein nostalgischer Nachmittag in einem jener bergischen Fachwerkhäuser, das in der Obhut meiner Tante Clara bis ins 3. Jahrtausend seinen Vorkriegscharme bewahren konnte. Sowohl das verwinkelte, halsbrecherische Treppenhaus als auch Flur und Wohnküche, in der wir nun zusammengepfercht saßen, hatten dem Sanierungseifer mehrerer Jahrzehnte standgehalten. Es gab Schwarzwälder Kirsch, Buttercreme und Frankfurter Kranz – Tante Clara feierte ihren 88. Geburtstag, am 8.8. im Jahr 2008, und das war ihr Grund genug, Nichten und Neffen mit Anhang aller Art noch einmal in die dämmrige Wohnstube zu laden, die so viele Familienfeiern und Sahnetorten erlebt hatte.

Da saß ich also, vor mir meine Vettern Franz und Thomas mit ihren Frauen Ulrike und Anke, daneben und ohne Begleitung Georg, am anderen Ende der opulenten Kaffeetafel dann noch Kusine Helga mit ihren beiden Söhnen und Ehemann Ralf. Es ging in die zweite Kuchenrunde, in der Clara noch keinen Widerstand duldete, auch wenn unsere Mägen bereits zu murren vorgaben. Thomas, Finanzberater auf großem Fuß, blickte ungläubig auf den kräftigen Brocken Frankfurter Kranz, der, ummäntelt von selbstgemachtem Haselnusskrokant, auf seinen Teller sackte. Athletisch und durchtrainiert wie er da saß, war er solchen Herausforderungen vermutlich kaum noch gewachsen. Ich sah ihn allenfalls nach seltenen Shoppingtouren mit seiner Liebsten im hippen Café Liège einkehren, den exquisiteren und leichteren Genüssen einer Pâtisserie aus Passionata, Champagnermousse oder Impératrice hingegeben, umgeben von Gleichgesinnten, die seit Langem schon mit der Welt des Traditionsgebäcks abgeschlossen hatten.

Franz ging es ebenso, auch wenn sein kleines Bäuchlein verriet, dass es für ihn durchaus schwache Momente gab, in denen er vor den Lifestyle-Herausforderungen seines Umfeldes kapitulierte. Nicht so seine neuste Lebensabschnittsbegleiterin Ulrike, die mit betonter Langsamkeit und mürrisch einige Krümelchen von ihrem Teller pickte und immer dann, wenn Clara wegsah, wesentlich umfangreichere Sahneklumpen auf Franzens Teller hinüberschmuggelte. Er war nicht erbaut, ergab sich aber dem Rollenspiel, das ein Tantenschnapszahlgeburtstag einem Mittvierziger abverlangte.

Kurzum: Wir machten alle gute Miene zum bösen Spiel, das darin bestand, für Clara einen Familienzusammenhalt zu demonstrieren, der, wenn überhaupt, vielleicht einmal vor 30, 40 Jahren bestanden hatte, als wir Kinder waren und nach gemeinsamen Auswegen suchten, um der Langeweile solcher Familientreffen zu entrinnen. Nun, da die meisten unserer Eltern krank, verstorben oder bewegungsunfähig waren, verkörperten wir selbst die Familie und mussten uns, vermutlich verzweifelter als unsere Vorgänger, auf die Suche nach Gesprächsthemen machen, die uns nicht allzu sehr entzweiten und die auch Clara zuzumuten waren.

Da ich Clara in ihrer altertümlichen Sanftheit liebte, seit jeher schon, ertrug ich tapfer die Mühsal, mit Vettern und Kusine eine Gesprächsebene zu finden, die uns einen zwanglosen Austausch ermöglichte. Ich wandte mich zunächst an Georg, der mir früher der Liebste war und den ich während der vergangenen Jahre in seiner sauerländischen Klause wenigstens hin und wieder am Ende einer Wanderung besucht hatte. Da er Bundesligafan war, fragte ich ihn ganz hoffnungsvoll und ahnungslos nach dem Stand der Dinge bei Borussia Dortmund. Damit war ich letztlich verantwortlich für die nun folgende Unterhaltung voller Angriffslust und Zornesmut. Auch wenn die Uneinigkeit der armen Clara sicher nicht entgangen sein wird und deshalb bedauerlich ist, tat ich doch auf diese Weise nochmals einen tiefen, erhellenden Blick in die Herzen meiner Vettern, einen Blick, der, wie Sie noch sehen werden, einiges Nachdenken zur Folge hatte.

Mir ist entfallen, wie sich eins ans andere fügte, doch binnen weniger Minuten hatten Franz und Thomas auf der einen und Georg auf der anderen Seite sich bereits unwiderruflich und unbelehrbar in ihren Positionen verschanzt und monologisierten vor sich hin, wo es sicher sinnvoller gewesen wäre, einander zuzuhören. Es ging dann gar nicht mehr wirklich um Sport, sondern um einen sehr grundsätzlichen Schlagabtausch zweier Lebenskonzepte. Helga versuchte erfolglos zu schlichten, die Kinder nutzten den Aufruhr und entwischten nach draußen, und ich flüchtete mich hilflos auf das innere Hochplateau einer fernen, unbeteiligten Beobachterin. Daran, dass meine Erinnerung sehr bruchstückhaft ist, zeigt sich allerdings, dass ich der hitzigen Atmosphäre auf diese Weise nicht vollständig ausweichen konnte. So entpuppte sich das harmlos gedachte Thema Sport als wahrhafte Zeitbombe, an der sich die aufgestauten Ressentiments meiner Vettern entluden. Ich will versuchen, mich daran zu erinnern, worum es eigentlich ging.

Auf meine harmlose Frage antwortete Georg zunächst mit einem müden Achselzucken, offensichtlich wenig erpicht darauf, sich näher zu äußern. Das Bild aus Schlappheit und mangelnder körperlicher Fitness, das er (Georg ist recht beleibt) dabei abgab, brachte nun aber Thomas in Wallung. Er fragte, ob Georg der ausbleibende Erfolg der Borussia auf den Magen geschlagen sei oder ob er sich zur Abwechslung mal weg von seiner Zuschauerexistenz zu eigenen sportlichen Aktivitäten aufraffen wolle. Georg antwortete, dass die Erfolglosigkeit seiner Lieblingsmannschaft ihn weniger störe als die zunehmende Verwüstung des Sportes durch Geldmache, Körperkult und einen inzwischen nahezu mörderischen Kampfgeist. Es gehe dabei vielen Sportlern weniger ums Gewinnen als darum, um jeden Preis eine Niederlage zu vermeiden. Was er gegen das Geldverdienen habe, fragte daraufhin Franz, er neide wohl den Sportlern ihre hochdotierten Engagements.

Diese Worte nun und der darin enthaltene unterschwellige Angriff auf Georgs bescheidene Außenseiterexistenz in der ländlichen Einöde lockten diesen endgültig aus der Reserve und er setzte zu einer längeren Rede an, die etwa folgenden Wortlaut hatte: »Heute fehlt es den Spielern an Ernsthaftigkeit, ihre sagenhaften Gehälter zerstören jeden wahren Mannschaftsgeist. Die Spieler oder überhaupt viele Sportler sind doch in Wahrheit sportlich unmotiviert bzw., wenn der Erfolg sich einstellt, bald nur noch in zweiter Linie am Sport selbst interessiert. Das große Geld verdirbt ihre Moral, fast alle lassen sich zu Marionetten einer hemmungslosen Vermarktung des Sports machen und nehmen obendrein jede Gelegenheit mit, in der Mode-, Kosmetik- oder Nahrungsmittelwerbung weitere Kohle zu machen. Fußballspieler werden, das weiß jeder, für horrende Summen kreuz und quer durch Europa verkauft und wieder zurück und damit ist doch der Erfolg einer Mannschaft, wie z. B. jetzt gerade der Hoffenheimer, das Resultat einer geschickten Einkaufs- und Verkaufsstrategie. Skrupellose Manager stecken dahinter, die selbst auf Gewinnmache aus sind und alles zu einem Riesenspektakel werden lassen. Nichts ist mehr vor Ort gewachsen, die Spieler sind letztlich Einzelkämpfer, auf Konkurrenz und nicht auf Mannschaftssinn getrimmt. Und deshalb haben die Zuschauer auch so ein bedenkliches Verhältnis zum Sport, besonders zum Fußball. Sie fallen wild übereinander her, können nicht ertragen, wenn die eigene Mannschaft verliert, obwohl das doch auf jeden Fall immer schon zum Sportgeist dazugehörte, und prügeln dann wild aufeinander ein. Großereignisse wie die Fußball-WM ziehen doch heute jeden an, die Innenstädte werden zugepflastert mit Großleinwänden und alle, wirklich fast alle, auch die, die eigentlich kein Interesse an diesem Sport haben, gucken zu, auch wenn sie nicht mal die Grundregeln kennen. Alles dreht sich um den Kick, alles ist ein Mega-Event und die Spieler sind Unterhaltungsclowns. Man regt sich auf über ihre Fouls und Fehlhandlungen, obwohl man doch in Wirklichkeit ganz versessen darauf ist, danach giert, und macht sich dann lustig über die verbalen Ausrutscher der Sportler nach dem Spiel. Ich liebe den Sport, aber was heute passiert, zerstört den Sinn des Sports, dient dazu, die unbefriedigten Massen bei Laune zu halten. Der Sport ist wie alles andere eine Industrie geworden, profitorientiert, eine Ablenkungsindustrie, ein Ausgleich für die vielen, die einen miesen Job oder gar keine Arbeit haben.«

Hier nun war es Thomas genug, er unterbrach ihn: »Meinst du nicht, dass das ein bisschen arrogant ist, dich so über die Leute zu stellen? Deine linke Weltverbesserei übersieht, dass Menschen immer schon Sport getrieben haben, schon seit der Antike. Es begeistert die Menschen, anderen bei ihren Höchstleistungen zuzuschauen. Nicht jeder kann selbst ein Akrobat oder ein Michael Ballack, ein Michael Schumacher oder Boris Becker sein und erst recht kein dreimal kluger Einstein oder Schöngeist, wie es dir vorzuschweben scheint.«

Nun mischte sich auch Anke ins Gespräch. Sie sagte: »Tommilein, ich finde, Georg hat recht.« Vermutlich wollte sie ihren aufgebrachten Liebsten mit dieser Redeeinleitung besänftigen oder wenigstens doch den Widerspruch, zu dem sie nun mit einem tiefen Atemzug ansetzte, abmildern: »Ich finde die Sportler viel zu verbissen, man sollte das alles nicht so ernst nehmen. Sport ist wichtig für die Gesundheit und für die Figur. Es ist ja nett, mal so ein Spiel anzugucken, aber die Leute sollen lieber selbst was machen und nicht bloß mit der Bierflasche vor dem Fernseher hängen …«

»So meine ich das nicht«, wandte Georg ein. »Ich will keinesfalls den Sport darauf reduzieren, nur der Schönheit oder der Gesundheit zu dienen. Diesen Fitness- und Schönheitswahn, dieses Therapietheater finde ich fast genauso schlimm. Das alles zeigt genauso, wie durchgedreht man heute ist. Bei allem geht es nur noch darum, entweder Gewinner und Erfolgstypen zu produzieren oder die Massen zu bespaßen. Da gibt es keine Grenzen mehr. Da sieht man 87-Jährige im Fitnessstudio schwitzen oder in den Wäldern der Jugend hinterherjoggen.«

Clara, die seit Jahren ihre kleine Altbauwohnung nicht mehr verlassen hatte, blickte ihn verwundert an.

»Da tut man alles, um die Leute bei der Stange zu halten. Rituale, Tanzmädchen im Stadion, fanatisches Einpeitschen von Beifall, Skispringen auf Hawaii und Windsurfen in Grönland, es würde mich nicht wundern, wenn wir das demnächst auch noch haben …«

»Jetzt krieg dich aber mal ein«, zischte Thomas, »diese Leier von der Konsum- und Leistungsgesellschaft ist doch längst überholt. Völlig out ist das. Ich kann den Scheiß nicht mehr hören. Wahrscheinlich neidest du den Leuten nur ihren Erfolg und dass sie wissen, wie man Geld macht, was man dir nicht gerade nachsagen kann.« Georg sackte ein wenig in sich zusammen, setzte aber noch einmal an: »Aber denk doch mal daran, wie viele Sportler ihre Gesundheit für den Erfolg ruinieren, übermäßiges Training, ganz zu schweigen von Doping …« – »Soviel ich weiß, haben es die sozialistischen Gesellschaften, denen dein Herz ja offensichtlich zufliegt, besonders wüst mit dem Doping getrieben, bis hin zu bleibenden Gesundheitsschäden und Todesopfern. Hör doch auf mit dem Gesülze, beweg dich lieber mal selbst, anstatt Leuten, die was auf die Reihe kriegen, mit Weltverbesserungspredigten zu kommen. Ich kann das echt nicht hören. Guck dich doch mal an.«

Und wirklich, Georg kapitulierte und starrte mit gequältem Gesichtsausdruck auf seinen Teller, was Franz nicht daran hinderte, die »Plauderei« mit weiteren Tiefschlägen gegen ihn fortzusetzen. Franz war vielleicht weniger direkt als Thomas, dafür waren seine Spitzen feiner und drangen tiefer ein. Georg, der keine brillante Vita vorzuweisen hatte, der sich und seinen Hund mühsam mit Klavierunterricht über die Runden brachte, gab sich geschlagen und zog sich endgültig in einen Bunker aus Schweigsamkeit zurück. Ich sagte zwar noch, dass ich die Aggression nicht verstehe und es doch auch ohne beleidigende Attacken gehen müsse – Helga und auch Anke nickten –, aber im Grunde war es nun für jede Verteidigung zu spät. Wir taten besser daran, uns zur Beruhigung von Tante Clara, die sich anderes erhofft hatte, auf die Suche nach einem unverfänglichen Thema zu machen. Ob uns das gelungen wäre, weiß ich nicht, denn zu unser aller Glück stürzten nun Helgas Söhne herein und kamen uns mit ihrer Rauflust und Wildheit zur Hilfe.

Gedanken über nicht verwandte Vetternwelten

Die geschilderte Situation hing mir noch lange nach. Keine Frage, dass meine Sympathien aus vielerlei Gründen bei Georg lagen. Ich schämte mich ein wenig, auf meinem hohen Podest verharrt zu haben. Von Sport verstand ich nichts, und so verpasste ich den rechten Moment, in dem ich mich hätte einmischen müssen. Als wir auseinandergingen, drückte ich fest Georgs linke Hand und versprach ihm einen baldigen Besuch, ein bisschen zum Trost und ein bisschen zur Entschuldigung für meine Kleinmütigkeit. Er nickte kurz und trottete mit gesenktem Blick davon.

Meine Vettern stammen aus unterschiedlichen Welten, so viel ist unübersehbar. Oder besser gesagt: Franz und Thomas scheinen durch und durch eingepasst in die Lebensmuster des etablierten Wohlstandes, der uns umgibt. Hätte ich nicht bei einer ausgelagerten Zigarettenpause von Anke erfahren, dass Thomas wegen seiner Nervosität und seiner Versagensängste seit einem Jahr in Therapie ist, wäre mir die glatte Weltgewandtheit der beiden gespenstig vorgekommen. Anke erzählte mir auch, dass sie überlege, sich zu trennen, da Thomas wenig Rücksicht auf ihre Bedürfnisse nehme und auf dem Standpunkt stehe: Wenn es nicht passt, dann muss man sich eben umorientieren. Er könne nicht auch noch Stress in seiner Beziehung gebrauchen. Soweit ich über Thomas'

Lebensgeschichte auf dem Laufenden bin, stellt Anke das Schlusslicht einer zahllosen Reihe von Partnerinnen dar, bei denen es offenbar bis dato nie gepasst hat.

Thomas und wohl auch Franz sind für mich trotz ihrer schönen alten Namen ganz und gar »moderne Subjekte«, während ich Georg, auch wenn er durchaus auf der Höhe der Zeit ist, eher als »altes Subjekt« bezeichnen würde, irgendwie als ein Überbleibsel eines romantisch-idealistisch geprägten Weltbildes, in dem es noch um wahre Liebe, tiefe Freundschaft und berufliche Erfüllung ging. Auch Franz und Thomas benutzen diese Begriffe, aber ich kann mich des Eindrucks nicht erwehren, dass sie damit etwas ganz anderes meinen: präsentable, passgerechte Partnerinnen mit Lifestyle-Qualitäten und sexuellen Vorzügen statt Liebe; Sportgenossen, Team-Mitspieler und Auf-ein-Bier-Gesellschaftler statt Freunde; Flexibilität, Wettbewerbserfolg, Impression-Management und zielstrebige Selbstverleugnung statt beruflicher Erfüllung und kollegialer Solidarität.

Georg hingegen ist ein Herausgeschleuderter dieser neuen Schnellflüge zum persönlichen Triumph, ein Melancholiker im Windschatten der Gesellschaft, dem noch immer die alten Träume von individueller Autonomie und lebenslanger liebender Verbundenheit im Kopf herumgaukeln. Durch seinen freiwilligen Rückzug in die provinzielle Langeweile eines Mittelgebirgsdorfes – trotz einer Promotion in Geschichte und Sozialwissenschaft wurde er zum erklärten Verweigerer der Konsumwut und Profitgier –, schnappte die Armutsfalle dann sehr schnell und bereitwillig über ihm zu.

Aber auch das beirrt ihn kaum. Er greift auf seine außerordentliche musikalische Begabung zurück und durchpflügt auf seinem Motorroller das westliche Sauerland bis Iserlohn und Hemer auf der Suche nach lernwilligen Klavier- und Gitarrenschülern. Das hält ihn über Wasser und macht ihn jedenfalls nicht unzufrieden. Wenn ich ihn in seinem unmodernen Reich fernab der glänzenden Fassaden der Wohlstandspaläste besuche, scheint er mir im Gegenteil sogar äußerst froh zu sein, dankbar wie ein Davongekommener nach Naturkatastrophen. Was ihn aber verzweifeln lässt, so fand ich im Laufe unserer weiteren Telefonate und persönlichen Gespräche über Sport heraus, das ist der Gesamtzustand dieser Welt und das, was er im Rückgriff auf sein Soziologiestudium die »Selbstauflösungstendenz der Moderne« nennt. Ja, es scheint beinahe so, als sei er stolz auf die Zerbrechlichkeit seiner sozialen Lage, die ihn in eine verborgene Solidargemeinschaft mit den Bruchbiografien der Arbeitslosen und Sozialhilfeempfängern versetzt. Am meisten gefiel mir seine Zurückhaltung, seine wohltuende Art, keinen Wind um sich selbst zu machen. Sie veranlasste mich, in der Folgezeit eine Reihe tiefgründiger »Sportgespräche« mit ihm zu führen.

Aufklärende Sporterklärungen

Da die missglückte Diskussion in Claras guter Stube mir Georgs Position nicht wirklich klargemacht hatte, fragte ich nach. Er erläuterte dann, dass er den Sport natürlich liebe, nicht ganz so wie die Musik, aber fast.

Er liebe ihn auch in Form von Sportvorführungen und Großereignissen wie Weltmeisterschaften oder Turnieren. Er bedaure nur, dass der Sport so sehr zum Geschäft geworden sei, dass sich sein ursprünglicher Sinn mehr und mehr verflüchtige. Die Außerordentlichkeit großer Sportmomente, in denen Teilnehmer und Zuschauer ein erhöhtes Lebensgefühl erfahren könnten, gehe heute im Geschrei der Moderatoren und im Gegröle aufgestachelter Anhänger unter. Er verwies mich auf den niederländischen Historiker Johan Huizinga, der über die Bedeutung des *homo ludens,* des spielenden Menschen, ein Buch geschrieben hat, oder auf den Amerikaner Christopher Lasch, der den Niedergang des Sports durch die moderne Unterhaltungsindustrie kritisiert. Ich las ein wenig nach und kam zu einigen Erkenntnissen, die ich mit vielem, was ich zuvor gelernt und gehört hatte, in einen Zusammenhang stellen konnte.

Lasch und auch Huizinga legen dar, dass die Entwicklung der modernen Gesellschaft, die auch als bürgerliche Gesellschaft bezeichnet wird, in zunehmendem Maß die spielerischen Elemente aus den meisten kulturellen Bereichen wie z. B. der Religion, des Rechts, aber auch der produktiven Arbeit herausgedrängt hat. Um den wirtschaftlichen Erfolg zu sichern, hieß es, im Zuge der Industrialisierung rationell, effektiv und ergebnissicher zu agieren, und da blieb kein Raum für Kategorien wie Zufall, Glück, und Wagnis – allesamt Komponenten, die das Spiel ausmachen. Also lehnte die bürgerliche Gesellschaft die sportlichen Volksvergnügungen zunächst ab. In der Wettleidenschaft und Verschwendungssucht der

Menschen, die der Sport förderte, sah man eine ernsthafte Bedrohung für die neuen Fortschrittstugenden wie Fleiß, Disziplin und Ordnung.

Doch das Blatt sollte sich schon bald wenden, denn einige maßgebliche Leute erkannten, dass es sinnvoller und den eigenen Zwecken zuträglicher wäre, den Sport nicht zu verdammen, sondern ihn in den Dienst der neuen Zukunftsideale zu stellen. Bald schon feierte man den Sport als Wundermittel, durch das sowohl der Charakter gebildet als auch der Nationalgeist entfacht und die kriegerische Moral vorangetrieben werden konnten. Insbesondere in der Heranzüchtung gesteigerter Wettbewerbsbereitschaft sah man den Nutzen des Sportes. Christopher Lasch nun vertritt die Ansicht, dass nicht die Betonung des Wettstreites selbst das Problem der heutigen Verwahrlosung des Sportes ist, sondern vielmehr der »Zusammenbruch jener Konventionen, die früher eben die Rivalität einschränkten, die sie zugleich verherrlichten«. Das heißt: Zu beklagen ist, dass der Sport sein regulierendes Ethos verloren hat.

Ich dachte darüber nach und mir fielen all die Skandale und Skandälchen der letzten Jahre wieder ein, die ich, nicht gerade sehr sportversessen, am Rand der Tagesthemen zur Kenntnis nahm. Ich dachte daran, wie viel Akzeptanz heute doch eine gnadenlose Siegermentalität gefunden hat, sodass die Bestechung von Schiedsrichtern, die Verabreichung von Drogen sowie der Gagenhunger der Sportler zum Alltagsgeschäft gehören. Man nimmt all das achselzuckend hin.

Ich musste Lasch also aus gegenwärtiger Sicht zustimmen, wenn er herbe Verluste an Kooperationsbereitschaft und Fairness beanstandet. Seit Erscheinen seiner Analysen vor ca. 30 Jahren ist es keinesfalls besser geworden. Im Gegenteil, schaut man genauer hin, so zeigt sich heute oftmals ein besonderer Zynismus: Man kultiviert das romantische Ideal des heldenhaften, opferbereiten, naturreinen Sportsmannes und betrachtet dessen ungeachtet schweren Dopingbetrug als Kavaliersdelikt. Man bewertet ihn nicht als Ergebnis einer freien Willensentscheidung des einzelnen Sportlers, sondern als Erfordernis quasi naturgesetzlicher Konkurrenzzwänge. Friss oder stirb, scheint hier die Devise, und wie wir wissen, obwohl es gerne vertuscht wird, gibt es eine Reihe von Fällen, in denen die Betroffenen dabei sogar ihr Sterben in Kauf nahmen.

Hier wird der Sport bitterer Ernst, und das – man muss Lasch zustimmen – genau deswegen, weil der Sport in seiner ursprünglichen Eigenart kaum noch ernst genommen wird, sondern zum Spektakel und Medienrummel verkommt. Viele suchen im Sport Ablenkung von ihren Alltagssorgen, vom Druck der Existenzsicherung, von den Gesetzmäßigkeiten des Erwerbslebens und müssen, wenn sie ihre Sinne schärfen, erkennen, dass – wie Lasch schreibt – »dieselben Kräfte, die Fabrik und Büro organisiert haben (…) auch die Freizeit organisiert und sie zu einem Anhängsel der Industrie reduziert« haben.

Wie schon der Philosoph Adorno dargelegt hat, ist inzwischen der Gegensatz von Arbeit und Freizeit nur noch ein scheinbarer. Je besinnungsloser man in der Masse untertaucht, um sich von den Anstrengungen des Berufs abzulenken, umso mehr läuft man Gefahr, auf dem Sportplatz nicht nur dem ungeliebten Kollegen, sondern gleichermaßen den Fremdbestimmungen der Arbeitswelt wieder zu begegnen. Je verzweifelter man abdriftet in die Sphären des schönen Scheins und des rauschhaften Vergessens, umso leichter kann es wohl passieren, dass man eingeholt wird von einem altbekannten Katzenjammer. Lasch formuliert das so: »Erst wenn Spiel und Sport als bloße Formen der Flucht aus der Wirklichkeit gewertet werden, büßen sie die Fähigkeit ein, diese Fluchtmöglichkeit auch wirklich zu bieten.«

Verwandte Überlegungen lassen sich auch im Hinblick auf Beziehungen, Ehe, Liebe und Sex anstellen. Ich bin froh, dass wir, Tante Clara sei Dank, darüber damals nicht gesprochen haben. Was hätte Georg, der 15 Jahre nach der Trennung noch immer seiner Frau Renate nachtrauerte, sich womöglich dazu von seinen Cousins anhören müssen? Doch dieses Thema soll nicht ausgespart bleiben, zumal ein anderes geselliges Ereignis mich in tiefes Nachsinnen darüber stürzte.

2. Von Liebe und Gerechtigkeit

Eines Tages wird das Mädchen da sein und die Frau, deren Name nicht mehr nur einen Gegensatz zum Männlichen bedeuten wird, sondern etwas für sich, etwas, wobei man an keine Ergänzung oder Grenze denkt, nur an Leben und Dasein –: der weibliche Mensch.
Dieser Fortschritt wird das Liebe-Erleben, das jetzt voll Irrung ist (sehr gegen den Willen der überholten Männer zunächst), verwandeln, von Grund aus verändern, zu einer Beziehung umbilden, die von Mensch zu Mensch gemeint ist, nicht mehr von Mann zu Weib. (Rainer Maria Rilke)

Frauengespräche

Mein Mann und ich erhielten eine Einladung von einem alten Bekannten, den wir lange nicht gesehen hatten. Neben der Vorfreude auf ein Wiedersehen mit uns spornte den Freund, so merkte ich bald, gleichermaßen der Wunsch an, uns stolz seine neue Partnerin zu präsentieren, die wie ich das Fach Deutsch und zusätzlich noch Englisch unterrichtete und darüber hinaus noch viele andere Aktivitäten in diesen Branchen verfolgte. Ich blickte voller Interesse der Begegnung mit einer Gleichgesinnten entgegen und erkundigte mich dann bald, vielleicht ein wenig zu übereifrig und neugierig, nach ihren Tätigkeiten. In Anbetracht all dessen, was sie vorzuweisen hatte, entwich mir in einem unbewachten Moment ein Seufzer, begleitet von der leicht resignierten und leider auch ein bisschen unehrlichen Bemerkung, dass ich nicht so viele Kinder hätte bekommen dürfen, wenn ich eine Hochschullaufbahn hätte weiter verfolgen wollen.

Unehrlich, weil ich es gar nicht wirklich tief bedauerte, aber dennoch zutreffend, weil ich bis heute der Meinung bin, dass es ohne erhebliche Schäden und Scherben in meinem Privat- und Innenleben nicht möglich gewesen wäre, eine akademische Laufbahn mit meinen Familienwünschen zu vereinbaren. Kurz zuvor hatte ich *Die Schule der Frauen* von Iris Radisch gelesen, die es bis ins *Literarische Quartett* und in die Redaktionsräume der *Zeit* geschafft hatte, obgleich sie wie ich Mutter dreier Töchter ist. Ich war ihr dankbar dafür, in diesem Buch unumwunden über die familiären Verluste und Nachteile eines solchen Werdegangs gesprochen zu haben. Radischs kritische Sicht der politischen und institutionellen Rahmenbedingungen für das Familienleben, aber auch ihr manchmal harsches Urteil über die Gedankenlosigkeit familienflüchtiger Männer und Frauen gaben mir nun Argumentationshilfe bei der Selbstverteidigung gegenüber der ein wenig angriffslustigen, zwölf Jahre jüngeren, kinderlosen Fachkollegin.

Auch wenn ich im Verlauf unserer rivalisierenden Debatte den Verdacht nicht loswurde, dass aus denselben Gründen, mit denen ich meine relative Erfolglosigkeit verteidigte, sie vorsichtshalber gar nicht erst Kinder bekommen hatte, ließ ich mich viel zu lange auf dieses fruchtlose Gespräch ein. Der aufgeheizte Wortwechsel stieß mich, von mir selbst zunächst völlig unbemerkt, in die idiotische Position einer Emanzipationsgescheiterten, die sich mit Windelwechseln, Laternebasteln und Hausaufgabenbetreuung wider besseres Wissen herausreden wollte.

Wir schlugen uns die vermeintlichen Argumente um die Ohren und bemerkten nicht, dass dort, wo es auf Klärung und sachliche Analyse ankam, der Raum eng wurde, weil eine von uns beiden (oder vielleicht auch jede von uns beiden) die andere zu übertrumpfen suchte. Da sie, als wir zu weiteren Menügängen und Themen überwechselten, auch an anderen Wissenschaftlerinnen kein gutes Haar ließ, fühle ich mich rückblickend ein wenig reingewaschen von dem anhaftenden faden Geschmack weiblicher Konkurrenzsucht.

Doch wie es so oft ist, veranlasste mich auch hier das Misslingen dazu, nochmals nachzudenken, wobei mich meine Verstörung in zweierlei Richtungen lenkte: Einmal dachte ich über das Verschwinden des Dialogischen nach, selbst unter Geisteswissenschaftlern, und dann auch über die vergangenen und gegenwärtigen Probleme und Verstrickungen der Geschlechterungleichheit, über die Schwierigkeiten von Liebe, Sex und Kindersegen. Das Thema Liebe soll nun am Anfang meiner weiteren Überlegungen stehen.

Von Kafkas Socken und den Überforderungen der Liebe

»Es ist fast unmöglich, daß zwei Menschen vor der Hochzeit auch nur ahnen, wer sie sind und wen sie heiraten. Wenn sie alle ihre Taten, ihre Ideen, Leidenschaften, Überzeugungen, Anschauungen und Glaubensgrundsätze kennen, so kennen sie noch nicht ihre Strümpfe, ihre verschlafenen Augen, ihre Art, beim morgendlichen Zähneputzen zu gurgeln, und ihr Gebaren, wenn sie einem Kellner Trinkgeld geben – denn in der Tiefe kann ein Mensch den anderen täuschen, aber an der Oberfläche erkennt man ihn.« So äußerte sich die Journalistin Milena Jesenská, als sie der Frage nachging, warum fast alle Ehen ihrer Zeitgenossen unglücklich waren. Sie selbst wurde als eine der Frauen bekannt, die Kafka liebte. Auch sie empfand viel für ihn und hat es dennoch vorgezogen, ihn nicht zu heiraten. Also machte sie vermutlich keine nähere Bekanntschaft mit den herumfliegenden Socken des Schriftstellergenies.

Nun, die Dinge haben sich geändert. Heute kennt man längst die Strümpfe und verschwitzten Unterhemden, die kleinen Marotten und nervigen Attitüden seines Liebsten, wenn man in den heiligen Stand der Ehe tritt. Es kann also nicht die Konfrontation mit dem Alltagsgesicht der bezaubernden Helden und betörenden Prinzessinnen sein, die dazu veranlassen, nach einem durchschnittlichen Zeitraum von inzwischen 13,9 Jahren das Weite zu suchen. Eher lässt sich vermuten, dass uns im Lauf der Zeit die romantische Zauberbrille abhandenkommt, die uns befähigt, die Nachlässigkeiten, Schönheitsfehler, dämlichen Witze und krummen Gedanken des anderen als charmanten Ausdruck seiner Außerordentlichkeit zu lesen. Wir landen dann auf dem Boden der Tatsachen und fühlen unabweisbar, dass wir mit dem illusionsmächtigen Blick auf den anderen ganz wie von selbst auch die eigene Attraktivität verlieren.

Vielen heute erscheint dies wie ein Zwangsmechanismus und sie flüchten sich, solange sie jung sind, schnell in das Fluidum eines anderen, der wieder neu macht, was zu verschwinden drohte: die Überzeugung, ein ungewöhnliches, bemerkenswertes, einzigartiges Individuum zu sein. Bei einer allzu großen Anzahl von Bruchlandungen allerdings sinkt der Erneuerungsmut und man richtet sich im Alleinsein ein. Die französische Psychoanalytikerin Marie-France Hirigoyen hat diesen Tendenzen in unserer Gesellschaft ein ganzes Buch – *Solotanz* – gewidmet. Wie ich neuerdings von verschiedenen Seiten höre, wächst überdies die Tendenz, angesichts des romantischen Bankrotts von vorneherein eher pragmatisch vorzugehen und keinen Wert mehr auf die großen Gefühle zu legen.

Was ist los mit der Liebe? Warum vergeht beinahe kein Monat, in dem nicht irgendjemand aus dem Freundeskreis die Trennung von seinem Partner verkündet? Warum quellen die Zeitungen und Zeitschriften über von Berichten über neue und alte, halbe und ganze, hoffnungslos zerstrittene und frisch entflammte Paare? Könige, Fürsten, Politiker, Schauspieler, Fernsehstars, Sportler und Schlagersänger, alle fahren mit auf dem wirbelnden, schwindelerregenden Beziehungskarussell. Wir leben wie auf einem Jahrmarkt der Gefühlsgüter und emotionalen Serienprodukte mit einer ständig anwachsenden Menge von »Ausschussware«, die in unzähligen Internetportalen und Partnerbörsen preisgünstig feilgeboten und bedenkenlos verramscht wird.

Auch die Prager Jüdin Milena Jesenská, die schon in den 30er-Jahren so Kluges über die Ehe zu schreiben wusste, war in ihren persönlichen Angelegenheiten wenig begünstigt. Ohne auf die besonderen, bitteren Umstände ihres Lebens im Einzelnen eingehen zu wollen, zeigt sich hier u. a. ein sehr alltägliches Phänomen, das uns alle betrifft: Wir können unseren eigenen weisen Einsichten fast nie das Wasser reichen. Oder anders ausgedrückt: In lichten Momenten wissen wir, dass wir einander viel zu viel abverlangen, dass wir – wie Jesenská es fragend formuliert – an einer hoffnungslosen Liebesüberforderung leiden. »Hier beginnt es nämlich«, schreibt sie, »zwei Menschen – zwei kleine, vereinsamte, der ganzen Hoffnungslosigkeit, Trübseligkeit und Aussichtslosigkeit des Lebens preisgegebene menschliche Wesen, zwei Menschenkinder auf der riesigen Erdkugel, die so unvorstellbar, schrecklich, beunruhigend groß ist, zwei nach natürlichem und gewöhnlichem Recht unglückliche Menschen – sollen auf einmal, unversehens, etwa um halb zehn Uhr vormittags, eingesperrt in eine Wohnung, einen Namen, ein Hab und Gut, ein Schicksal haben, sollen plötzlich und nur deshalb, weil sie zu zweit sind, glücklich sein?«

Es lohnt sich, ein paar Gedanken auf die Frage zu verwenden, wie es sein kann, dass so viele von uns beharrlich an ihren romantischen Liebesträumen festhalten, obwohl wir doch längst wissen, dass der Keim des Scheiterns in ihnen schlummert und irgendwann das Terrain erobern wird. Liebe und Romantik sind ein und dasselbe – dies ist ein Glaube nicht nur der Begründer romantischen Denkens, sondern gleichermaßen das geheime Bekenntnis vieler Menschen der Gegenwart. Auch ich bin überzeugt, dass das romantische Ideal noch längst nicht abgedankt hat.

Welche Chancen aber hat das romantische Liebessehnen angesichts der unbezweifelbaren Realität von Ehescheidungen, von wechselnden Lebensabschnittsbegleitern, von gerichtlichen Grabenkriegen zwischen getrennt lebenden Partnern, welche Chancen hat es auch angesichts des zähen Ringens verzweifelter Partner um gegenseitiges Verständnis in den Praxen der Beratungsstellen, Psychotherapeuten und philosophischen Praktiker? Wäre es da nicht klüger, sich der Realität zu ergeben und abzulassen von den pubertär anmutenden Träumen von einer ewigen und grenzenlosen Liebe?

Über die Fallstricke der Romantik

Was genau meinen wir, wenn wir von romantischer Liebe sprechen? Wir denken an die Liebe zwischen Mann und Frau, die von außerordentlicher Leidenschaft getragen ist, in der einer dem anderen jeweils alles bedeutet. Im Ideal romantischer Liebe verbinden sich sinnliche Glut und geistige Erhebung. Trotz ihrer Verwurzelung im grandiosen Gefühl ist die Verbindung der Liebenden nach dieser Vorstellung zugleich auf Beständigkeit und Dauer angelegt: »Das Bewußtsein sucht die flüchtige Natur zu verewigen«, schreibt Ricarda Huch in ihrem Romantikbuch und fügt hinzu: »Es ist dem modernen Bewußtsein unmöglich, das Ideal der ewigen und einzigen Liebe abzuschütteln, dieses Gestirn von unserem Himmel zu reißen, das wir hundertmal mehr als Fluch und verzehrendes Feuer als segenbringend empfinden.«

Hiermit wären wir bei einem weiteren Merkmal der romantischen Liebe angekommen: ihrer Komplizenschaft mit dem Scheitern, dem Tragischen, dem Schmerz, dem Versagen, der Unerreichbarkeit des Geliebten. Sogar eine gewisse Todesversessenheit kann man ihr nachsagen. Ihre besondere Seligkeit liegt nicht selten in einer Verzückung, die in der Erfahrung unüberwindlicher Trennungen wurzelt, in der verklärten Flamme der Schwärmerei, der grenzenlosen Sehnsucht nach dem unerreichbaren und dennoch unersetzbaren anderen. Dieser andere indes bleibt deshalb oftmals eher ein fernes Bild, eine Schimäre, mehr eine idealisierte Gestalt als ein Wesen aus Fleisch und Blut. Ja, man kann sagen, das Fremdbleiben des anderen erscheint ein zentrales Merkmal der romantischen Liebesleidenschaft.

So weit der romantische Traum – »Fremdbleiben, Mysterium des anderen!« Davon ist gegenwärtig wenig zu spüren, wenn wir die verbreiteten Trends beobachten, Paarbeziehungen über Akte gegenseitiger Durchleuchtung zu reparieren und instand zu halten. Es ist sicher gut, einander besser kennenzulernen, probeweise in die Weltsicht des anderen hineinzuschlüpfen, in seine Belange und Lebensziele hineinzufühlen. Doch lässt sich das Beziehungsglück auf diese Weise herstellen? Was nützen uns versierte Diagnoseschlüssel, was nützt uns der ganze psychologische Instrumentenkoffer, wenn wir das paradoxe Wesen der Liebe nicht verstanden haben? Es besteht darin, aus einem zutiefst ichbezogenen Impuls heraus, das heißt gewissermaßen zur Ausbreitung und Erhöhung des Selbst, den anderen sein lassen zu können, ihn nicht erforschen, nicht vergegenständlichen und vor allem nicht benutzen zu wollen.

Das Romantische bedarf – wie wir gehört haben – der Fremdheit, des Geheimnisses, der Eigenheit des anderen oder besser der Eigenheit eines jeden. Es ist also gewagt, im Zuge eines vordergründigen Egoismus die Selbstentfaltung des anderen anzutasten. Und ebenso fraglich ist es umgekehrt, uns selbst im Dienst einer anderen Person zu verkürzen, indem wir unser Wesen künstlich nach der Art des anderen zurechtschrauben. Beides zerstört den Kern der Liebe, denn »nur wer ganz er selbst bleibt, eignet sich auf die Dauer dazu, geliebt zu werden, weil nur er in seiner lebendigen Fülle dem Anderen das Leben symbolisieren, nur er als eine Macht desselben empfunden werden kann. Nichts ist deshalb so verkehrt in der Liebe wie eine ängstliche Anpassung und Abschleifung an einander (...)«, schreibt die Psychoanalytikerin und Liebesexpertin Lou Andreas-Salomé.

Was der Romantiker »sich verlieben« nennt, geht also weit über sexuelles Begehren, narzisstische Kicks oder flüchtige Begeisterung für den Charme eines anderen hinaus. Die Liebe des Romantikers hat mystischen Charakter; sie macht den anderen zum Symbol für das Höchste, das er zu fühlen und sich vorzustellen vermag. »Du bist meine ganze Welt«, heißt es. Für Lou Andreas-Salomé bedeutet lieben, »von jemand wissen, dessen Farbe die Dinge annehmen müssen, wenn sie zu uns gelangen, so daß sie aufhören fremd und schrecklich oder kalt und hohl zu sein, sondern sich, gleich den bösen Tieren in der Umgebung eines Paradieses, dem Leben zahm zu Füßen strecken«.

Ein schöner Traum, möchte man sagen, denn die Lebenserfahrung lehrt uns anderes. Auf dem Prüfstand des Alltagslebens scheitert der Romantiker immer auf dieselbe Weise: Das genauere Kennenlernen lässt schnell den Reiz der Neuheit verfliegen und besiegelt das Ende des Liebesrausches. Aus dem strahlenden Prinzen wird ein missgelaunter, nörgelnder, besserwisserischer, verstockter usw. Miesmacher oder auch ein fröhlicher, hilfsbereiter, fürsorglicher, scherzender (nur, dass wir die Witze schon kennen!) usw. Langweiler. Es will uns einfach nicht gelingen, dauerhaft in einer Person, mit der wir Bett, Toilette, Dusche, Tisch und Auto teilen, fremde Lebensmöglichkeiten und ungeahnte Potenziale zu entdecken. Wir wissen Bescheid, hämmern wutentbrannt das Bild des durchschauten Partners auf unsere Herzwand und klagen ihn an, weil er uns nicht auf neue Weise zu begegnen vermag. Ursprünglich zu großen Zielen aufgebrochen, schmarotzt nun einer auf dem anderen, und man kann nur froh sein, wenn der Therapeut zum Finale rüstet. Traurig wird es, wie so oft der Fall, wenn da Kinder sind, ein gemeinsames Haus, ein Freundeskreis und die trostlose Zukunftsaussicht auf finanzielle Nöte, potenzierten Alltagsstress und die Multiplikation von Patchwork-Familien.

Romantik und Ehe

Wir haben es, wie das Soziologen-Ehepaar Ulrich Beck und Elisabeth Beck-Gernsheim schon vor einigen Jahren darlegte, mit dem »ganz normalen Chaos der Liebe« zu tun, und das hat seine historischen Gründe. Das heimische Wohnzimmer wird zur Geschlechterkampfarena, das Eheleben zum Austragungsort eines nachzuholenden Modernisierungsprozesses und ist damit mancherorts hoffnungslos überfordert. Wie ist das zu verstehen?

Das romantische Ideal, wie ich es eben umrissen habe, ist mit einem besonderen Problem behaftet. Es ist in der zweiten Hälfte des 18. Jahrhunderts nicht nur als Gegenmodell zum pragmatischen Eheverständnis der alten Welt, sondern auch als Gegenentwurf zur nüchternen Erwerbswelt der aufkommenden Industriegesellschaft entstanden. Die Liebe sollte von der Überlast des Rationalen befreit werden. Den nach Nutzen und Gewinn berechneten Eheverhältnissen der Vorzeit sollten würdevollere Liebesverbindungen gegenübertreten, in denen die individuelle Entfaltung des Einzelnen Raum gewinnen konnte.

Romantiker wie z. B. Friedrich Schlegel, Novalis oder Friedrich Schleiermacher gaben der Liebe einen fast schon religiösen Charakter. Sie sprachen von erotisch-geistiger Verschmelzung, von heiliger Wollust und erhoben die Liebe in den Stand einer mystischen Offenbarung. »Nur in der Antwort seines Du kann jedes Ich seine unendliche Einheit ganz fühlen«, schrieb der dauerverliebte Dichter Novalis. Die Normalehen der sie umgebenden braven Bürger wurden als »Konkubinate« gebrandmarkt, als unselige Verbindungen, die nur der Staat mit Gewalt zusammenhalten konnte.

Ohne ins Detail gehen zu müssen, wird erkennbar, dass sich hier inmitten einer immer vernünftiger werdenden und immer profitabler wirtschaftenden Bürgerwelt eine Insel des Fühlens emporhob, auf die man sich flüchtete, um dem brutalen Zugriff der Zweck-und-Nutzen-Mentalität zu entgehen. Für eine kurze Zeit versuchten die Romantiker diese Insel bewohnbar zu machen, indem sie in Jena eine Form der Geselligkeit pflegten, die sich über viele Konventionen der damaligen Zeit hinwegsetzte. Vor allem den Frauen maß man vorübergehend eine Bedeutung zu, die das Bürgertum so nicht vorgesehen hatte. Gab es zwar schon in der Zeit der Aufklärung viele Tendenzen, den Frauen ein Recht auf Bildung und ein höheres familiäres Prestige zuzusprechen, so war doch kaum die Rede davon, sie aus den Fesseln der Durchschnittsmoral zu befreien und ihnen auch noch erotische Selbstentfaltung zuzugestehen. In diesem Punkt lehnten sich die Romantiker weit aus dem Fenster und das konnte, einmal abgesehen von der Frage, ob sie jemals selbst den eigenen Ansprüchen genügten, schwerlich gut gehen. In dem Maß, in dem die Vorreiter der Romantik katholisch wurden, mäßigte sich das ungestüme Ross romantischer Liebesleidenschaft dann auch zum domestizierten Turnierpferd. Man gab es zwar nicht auf, die Ehe an die Liebe zu binden, doch man musste sich nun etwas ausdenken, um die Risiken dieser unseligen Liaison einzudämmen. Solche Risiken ergaben sich ja zwangsläufig, wenn die Ehe, die als Institution zur Stabilisierung der Gesellschaft gedacht war, nun auf den unsteten Treibsand des Fühlens gegründet werden sollte.

Hierzu erfand man den Naturcharakter des Weibes und schlug so gleich zwei Fliegen mit einer Klappe: Einmal konnte man die seit der Französischen Revolution immer lauter werdenden Stimmen nach gesellschaftlichrechtlicher Gleichstellung der Frau zum Schweigen bringen – und zwar, wie ich noch erklären werde, ohne ernsthaften Gesichtsverlust der Emanzipationshelden – und zum anderen ließ sich das vermeintliche Naturwesen der Frau so gestalten, dass sie das Kunststück der Vereinigung von Liebe und Bürgernutzen vollbrachte. Um genau zu verstehen, was hier passierte, bedarf es noch eines kleinen Umweges.

Das, was man als bürgerliche Gesellschaft bezeichnet, entwickelte sich nach und nach im Zuge langer Auflösungs- und Ablösungsprozesse aus der mittelalterlichen Ständegesellschaft. Wichtiger Bestandteil der gesellschaftlichen Modernisierung, die im Wesentlichen in einer umfassenden ökonomischen Umwälzung bestand, war dabei die zunehmende Freisetzung des Individuums. Die bis dato vorgegebenen Lebensformen der alten Ständegesellschaft sowie deren Begründung in einer christlichen Weltordnung lösten sich tendenziell auf. Bis in die zweite Hälfte des 18. Jahrhunderts war keinesfalls das individuelle Glück Zweck der Ehe, sondern die rechtliche Absicherung einer Arbeits- und Wirtschaftseinheit von Mann und Frau, nicht zuletzt im Blick auf die Erben.

Schritt für Schritt, mit vielen regionalen Schwankungen, verliert die Familie im Zuge der Entwicklung der Marktwirtschaft ihre vormalige ökonomische Bedeutung als Ort der gemeinschaftlichen Produktion. Im Gegenzug kommt es zu einer Überhöhung der Ehe in emotionaler und moralischer Hinsicht. Der nun eigentlich erst entstehende, sich aus der Produktionssphäre herauslösende Privatbereich wird zum Hort des Individuellen, des Gefühls und der Gemeinsamkeit. Abgegrenzt von der großen Bühne der Politik und Ökonomie baute man so im Windschatten der Gesellschaft an einer privaten Gegenwelt, einer Art Rückzugsnische, in der das Individuum sich selbst leben und in seiner Einzigartigkeit gesehen und gestärkt werden konnte.

Dieses Bild des Privaten als Auffangbecken romantischer Wunschträume ist das Kernstück der bürgerlichen Gesellschaft. Es verbindet sich von Anfang an mit einer Neudefinition der Geschlechterrollen, in der die Liebe zum eigentlichen Geschäft des Weibes wird. Anpassungsbereitschaft und eine spezifisch weibliche Sanftmut treten nun als naturbedingte weibliche Sondereigenschaften auf. Diese dienen dazu, im zunehmend eingeschränkten, das heißt vom Erwerb abgetrennten Zirkel der Familie in erster Linie dem Willen und den Bedürfnissen des Ehemanns Genüge zu tun.

Indem sich die Familie von einer Arbeits- zu einer Gefühlsgemeinschaft wandelt, wird sie zunehmend romantisiert. Die der Frau nunmehr abverlangten weiblichen Eigenschaften sind genau so ausgerichtet, dass sich im privaten Winkel eine Zufluchtsstätte für romantische Träume erhält, während sich die Berufswirklichkeit zunehmend an ökonomischer Effektivität ausrichtet. Doch dieses rosarot getünchte Familienleben offenbart sich von Anfang an als Illusion, als eine Möchtegern-Idylle, die hinter dem Schein einer enormen Aufwertung der Frau ihre tatsächliche Unterjochung verbirgt. Man spricht von dem natürlichen Wesen der Frau und greift dabei vermeintlich auf Überzeitliches und Transzendentes zurück. In Wahrheit wird hier das Frausein neu erfunden. »Man sagt ›Natur‹, aber man meint, betreibt – und zwar dadurch – *Naturalisierung*«, schreibt der Soziologe Ulrich Beck in einem Kapitel über die Strukturgesetze der Gegenmoderne im Herzen der modernen Industriegesellschaft. Das heißt: Man verwendet den Naturbegriff, um Fraglosigkeit zu erzeugen, denn was natürlich ist, ist, wie es ist. Wir müssen es hinnehmen, uns in das Unabänderliche schicken. Tatsächlich aber überdeckt die Naturkategorie, dass der Mensch und eben auch die Frau in hohem Maß ein entwicklungsfähiges Kulturwesen ist. Die Verwendung dieser Kategorie dient dem Zweck, Ungleichheiten im Herzen einer Gesellschaft aufrechtzuerhalten, die sich den neuen freiheitlichen Idealen der bürgerlichen Revolution verschrieben hat.

Sehen wir uns an einem Beispiel an, wie hier argumentiert wird. Zentrales Merkmal der Weiblichkeit ist ihre Plastizität, ihre Fähigkeit, sich den Bedürfnissen des Mannes schmiegsam anzugleichen. Selbstaufgabe ist die eigentliche Aufgabe der Frau. So sieht es jedenfalls der Philosoph Johann Gottlieb Fichte, der, selbst Anhänger der Französischen Revolution, in dieser Frage besonders kühne argumentative Purzelbäume zu schlagen versteht. Das weibliche Selbst ist immer schon, das heißt naturbedingt, von Liebe ergriffen, von Liebe, die für dieses weibliche Selbst der »innigste Vereinigungspunkt der Natur und der Vernunft« ist. Diese Liebe ist dem Weib »etwas Gegebenes, Ursprüngliches, und aus keiner ihrer vorhergehenden, freien Handlungen zu Erklärendes«. Die Frau entscheidet sich also nicht, eine Liebe zu leben, sondern folgt darin ihren ureigensten Triebimpulsen, quasi einem unabänderlichen Zwangsmechanismus.

Sich der Liebe entgegenzusetzen, wäre ebenso widernatürlich wie vernunftfeindlich. Das Erotische tritt dabei in den Hintergrund, denn »im unverdorbenen Weibe äußert sich kein Geschlechtstrieb (...), nur Liebe; und diese Liebe ist der Naturtrieb des Weibes, einen Mann zu befriedigen«. Durch die bedingungslose und vorbehaltlose liebende Hingabe realisiert das Weib sein eigenes vernunftbestimmtes Wesen. Nur indem sie aus freien Stücken ihr persönliches Interesse zurückstellt, sich mit all ihren Besitztümern und Rechten dem Mann ausliefert, verwirklicht sie sich selbst. Sie kann es auch nicht anders wollen, denn »(...) das Weib ist nicht unterworfen, so daß der Mann ein Zwangsrecht auf sie hätte: sie ist unterworfen durch ihren eignen fortdauernden notwendigen und ihre Moralität bedingenden Wunsch, unterworfen zu sein. Sie dürfte wohl ihre Freiheit zurücknehmen, wenn sie wollte, aber gerade hier liegt es; sie kann es vernünftigerweise nicht wollen.« Wir sehen, was Naturalisierung bedeutet. Fichte entfaltet ein Wunschbild weiblicher Ergebenheit. Das ist eine für jeden vernünftigen Menschen unerträgliche und vermutlich auch unlebbare Existenzform. Der Trick ist, diese Existenzform mit dem Etikett »naturbelassen« zu versehen. So erscheint die totale Entmündigung der Frau nicht als kritikwürdige Einrichtung einer von Männern dominierten Gesellschaft, sondern als naturbedingt und damit letzten Endes auch als selbstgewollt.

Liebeshunger und Eheturbulenzen

Zurück zum heutigen Problemstand der Liebe. Noch immer ist Vorsicht geboten, wenn die großen selbsternannten Schutzherren des Natürlichen ihre argumentativen Geschütze auffahren. Im Rahmen meiner Überlegungen zum Thema Sexualität werde ich darauf zurückkommen.

Weibliche Liebe und Ergebenheit als Kitt familiärer Einheit und ehelicher Funktionstüchtigkeit haben – wie wir alle wissen – inzwischen erheblich an Bindekraft eingebüßt. So sind die Schutzwände der häuslichen Liebesstätten porös geworden, und die klimatischen Einflüsse einer ungemütlichen Außenwelt können ungehindert in das Zentrum der Privatsphäre dringen. Auch in den Zeiten unserer Großmütter und Urgroßmütter war es vermutlich nur selten wahre Liebe, die die Frau anpassungsbereit und gefügig machte. Viel wahrscheinlicher ist, dass der lebenslange Zusammenhalt der Eheleute in der Regel durch ökonomische Abhängigkeit und Angst vor gesellschaftlicher Ächtung gesichert wurde. Dass im Inneren der betonierten Ehebunker nicht selten die Fetzen flogen oder eine atmosphärisch vergiftete Waffenruhe herrschte, wissen die meisten, die darin ihre Kindheit verbrachten, nur allzu gut.

Seit der Mitte des letzten Jahrhunderts vollzieht sich ein Wandel der Geschlechterrollen. Mit dem Anspruch, ein selbstbestimmtes Leben zu führen, befreien sich Frauen Zug um Zug aus dem einschnürenden Korsett ihrer traditionellen Familienexistenz, streben nach Bildung, Beruf und öffentlichen Ämtern. Ist inzwischen auch die rechtliche Gleichbehandlung der Frau weitgehend durchgesetzt, so hinken die realen Lebensverhältnisse dieser Errungenschaft um Jahrzehnte hinterher. Noch immer sind Frauen z. B. im höheren Management extrem unterrepräsentiert und noch immer spähen – wie die aktuelle Debatte um Quotierung augenfällig macht – uralte Rollengespenster und nur mühsam kaschierte Machtdämonen durch so manches fadenscheinige Argumentationsgebilde hindurch.

Ein Vorgang, der auf der einen Seite beflügelnde Fortschritte zu verzeichnen hat, zeitigt auf der anderen Seite eine Negativbilanz, die uns in tiefstes Nachdenken stürzt. Das Zerbrechen von Familien, das unüberschaubare Durcheinander der Liebesverhältnisse, die Desorientierung und Haltlosigkeit vieler junger Menschen, die Sexualisierung der Alltagswelt und damit verbunden die sexuelle Ausbeutung von Frauen, all dies und noch einiges mehr ist im Zusammenhang mit der nachgeholten Individualisierung der Frau zu sehen.

Warum aber hat ein Wandel, der doch eigentlich mehr Gerechtigkeit in die Welt bringen sollte, solch katastrophale und besorgniserregende Begleiterscheinungen? Warum erleben viele von uns den Niedergang der traditionellen Familie, die wir uns doch keineswegs zurückwünschen, als eine private Katastrophe? Die Antwort auf diese Fragen ist banal: weil die traditionelle Aufgabenteilung der Geschlechter ein tragender Baustein der gesellschaftlichen Funktionssysteme ist, den man nicht ohne Weiteres unter Beibehaltung des Übrigen aushebeln kann. Weil darüber hinaus der beschleunigte Alltagstakt unserer beruflichen Lebensweise heute sogar mehr denn je nach einem Ausgleich im Privatleben verlangt.

Was diese Gesellschaft eigentlich fordert, ist das allseits verfügbare, freischwebende, bindungslose, nicht familienbehinderte Marktsubjekt. Überspitzt formuliert kann man sagen, dass das Übergewicht einer ökonomischen Denkweise im Übergang vom 20. zum 21. Jahrhundert auf eine bindungsresistente und kinderlose Gesellschaft zielt, in der erfolgshungrige Einzelne ihre Kreativität in die Maschinerie der Wirtschaft einspeisen, wobei sie von einem Bewusstsein höchster Freiheit und Selbstverwirklichung beflügelt sein sollten. Ein ganzes Feuerwerk von Ansprüchen prasselt auf sie nieder. So sollen sie flexibel, risikobereit, durchsetzungs- und zugleich anpassungsfähig sein, während die Strukturen der Arbeitswelt für sie gleichzeitig immer undurchschaubarer werden. Ich werde auf diesen Zusammenhang in Kapitel 3 und 7 noch genauer eingehen, hier interessieren zunächst die Auswirkungen der »schönen neuen Arbeitswelt« auf die Beziehung von Mann und Frau und auf das Familienleben.

Ulrich Beck schreibt: »Die Gleichstellung von Männern und Frauen ist nicht in institutionellen Strukturen zu erreichen, die die Ungleichstellung von

Männern und Frauen voraussetzen. Wir können nicht die neuen ›runden‹ Menschen in die alten ›eckigen‹ Schachteln der Vorgaben des Arbeitsmarktes, Beschäftigungssystems, Städtebaus, sozialen Sicherungssystems usw. zwängen.« Doch die alten »eckigen« Schachteln der Arbeitswelt haben sich durchaus verändert, allerdings kaum zugunsten der neuen »runden« Menschen. Im Gegenteil, das Voranschreiten der gesellschaftlichen Modernisierung ergreift das Liebesleben mit Macht und stellt uns vor Schwierigkeiten gänzlich neuer Qualität. Der individualisierte Mensch schlägt über die Stränge und verfällt einer Lebensweise, die man vordergründig betrachtet als egoistisch brandmarken könnte. Blickt man aber tiefer, so verbirgt sich dahinter eine Krise der Persönlichkeit, die mit der moralischen Kategorie des Egoismus nur sehr ungenügend beschrieben ist.

Je ungastlicher die Arbeitsstätten werden und je mehr der Einzelne für sein psychisches Überstehen der Arbeitsbedingungen auf persönliche Beziehungen und familiären Rückhalt angewiesen ist, umso weniger scheint das Privatleben ein rettender Hafen vor einer herzlosen Welt zu sein. Im Gegenteil: Hier werden plötzlich gesellschaftliche Fragen zu höchstpersönlichen Angelegenheiten. Das häusliche Leben ist eingefärbt und durchdrungen von einer geschäftsmännischen Sinnesart aus Konkurrenzdenken, Machbarkeitswahn und Kosten-Nutzen-Kalkül. Unser Wohnzimmer ist dann keine Oase mehr, in die wir aus dem Wüstenleben heimkehren und Zuflucht nehmen können, sondern wird zum Austragungsort des Geschlechterkampfes oder mindestens doch einer kleinlichen Aufrechnerei von Bewegungsspielräumen. Während sich im Grunde nun beide, Mann und Frau, von den hingebungsvollen Armen eines wärmenden Gegenübers umschlungen wissen wollen, entsteht ein zähes Ringen um Alltagsfragen: Wer ist zuständig für die Beseitigung des Mülls, für den Einkauf, die Wäsche, wer organisiert die Tagesmutter, und und und.

Der Gerechtigkeitsimpuls, der durch das veränderte Selbstverständnis der Frauen ergangen ist, mündet so oftmals nicht in eine neue Gestaltung von Gemeinschaft, sondern die menschlichen Beziehungen zerbröseln unter dem Gewicht der Ansprüche, mit denen sie befrachtet werden, und treiben in Isolation und Einsamkeit. Die Erfahrung der Unverbundenheit jagt indessen eine immer größere Zahl von Menschen in die Warenhäuser der Psychoszene, die in Selbsterfahrungsgruppen jedweder Couleur ein nahezu unerschöpfliches Angebot an Körperstimulation und seelischen Thrills bereithält.

Das ist alles gut und schön, etwas mehr Talent in der Wahrnehmung unserer selbst kann sicher nicht schaden, ebenso wenig wie eine Schulung unserer Fähigkeit, Zeit ohne Nutzen verstreichen zu lassen. Doch vielfach passiert auf diesem Gebiet das genaue Gegenteil. Selbstbegegnungssüchtige hetzen auf der Suche nach neuen Kicks von einem Event zum nächsten, konsumieren die Inselerfahrungen einer herstellbaren Nähe mit Wildfremden und gelangen doch nicht dazu, es mit sich selbst auszuhalten oder eine fortwährende, langlebige Offenheit für das Du zu begründen. Was dabei gänzlich auf der Strecke bleibt, ist Sensibilität für die politische Dimension der persönlichen Lebensprobleme, ganz zu schweigen von der Möglichkeit, in diesem Sinn aktiv zu werden.

Wie Iris Radisch in ihrem Buch über den desolaten Ist-Zustand der Familie feststellt, haben wir den Übergang ins 21. Jahrhundert noch zu leisten. Ihre Bestandsaufnahme zeigt, dass weder die Doppelverdienerfamilie noch die Teilzeittätigkeit der Frau Lösungen von Dauer sein können. Die sogenannten Karrieremütter, die gleichzeitig Kindererziehung und volle Berufstätigkeit schultern, gelten zwar heute nur noch wenigen Schutzherren einer heilen Vergangenheitswelt als Rabenmütter, bezahlen aber einen hohen Preis für ihr neu gewonnenes Prestige. Die Anstrengungen, die derzeit seitens der Politik im Hinblick auf die Vereinbarkeit von Job und Familientätigkeit unternommen werden, sind vermutlich hauptsächlich auf den demografischen Wandel zurückzuführen. Will die Gesellschaft nicht einen weiteren Rückgang der Geburtenzahlen riskieren, muss sie in Anbetracht des inzwischen nicht mehr revidierbaren und wirtschaftlich notwendigen Berufsengagements der meisten Frauen attraktive Bedingungen dafür schaffen. Ob sie dabei aber hinreichend bedenkt, dass es um mehr als Betreuungsangebote in Abstimmung auf die Arbeitszeiten geht, sei dahingestellt.

Auch in diesem Bereich ist ein Mentalitätswandel notwendig. Betrachtet man nämlich die seelischen Defizite, auf die ich eben hinwies, führt man sich zudem die Überforderung zahlloser Menschen durch Stress und Fremdheitsgefühle vor Augen, ja, macht man sich klar, dass Menschen heute in wachsendem Maß am Dauertropf psychotherapeutischer Wartung hängen, so kann es nicht allein darum gehen, immer mehr Menschen in die durchgetaktete Maschinerie der Arbeitswelt einzuspeisen und einem rein ökonomischen Interesse zu unterwerfen. Das Ökonomische hat sich, obgleich es alles zu beherrschen scheint, gewissermaßen entkoppelt von den lebendigen Bedürfnissen der Mehrheit. Es bedarf nicht einmal einer Finanzkrise, um zu sehen, dass sich hier – lange schon – ein System, das die materiellen Bedürfnisse der vielen befriedigen und sichern sollte, zu einem Selbstbedienungsladen für die materielle Gier vergleichsweise weniger verselbstständigt hat. Möglich war dies indes nur, weil sich Konsumdenken und ein unstillbares Wohlstandsverlangen auf samtenen Pfoten in unser aller Bewusstsein eingeschlichen haben. Mehr oder weniger sind wir also alle längst innerlich durchglüht vom Rausch der Besitzliebe, so sehr, dass wir nun alles besitzen wollen: den Mann, das Kind, das Glück. Spüren wir, dass uns die Dinge entgleiten, so setzen wir noch lange auf einen Machbarkeitswahn, der unsere Gesellschaft beinahe schon bis in die letzten Winkel alternativer Lösungsstrategien beherrscht. Dass aber das Glück nicht machbar ist, darauf werde ich sehr viel später in diesem Buch zu sprechen kommen.

Der Philosoph Max Scheler schreibt: »Die Liebe bloß scheinhafter Individuen ist eben auch nur scheinhafte Liebe.« Die Psychologen würden sagen: »Wer sich selbst nicht liebt, kann auch andere nicht wirklich lieben.« Das stimmt zwar, macht aber nicht deutlich genug, dass es sehr unterschiedliche Formen gibt, sich selbst zu lieben. Wer ganz besonders selbstverliebt ist, bringt es allenfalls für eine gewisse Zeit zu einem »égoisme à deux«, wenn er auf einen Gleichgesinnten trifft. Es ist nicht von der Hand zu weisen, dass die romantische Liebe in der bürgerlichen Gesellschaft eine sehr narzisstische Grundfarbe angenommen hat. Man kann sich fragen, ob sie nicht deshalb zu so außerordentlichen Sensationen und Höhenflügen gelangt, weil sie den anderen auf einen Anreiz zu intensivierter Selbsterfahrung reduziert. Lässt die trunkene Seligkeit nach und zeigt sich der Angehimmelte plötzlich im profanen Alltagskleid, ist die Ernüchterung groß. Vermutlich ist der Zustand romantischer Hingerissenheit gar nicht dazu angetan, sich mit der Beschaffenheit von irgendetwas klarsichtig zu befassen. Wenn romantische Liebesleidenschaft aber, wie Lou Andreas-Salomé sagt, im Grunde »vertausendfachte Einsamkeit ist«, und zwar eine solche, in der »wie mit tausend blitzenden Spiegeln umstellt, sich die eigene Einsamkeit zu einer umfassenden Welt zu weiten und zu wölben scheint«, dann müssen wir noch lernen, eine andere Liebe aus diesem blinden Taumel der Gefühle herauszulösen. Wenn man so will, müssen wir die Liebe in Anbetracht des Voranschreitens der Moderne neu erfinden.

Was sich kaum sagen lässt

Ein kleiner Zusatz fehlt hier noch. Was ich also an jenem dunklen Januarabend der angriffsfreudigen Germanistin in Bezug auf meine Mutterrolle nicht zu sagen wagte, war Folgendes: Ich wollte unbedingt immer dabei sein, wenn es darum ging, auf wackeligen Kindergartenbänken zu sitzen, um Tanzvorführungen oder Krippenspiele zu bestaunen. Ich wollte meine Töchter nicht nur aus zweiter Hand oder auf Fotos bewundern, z. B. als Schneeflöckchen im Tüllrock mit Wattebäuschchen, ich wollte neben ihnen sitzen, ihre glühenden Augen sehen, wenn im Figurentheater die Maus Frederik den Wintervorrat anlegt und sich dabei dumm anstellt. Ich wollte mich mit ihnen dem Zauber von Schattenspielen, den Herausforderungen des Ponyreitens, dem Entzücken der Arschbombe im Schwimmbad hingeben. Ich wollte wenigstens in räumlicher Nähe zu ihnen in meinen Büchern versinken, vielleicht den Unterricht vorbereiten, während sie ihre Barbie-Puppen endlos aus- und anzogen und in kitschigen Kutschen über den Teppichboden schleiften.

Obwohl ich gar nicht gerne Sterne bastele, Mensch-ärgere-dich-nicht oder gar Monopoly spiele, wollte ich doch verhindern, so abgearbeitet zu sein, dass ich es ihnen gänzlich hätte abschlagen müssen. Obwohl ich gar nicht gerne Hausaufgaben betreue und zum Üben vor den Klassenarbeiten anrege, weiß ich doch, dass meine Kinder vermutlich ohne diesen Beistand keine Aussicht auf höhere Bildung gehabt hätten.

Heute, da sie fast erwachsen sind, denke ich manchmal, dass es dennoch viel zu wenig gewesen ist, dass wir sehr viel länger hätten müßig im Garten sitzen sollen, dem Anblick und Erkunden der Dinge hingegeben. Ich denke, dass ich viel zu oft in Gedanken bei irgendeinem Artikel oder irgendeiner Erledigung gewesen bin, während es eigentlich meine Aufgabe gewesen wäre, die schnell dahinfließenden

Stunden mit meinen Kindern und ihren Freunden auszukosten. Aber hinterher ist man immer klüger. Gewiss ist aber – und das habe ich blitzschnell erkannt –, dass es mir nicht möglich gewesen wäre, unter den gegenwärtigen Bedingungen parallel zu der Produktion von Martinslaternen und Strohsternen auch noch an einer Karriere zu basteln. Verhindert wurde dies nicht durch einen unwilligen Ehemann und auch nur in zweiter Linie durch einen Mangel an Zeitfenstern. Verhindert wurde dies vor allem durch meine Unfähigkeit, immer wieder aufs Neue jenen Gestaltsprung zwischen den Erfordernissen der Kinderwelt und der Logik des Karrieredenkens vorzunehmen. Da ich glaube, dass andere – Frauen und Männer – in diesem Punkt weitaus elastischer sind, wusste ich letztlich nicht, mit welchen Argumenten ich meine Gesprächspartnerin hätte überzeugen können.

3. Sex, Sex, Sex

Da ist keine ganz reife und reine Geschlechtswelt, eine, die nicht menschlich *genug, die nur* männlich *ist, Brunst ist, Rausch und Ruhelosigkeit, und beladen mit den alten Vorurteilen und Hoffarten, mit denen der Mann die Liebe entstellt und beladen hat. Weil er* nur *als Mann liebt, nicht als Mensch, darum ist in seiner Geschlechtsempfindung etwas Enges, scheinbar Wildes, Gehässiges, Zeitliches, Unewiges, das seine Kunst verringert und sie zweideutig und zweifelhaft macht.* (Rainer Maria Rilke)

Absonderliche Phänomene

Eine meiner Bekannten leidet an Beziehungswahn. Nicht allein, dass sie dem Charme eines zweitklassigen Schlagerstars unrettbar erlegen ist, nein, sie ist auch ohne jeden Zweifel davon überzeugt, dass der smarte Schmusesänger sich irgendwann an ihrer Seite einfinden wird. Selbstredend, dass sie alle seine CDs und Videoclips, unzählige Poster und Souvenirs in ihrer kleinen Wohnung hamstert, dass sie ihm Liebesbriefe schreibt und selbstgemachte Weihnachtsplätzchen schickt. Einmal abgesehen von den Weihnachtsplätzchen haben wir unseren Paul-McCartney- oder Bob-Dylan-Kult auf ähnliche Weise betrieben, haben seufzend und sehnend vor den Bravo-Postern gesessen. Doch die Person, von der ich spreche, gibt sich weder mit solchen kleinen Schwärmereien noch mit einem exaltierten Kreischauftritt am Bühnenrand zufrieden. Sie will um jeden Preis mit dem Auserwählten auf Tuchfühlung gehen und schreckt, wie ich erfahren musste, hierbei vor unkonventionellen Schritten nicht zurück. Irgendwie, ich weiß nicht wie, fand sie heraus, dass er an einem bestimmten Tag privater Gast bei einer Sportveranstaltung sein würde. Sie ging dorthin und schlängelte sich die vollbesetzten Reihen entlang bis in seine unmittelbare Nähe. Dann trat sie dem Nichtsahnenden unumwunden gegenüber und drückte ihm mit strahlendem Lächeln einen ihrer Slips in die Hand.

Als ich von dieser Form der Minne hörte, durchfuhr es mich. Der Zusammenprall von Komik und Tragik, der in dieser Handlung liegt, ist gewiss keine Seltenheit in dieser Gesellschaft, die beinahe alles erlaubt. Noch vor 30 Jahren wäre eine solche Art der Annäherung undenkbar gewesen, erst recht, wenn man vorher auf Zimtsterne und Vanillekipferln gesetzt hatte. Heute, so konnte ich einer kurzen Nachfrage bei meiner Bekannten entnehmen, ist so etwas in manchen Kreisen ganz normal, ist es Teil einer unmissverständlichen Zeichensprache, die frau als Liebeswerbende beherrschen muss. Ich bin da hoffnungslos von gestern, wenn auch nicht unbegabt in der Deutung solcher Symbolik. Was ist also los? Machen wir uns ein paar Gedanken über Sex – Sex and Philosophy, erste Staffel.

Für mich begann es mit den Tagebüchern der Anaïs Nin, die mir ein Henry-Miller- und Charles-Bukowski-kundiger Studienkollege zuspielte (vermutlich in der Absicht, mich für diese Herren zu desensibilisieren). So las ich dann die skandalösen Journale in meiner dunklen Studentenmansarde und manchmal, muss ich gestehen, auch im Seminar über Rokokoidyllen von Gessner, Gellert und Hagedorn, die mich merklich weniger fesselten. Die verspielte Frivolität der Schäferszenerien passte eben weitaus weniger als das wilde Leben der Nin zu den lautstarken Tönen der sexuellen Revolte der 70er-Jahre.

Frauen, die wie ich aus einer Provinzstadt kamen, hatten sich zumindest theoretisch von jedem sittsamen Lebensideal zu befreien und rangen darum, in den Fußstapfen von Erica Jong die *Angst vorm Fliegen* zu verlieren. Ob uns das gelungen ist, sei dahingestellt, jedenfalls kursierten in den Frauen-Wohngemeinschaften und feministischen Politzirkeln Bände wie *Das Delta der Venus* oder wenigstens doch die Romane und autobiografischen Schriften von Simone de Beauvoir.

Was es aber damals noch nicht gab, waren hemmungslose sexuelle Selbstoffenbarungen, die an oberster Stelle der literarischen Bestsellerlisten positioniert waren. Da ist mit den *Feuchtgebieten* von Charlotte Roche ein deutlicher Fortschritt zu verzeichnen: Der Drang nach freimütiger Zurschaustellung auch intimster Gedanken und Regungen ist inzwischen salonfähig. Er ist allgegenwärtig und bewirkt – komprimiert zwischen zwei Buchdeckeln – neben einer neuen Qualität von Tabubrüchen in erster Linie unerhörte Auflagenzahlen. Das Unerlaubte wird zum Konsumartikel der Massen, liegt festlich verpackt unterm glänzenden Tannenbaum. Man kauft es im Buchladen um die Ecke, vorbei sind die Zeiten, in denen sich die Anhänger besonderer Vorlieben verstohlen in Sexshops oder Hinterräumen der Videotheken herumdrücken mussten. Geboten werden in diesem Genre neuerdings: Scheinbeichten, inszenierte Originalität, die schamlos selbstgewisse Darbietung einer exaltierten, angestrengten Freiheitspraxis, eine selbstverliebte Sexomanie im Abseits der gängigen Warenlager individueller Selbstverwirklichung.

An die unzweideutigen Werbespots bestimmter Sender zu später Stunde haben wir uns längst gewöhnt und zappen meistens schon gelangweilt weiter. Auch die Hochglanzheftchen im Bahnhofsbuchladen, die Erotikgeschäfte in der Fußgängerzone, die Swinger-Clubs und Spezialkinos für schöne Stunden sind uns seit Langem wohlbekannt. Viel länger noch leben wir in trauter Harmonie mit den Rotlichtvierteln, Stadtparkstrichen, mit Oswalt Kolle, Beate Uhse und den seichten Sexfilmen nach Mitternacht.

Was wirklich irritiert und dazu veranlasst, noch einmal über diese Dinge nachzudenken, ist eine Hypersexualisierung und Pornofizierung der alltäglichen Lebenswelt, die nun vor allem unter einigen Jugendlichen ein bedenkliches Ausmaß angenommen hat. Wenn ein Pennäler sich heimlich einen Porno anschaut oder risikofreudig den Balkon der Nachbarin erklimmt, um stummer Zeuge ihrer Zubettgeh-Zeremonien zu werden, liegt dies nach meinen Ermessen nicht auf derselben Ebene wie die um sich greifende sexuelle Verwahrlosung durch grassierende Pornosucht unter Jugendlichen, von der z. B. die Vertreter des Berliner Kinder- und Jugendwerks »Die Arche« berichten. Die Peepshow zu Hause, Sexorgien mit der Mutter am Wochenende, anonyme Sex-Chaträume, deftig-obszöne Szenen, die von einem Schüler-Handy zum nächsten wandern, all das sind Erscheinungen neuer Qualität, ebenso wie die unverstohlene Bedenkenlosigkeit, mit der deutsche Familienväter in Thailand oder auf den Philippinen sexuelle »Billigware«, egal welchen Alters, konsumieren.

Selbst eine nur kurze Beschäftigung mit diesen Dingen macht offenkundig, dass die Barbarisierung und Verrohung der Sexualität primär auf Kosten immer jüngerer Frauen geht. Generell ist zu beobachten, dass Kinder und Jugendliche mehr und mehr über ein rein technisches Sexwissen verfügen. Gang bang, Sandwich-Sex und Sadomaso sind den meisten wohlbekannt, und teilweise rechnen schon Elfjährige damit, dass sie ihre Fähigkeiten in diesen Disziplinen unter Beweis stellen müssen, wenn sie dazugehören wollen.

Rückblickend auf die letzten 50 Jahre können wir Folgendes feststellen: Im Lauf der Zeit vollzog sich Schritt für Schritt eine Ablösung der Sexualität von Fortpflanzung, Ehe und Liebe. Die sogenannte sexuelle Revolution hat die Sitten gelockert und uns die Freiheit beschert, sexuelle Lust gänzlich ohne Verliebtheitsveredelung als reinen Selbstzweck erleben zu dürfen. Sex ohne emotionale Verstrickung löscht jeden Bezug auf

Zukunft und Dauer aus. Promiskuität wird damit tendenziell zur Grundform sexueller Beziehungen, und es ist in zunehmendem Maß gleichgültig, wer das Objekt der Begierde ist, einmal abgesehen von bestimmten stimulierenden Reizmerkmalen.

Inzwischen hat sich eine Praxis der Ausbeutung etabliert, die es vielen legitim erscheinen lässt, sich hemmungslos an anderen zu befriedigen, ohne auch nur einen Gedanken an die Menschlichkeit des (malträtierten) Gegenübers zu verschwenden. Wer Sextourismus, Gruppensex mit Kindern als Familienfeierabendspaß, sexuelle Nötigung, Vergewaltigung und Missbrauch Minderjähriger ausschließlich als Probleme sozialer Randgruppen oder psychisch Gestörter abtun will, der täuscht sich nicht nur über das wahre Ausmaß dieser Erscheinungen.

Vergleichbar fragwürdige Formen der Grenzverletzung sind im Übrigen immer schon in den Kreisen der Intellektuellen oder der kulturellen Avantgarde aufgetreten. Unter den Dichtern und Denkern finden sich genügend Beispiele, an denen sich ein Hang zu extremer Brunst und überhitzten Spielformen des Sexuellen demonstrieren ließe. Und die Welt braver Bürger bietet zweifelsohne eine Menge Anschauungsmaterial für Heucheleien und eine geschmeidige Doppelzüngigkeit, wenn ihre Vertreter morgens in der Kirche beten und abends das Hurenhaus aufsuchen oder Strichjungen schänden.

Den meisten dürfte der sexwütige Marquis de Sade bekannt sein, der zum Namensgeber für alle möglichen Perversionen und quälerischen Praktiken wurde, von denen manche, so hört man, inzwischen sogar Einzug ins bürgerliche Schlafzimmer gehalten haben. De Sade versuchte 1795 in seiner Darlegung der *Republikanischen Sitten* plausibel zu machen, dass Inzest, Sodomie und kollektive Verwertung der Frau eine notwendige Folge der Freiheitsideale der Aufklärung seien. Die fragwürdige Logik seiner Ausführungen konnte wohl nur deshalb von so frappierender Durchschlagkraft sein, weil eine Gleichwertigkeit der Frau in der neu entstandenen republikanischen Gesellschaft ohnehin nicht vorgesehen war. Die Herabwürdigung der Frau zum verwertbaren Objekt zeigte sich so von Anfang an als Kehrseite einer Mystifizierung des Muttertypus im bürgerlichen Rückzugswinkel. Hure oder Heilige, Prostituierte oder asexuelle Ehefrau sind die Prägungen ein und derselben Münze, die in Umlauf kam.

Um Missverständnissen zuvorzukommen: Es geht mir keinesfalls darum, mit strengem Gouvernantenblick alle aparten Spielformen fleischlicher Lust jenseits der Missionarsstellung und heterosexueller Monogamie zu verdammen. Meine Skepsis richtet sich vor allem gegen eine tief in die westliche Gesellschaft eingebrannte Doppelmoral und Scheinheiligkeit, mit der manche Politiker oder Funktionsträger sich noch heute zu Schutzherren von Werten, Moral und Normalität erheben, während sie zugleich jederzeit bereit sind, alle Rücksichten fahren lassen, wenn es ihnen um den Erhalt der Macht, um ein gutes Geschäft oder um den eigenen Lustgewinn geht. Mit ihren unehrlichen Reden über die Natürlichkeit des traditionellen Familienlebens und über die gesunden Wonnen eines treuen Ehebettes arbeiten sie nicht selten der hämischen Diskriminierung von Minderheiten zu.

Nicht weniger misstrauisch bin ich aber, wenn ich einer gewissen Haltung intellektueller Selbststilisierung begegne. Sexuelle Grenzüberschreitung scheint hier oftmals einer Sucht nach Authentizität zu entspringen, die bestrebt ist, sich jeder Disziplinierung durch Normalität zu entreißen. Das hier wahrnehmbare Verlangen nach Exzess, Erlebnisdichte und Normverstoß lässt eine Haltung der Unverbundenheit zutage treten, die der Gefühlskälte einer materialistischen Bürgerwelt durchaus verwandt ist. Zu fragen wäre, ob die herumflatternde Affektivität mancher Varianten emanzipierter Lebenskunst nicht im Stadium eines trotzigen Reflexes auf die Enge bürgerlicher Prüderie steckengeblieben ist.

»Die hedonische Tretmühle«

Warum ist das Thema Sex so lukrativ geworden? Wo liegen die Gründe dafür, dass heute beinahe jeder unter 90 sexy sein will und dass für eine stetig anwachsende Anzahl von Menschen die Zusammenführung von Sex und Liebe zweitrangig, hinterwäldlerisch, illusorisch wird? Wie kommt es, dass die sexuelle Leistungsfähigkeit zum zentralen Bestandteil unseres Selbstbildes geworden ist und wir die eigene Fortschrittlichkeit an unserer sexuellen Unbefangenheit messen? Ich will versuchen, ein paar Gründe aufzuzeigen.

Sex bietet Fluchthilfe beim Ausbruch aus bürgerlicher Wohlgeordnetheit und Langeweile. Er stellt außerdem einen Gegenpol dar zu den permanenten Beschränkungen und Zwängen, die wir unserem Körper in der modernen Alltagswelt auferlegen. Wir führen unseren Körper gewissermaßen tagsüber wie ein Hündchen an der Leine, das wir mit kleinen Ermahnungen und Leckerchen bei Fuß halten, um es dann nach Büroschluss an passender oder unpassender Stelle sich in die Freiheit stürzen zu lassen. Die emotionale Durchschnittstemperatur unserer Arbeitstage ist eher gering, und so drehen wir des Abends tüchtig auf, um uns selbst in fiebriger Glut zu spüren. Je kühler unsere Grundhaltung ist und je länger wir in dieser Verstellung agieren, desto ungehaltener und unbeherrschter ist der Lustausbruch. Dass ganze Gruppen von Machern und Managern nach einem Tag voller knallharter Verhandlungen und einträglicher Geschäftsabschlüsse in die Luxusbordelle transportiert werden, ist leider kein Ammenmärchen des Kapitalismus, sondern eine alltägliche »Notwendigkeit«.

Kurzum: Die Entfesselung der Sexualität, das Gieren nach immer intensiveren Stimulanzen und immer exzessiveren Praktiken ist ohne allen Zweifel Ausdruck einer eher lust- und gefühlsfeindlichen Leistungsgesellschaft, deren Fortschrittsdenken besinnungslos nach vorne strebt und allen lebendigen, genießerischen Gegenwartsbezug zu ersticken scheint. Auf schnellen Verzehr und Konsum getrimmt, bewegen wir uns im rastlosen Takt einer »hedonischen Tretmühle«, anstatt unsere Erlebnisfähigkeiten im ausgewogenen Wechselspiel von Körper und Geist weiterzuentwickeln. Das lässt sich auch auf andere (leibliche) Genüsse übertragen: Wir peitschen unsere Ansprüche immer höher, verlangen nach immer exquisiteren Leckerbissen und verlieren doch die Fähigkeit, zur Ruhe zu kommen und ein Wohlgefühl zu erlangen.

Spätfolgen puritanischer Überstrenge

Der Philosoph Bertrand Russell erhielt im Jahr 1950 den Nobelpreis für sein Buch *Ehe und Moral,* das er 1929 geschrieben hatte. Diese Schrift beklagt, dass die Liebe in den westlichen Gesellschaften bei Weitem nicht den Stellenwert erhalte, der ihr aufgrund ihrer Bedeutung im Prozess vollständiger Menschwerdung zukommen müsse. Es ist das »Evangelium der Arbeit und des wirtschaftlichen Erfolges«, das – so Russell – die Entfaltung der Liebesfreuden vereitelt.

Um diesen Gedanken zu veranschaulichen, beleuchtet Russell das Eheleben eines typischen Geschäftsmannes seiner Zeit. Da die Sphäre des Erwerbs und die häuslichen Gegebenheiten weit auseinanderdrifteten, sah er die Entfremdung der Geschlechter als unausweichlich an. Der Geschlechtskälte der auf Tugend und Zurückhaltung dressierten Frau steht auf der Seite des Mannes eine Kombination aus besinnungsloser Arbeitswut und schwer zu kontrollierender Triebhaftigkeit gegenüber, die nicht selten in den Konsum käuflicher Liebe mündet oder das Verlangen nach sadistischen Genüssen nach sich zieht. All dies verbirgt sich nach Russell hinter einer Maske des Gemeinschaftsgeistes und hoher moralischer Standards.

Die Prüderie der Frau ebenso wie die Zerrissenheit des Mannes betrachtet der Philosoph als Resultat einer extrem rigiden und sexualfeindlichen Erziehungspraxis der nachviktorianischen Ära. Die Stigmatisierung der geschlechtlichen Körperteile und die harte Bestrafung jeder intimen Selbstberührung begründen von frühster Kindheit an eine Verbindung des Sexuellen mit tief sitzenden Angst- und Schuldgefühlen. Diese negativen Gefühle, die vielfach ins Unbewusste verdrängt werden, sieht Russell in Anlehnung an die Psychoanalyse als die Wurzel aller bösartigen Äußerungen des Trieblebens an, also als die Ursache aller extremen Formen von Sadismus und Masochismus. In der Seele des Kindes entsteht eine unselige Verknüpfung von Selbstbetrug und Feindseligkeit. Während die eigenen unabweisbaren sexuellen Impulse vor den Augen der Welt verborgen und allenfalls im Geheimen ausgelebt werden, eifert man fortan gegen jeden, der freizügiger lebt oder das Versteckspiel weniger gut beherrscht. Man wird – so Russell – zum »krankhaft introvertierten Heuchler und Stänkerer«.

Es ist nicht nötig, sich im Einzelnen vorzustellen, welche Äußerungsformen und Ersatzbefriedigungen das unterdrückte und gemaßregelte Triebleben suchen wird. Wir können leicht ermessen, wie sehr eine übertriebene Sexualmoral das Erleben sinnlicher Freuden vergiftet, welche Nervenbelastung es kostet, den körperlichen Geschlechtsdrang und den geistigen Eros in zwei getrennte Reviere einzuteilen. Wer, wie es in der abendländisch-christlichen Tradition durchaus üblich war, von überstrengen Verboten und abergläubischen Angstfantasien in der Erkundung seiner sexuellen Regungen massiv eingeengt wird, wird im ständigen Kampf mit seiner animalischen Seite liegen, deren

Eigenschaft es ist, sich unerwartet und unwillkürlich zu melden. Uneingestandene, unerlaubte Lust erzeugt dann würgende Scham oder rasende Exzesse, Passivitätserfahrung kränkt das Selbstbewusstsein, wird abgewehrt, verkehrt sich in ihr Gegenteil, sucht ein Ventil in einer zügellosen Herrschsucht, die das Objekt der Begierde entmenschlicht, unterdrückt und oft genug gnadenlos missachtet und quält.

Nicht viel besser steht es um die Vorreiter der Tugend, die die eigene Zerrissenheit nicht einmal mehr spüren. Die meisten von uns haben sie noch kennengelernt, jene beherzten bürgerlichen Tugendwächter, die, überangepasst an eine rigide Sittlichkeitsnorm, über das Liebesleben der Gesellschaft wachen und daheim die reine Lauterkeit einer Musterfamilie inszenieren. Gerade diejenigen, die jeden Anschein sexueller Versessenheit von sich abzuwenden suchen, sind in ihrem blinden moralischen Eifer oft von »unanständigen« Gedanken erfüllt, für die sie außerhalb ihrer selbst nach Verantwortlichen suchen.

Besonders die Ratschläge zur Mädchenerziehung aus vergangenen Zeiten sprechen hier Bände. Die extreme Brandmarkung aller Formen und Vorzeichen weiblichen Begehrens, die Verurteilung selbst harmloser Formen des Sich-Schmückens als gefährliche Vorboten der Gefallsucht verlagert den Feind der Lüsternheit nach außen und auf andere. Immer schon und immer noch lebten und leben sittenstrenge Männergesellschaften davon, die eigene sexuelle Verfallenheit herunterzuspielen und ihr Gewissen durch Schuldverschiebung auf die Frau zu beruhigen. Von daher finden wir in traditionellen Gesellschaften vielfach eine sehr viel strengere Maßregelung der Frau und zugleich eine weitaus gnadenlosere Bestrafung weiblicher Normverstöße. Der Film *Mutluluk* von Zülfü Livaneli erzählt uns davon, dass es in manchen Gesellschaften bis heute vorkommt, im Fall einer Vergewaltigung nicht den männlichen Täter, sondern das weibliche Opfer zu verfolgen und zur Rechenschaft zu ziehen.

Es gibt also gute Gründe dafür, uns über die sexuelle Revolution zu freuen. Dieser Befreiungsschlag in der zweiten Hälfte des 20. Jahrhunderts erlöste uns von den einschnürenden Fesseln und gröbsten Verlogenheiten der Vorzeit. Russell hatte vorhergesehen, dass es dazu kommen musste, und warnte doch zugleich vor einer haltlosen Entfesselung des Trieblebens nach dem Einbrechen der ersten Dämme. Denn allein die Aussicht auf unkomplizierte Befriedigung läutert den Lüstling nicht. Es ist nichts gewonnen, wenn zwar die Hindernisse der sexuellen Entfaltung abgebaut werden, parallel dazu aber kein Nachdenken über den Umgang mit den Lüsten stattfindet. So schlittern wir vom Regen in die Traufe und müssen uns nicht wundern, wenn wir heute den Niedergang einer Kultur des Erotischen zu betrauern haben.

»Body is Boss« – eine neue Leibpraxis

Worauf sollen wir eigentlich zurückgreifen, um Einweisung in die hohe Kunst des Geschlechtlichen zu erlangen? Wer sich umsieht, dem bietet die abendländische Tradition zwar jede Menge Anschauungsmaterial für gewaltsame und peinigende Formen der Lust, jedoch weitaus weniger Beispiele für zärtliche Leichtigkeit, fantasievolles Spiel, passionierte Hingabe und einfallsreiche Körpersprache – kurz: für Sexualität als Ausdruck gemeinsamer Lebensfreude. Die 2008 von Kai Buchholz herausgegebene Anthologie zum Thema »Sex« macht dieses Manko augenfällig. Es muss also nicht verwundern, wenn viele Menschen sich heute an östlichen Körpertechniken orientieren, um den eigenen Leib als Quelle lebendiger Erfüllung zu erfahren.

Gernot Böhmes Buch *Leibsein als Aufgabe* befasst sich auf vielschichtige Weise, und zwar weit über den abgezirkelten Bereich des Sexuellen hinaus, mit den gegenwärtigen Herausforderungen einer leiblichen Existenzweise. Er weist uns umfassend auf die Schwierigkeiten einer Rückeroberung leiblicher Erfahrung innerhalb einer Zivilisationsform hin, in der es längst üblich geworden ist, »über den Leib hinweg« zu leben. Seit den Anfängen des technischen Zeitalters hat sich – so Böhme – eine »dominante Leibpraxis« entwickelt, in der wir ein primär »instrumentelles« Verhältnis zu unserem Körper eingehen. Das heißt: Wir betrachten unseren Körper in erster Linie wie einen Gegenstand, der sich fordernd oder störend in unsere Lebensvollzüge hineindrängt und den es stillzustellen gilt. Diese Haltung ist in manchen Situation durchaus angemessen: So muss ich beispielsweise ungerührt von meinem inneren Spüren an die Sache gehen und über meinen Körper verfügen, wenn ich etwa zu Heilungszwecken ein Heftpflaster abreiße, mir selbst eine Insulinspritze verabreiche oder wie jetzt stundenlang schreibend in ungesunder Körperhaltung am Rechner sitze. Auch einem Chirurgen sind wir dankbar, wenn er bei schwierigen Operationen nicht allzu nachhaltig in seinen Patienten hineinspürt.

Weite ich aber diese Fähigkeit zur Selbstdistanzierung auf alle körperlichen Erfahrungsräume aus, so werde ich möglicherweise den Kontakt zu mir selbst verlieren. Das heißt: Beiße ich die Zähne zusammen, um gewissermaßen den ganzen Tag über Heftpflaster abzureißen, so manövriere ich mich damit in eine Schmerzunempfindlichkeit, die mich stumpf für den Reiz jeder sanften Berührung machen kann. Um mich zu spüren, bedarf es dann wohl sehr bald deftiger Reizmittel oder härterer Zugriffe. Eine ganze Wirtschaftsbranche lebt davon. Mit ihrem breitgefächerten Angebot von Reizwäsche über Latexanzug und Liebestrank bis hin zu Brustklammern, Peitschen und Knebelinstrumenten lässt sie wieder Freude in unsere Schlafzimmertristesse einkehren.

Das Programm der Moderne lautet: Naturbeherrschung und weitgehende Befreiung von kreatürlichen Zwängen. Die heute an der ökologischen Krise ablesbare Missachtung der Natur gilt – so Böhme – »spezieller und in noch erschreckenderem Maße für die Natur, die wir selbst sind, den Leib«. Infolge langwieriger Zivilisationsprozesse, wie sie z. B. der Anthropologe und Kulturhistoriker Norbert Elias beschreibt, präsentiert sich der Mensch in der hochtechnisierten Gesellschaft als Resultat innerer Disziplinierung und der Verdrängung leiblicher Erfahrung. Analysen unserer Arbeits- und Verkehrsformen zeigen, dass der durchschnittliche Mensch der westlichen Zivilisation es längst gelernt hat, sich weitgehend ohne sichtbare Anstrengung von seinen Gefühlen abzukoppeln und seinen Körper wie ein Werkzeug zu benutzen, um den Erfordernissen seiner Berufstätigkeit zu entsprechen. Er hat gewissermaßen einen inneren Aufpasser fest installiert, einen konventionsbezogenen Kontrolleur, der ihn unmerklich steuert, funktionstüchtig und einigermaßen sozialverträglich macht.

In der antiken Welt stellten die Beherrschung der Begierden wie auch die Erhebung über körperliche Heimsuchungen ein mühsam erwirktes Ergebnis innerer Auseinandersetzung und geistiger Anstrengung dar. Doch mit dem Arbeitsethos der Moderne schlich sich ein Habitus der Selbstüberwachung auf unhörbaren Füßen in das Innere vieler Menschen. Fest verankert und fraglos weitergegeben, hat er die Gestalt einer Entfremdung des Menschen von sich selbst angenommen. Böhme schreibt, es habe so etwas wie eine »Verallgemeinerung und Trivialisierung der Attribute des Philosophen« stattgefunden und deshalb seien die antiken Ideale der Lebensbewältigung für die Probleme der Gegenwart keine passende Vorlage mehr. Heute stehen Coolness und sachliche Rationalität auf der einen Seite einer ausufernden Freizügigkeit sowie einem überdimensionierten Körperkult auf der anderen Seite gegenüber. Wo Sinnlichkeit und leibliches Spüren einst durch Vernunftexzess und christliche Moralstrenge an den Schandpfahl gestellt wurden, besiegelt die Besinnungslosigkeit der Moderne das triste Los des Leibes nun umso nachhaltiger. Gefühlsbarbarei ist zum Gegenstück der unterkühlten Sachlogik einer durchtechnisierten Gesellschaft geworden.

Dabei ist zu vermuten, dass der Sinn für das Sinnliche erheblich beschädigt wurde.

Es ist ein weiter Weg, den wir gehen müssen, um in die neue Unmittelbarkeit leiblichen Spürens, die Böhmes Buch thematisiert, hineinzufinden. Eine Kultur des Sinnlichen, die Einübung in die Kunst leiblicher Wahrnehmung scheint eine dringliche, nur auf praktischem Weg zu realisierende Aufgabe der Gegenwart. Doch um Verwechslungen zu vermeiden, gilt es zunächst Klarheit darüber zu gewinnen, worauf es eigentlich ankommt.

Wie Schönheitschirurgie, Bodybuilding, Fitnesswahn sowie zahllose Wellness- und Gesundheitsratgeber augenfällig machen, steht die Beschäftigung mit dem Körper heute im Mittelpunkt ganzer Industriezweige. Permanent verwenden wir beachtliche Mengen an Geld und Energie darauf, unsere bröckelnde Fassade präsentabel zu erhalten und auch die Innenausstattung unserer Organe einigermaßen in Schuss zu halten. Dabei behandeln wir unseren Körper nicht minder wie ein verfügbares Objekt, dessen Widerspenstigkeit zu bezwingen ist. Die strebsame Verwaltung des Körpers ist für viele Kopfarbeiter heute längst ein Teil ihrer Alltagslogistik geworden. Noch in Schlips und Kragen laufen sie am Wochenende in den Wellness-Oasen, Regenerationszentren und Entschleunigungszonen ein und absolvieren pflichtbewusst ihr Wartungsprogramm, ohne dabei ihren hektischen Aktivismus abzulegen und sich in ein anderes Zeitmaß einzufinden.

Böhmes Plädoyer für die Leiblichkeit zielt auf eine fundamental andere Einstellung, die eine kritische

Distanz zum Lebenstakt der technisierten Welt voraussetzt. Es geht ihm letztlich um einen Mentalitätswandel, der uns von dem selbstherrlichen Glauben, alles sei machbar, zurücktreten lässt. Indem wir unsere Begrenztheit, Verletzbarkeit und Sterblichkeit als zu uns gehörig erkennen und eine pathische – erleidende – Erfahrungsweise an uns heranlassen, gewinnen wir eine andere, lebensnähere Form der Souveränität. Wir entdecken z. B., wie sich im Einlassen auf sinnliche Qualitäten die Grundtönung unseres Lebens wandelt und sehen, dass auch Dinge, die uns widerfahren, zu bereichernden Quellen des Selbst werden können.

Jeder kennt das Auslösen intensiver Kindheits- oder Jugenderinnerungen durch das Anwehen eines Geruchs, das Ertönen einer Melodie, das Schmecken einer Süßigkeit. Wer sich gegen solche Anmutungen nicht abschottet, vermag sie situationsbezogen in sein Selbstsein einzugliedern und mit ihnen vertraut zu werden. Er erlernt gleichsam einen freundschaftlichen Umgang mit den stofflichen Aspekten unserer Selbsterkundung, übersieht sie nicht und hat es nicht nötig, sie wie einen Fremdkörper zu leugnen, abzuwehren oder zu domestizieren. Die Öffnung zum Leiblichen hin lässt uns erkennen, dass wir uns in Gegebenes einfügen müssen, das heißt, dass wir uns, um gut leben zu können, auf das Naturhafte als Teil von uns selbst einlassen müssen. Wer die vielfältigen Aspekte einer naturbezogenen Selbstsorge abschreiten will, kann in Böhmes Studie oder auch in den von Michael Niehaus beschriebenen philosophischen Übungen unzählige Anregungen finden.

Anfänglich habe ich über Tendenzen der sexuellen Enthemmung vor allem innerhalb der jungen Generation gesprochen. Werden Kinder zu gefühllosen Tätern Gleichaltrigen gegenüber, dann sind sie – wie sich an vielen Beispielen demonstrieren ließe – zunächst Opfer gewesen. Man kann diesem Problem auch nur angemessen begegnen, wenn man erkennt, dass hinter diesen Phänomenen ein fehlgeleiteter Hunger nach Anerkennung und Liebe steht. Kinder sind letztlich die Spielfiguren einer Erwachsenenwelt, die es mehr und mehr verlernt hat, ihren Nachkommen die Zusammengehörigkeit von Sex und Liebe oder wenigstens doch die von Sex und Respekt dem Partner gegenüber vorzuleben. Im Gegenteil: Heute läuft jeder Gefahr, als lustfeindlich oder verklemmt angeprangert zu werden, der die permissiven Trends unserer Zeit offensiv in Frage stellt. Allzu leicht findet man sich dann in der Ecke der Moralapostel wieder, die gegen außerehelichen Geschlechtsverkehr, eine selbstbestimmte Liebespraxis und Homosexualität wettern.

Es geht aber ganz und gar nicht darum, nun einen allgemeinverbindlichen Vorschriftenkatalog für die Liebe einzuführen, sondern vielmehr den betrügerischen Charakter bestimmter Vorstellungen von Freiheit aufzudecken. Basieren sexuelle Freuden auf der Unterdrückung, Ausbeutung und Misshandlung anderer, so hat das mit Freiheit wenig zu tun. Eine solche Praxis ist selbst dann fraglich, wenn kein äußerer Zwang vorliegt, sondern das Verhältnis »freiwillig« eingegangen wird. Gewiss ist: Bei ökonomisch Abhängigen, Minderjährigen oder Süchtigen, um nur drei

Beispiele zu nennen, von Freiwilligkeit zu sprechen, zeugt von einem mehr als vordergründigen Autonomiebegriff.

Die zunehmend ungeschliffene sexuelle Selbsterkundung der Jugend, oder besser: eines Teiles der Jugend, die uns aus den Medien entgegenschlägt, ist Ausdruck einer seelenlosen Gesellschaft. Sie ist nach dem Bericht der Autoren Bernd Siggelkow und Wolfgang Büscher eine Tragödie. Allerdings steht sie im Zeichen genereller Fehlentwicklungen im Verhältnis der Generationen. Auch da, wo die Welt der Sexualität noch in Ordnung ist, beklagt man heute den Erziehungsnotstand.

4. Über Erziehung – Zöglinge, Tyrannen und Bildungsopfer

Denn das ist Schuld, wenn irgendeines Schuld ist: die Freiheit eines Lieben nicht vermehren um alle Freiheit, die man in sich aufbringt. (Rainer Maria Rilke)

Von kleinen Streichen mit großen Folgen

Vor einiger Zeit wurden wir zum Elterngespräch gebeten. Eine unserer Töchter hatte etwas »ausgefressen«. Wir erschienen zum vereinbarten Termin in dem dafür vorgesehen Gesprächsraum des Gymnasiums. Nach kurzer Zeit kamen Klassenlehrerin und Stellvertreterin, die eine jung, die andere kurz vor dem Ruhestand; die eine aufgeschlossen gegenüber pädagogischen Neuerungen, die andere eher vom Schlag einer anderen Ära: streng, ungnädig und offensichtlich befrachtet mit einer stattlichen Anzahl von »unersprießlichen« Jahren im Schuldienst.

Trotz ihrer Verschiedenheit traten die beiden Lehrerinnen den Erzeugern des »auffälligen« Kindes als verschworene Einheit entgegen. Als ich die säuerlichen Gesichter sah, fragte ich mich, was meine Tochter nur angestellt hatte? Ich wusste, dass sie etwas hitzig war, dabei unorganisiert und verspielt. Und ich wusste auch, dass all diese kindlichen Untugenden bei ihr eine außerordentliche Beharrungskraft besaßen, was den schulischen Angelegenheiten eher abträglich war und einen Lehrer sicher zur Verzweiflung bringen konnte. Aber

Schusseligkeit und Chaotentum konnten kaum die Ursache für diese alarmierenden Mienen sein.

Wir erfuhren, dass unsere Tochter den Gottesdienst zusammen mit einigen anderen geschwänzt und dann, nachdem die Truppe erwischt worden war, eine Entschuldigungsgeschichte erschwindelt hatte. Außerdem gebe es jetzt in der 7 einen Klassenschülerrat, der alle Regelverstöße innerhalb der Klasse der Klassenlehrerin vorzutragen habe, und da seien über mein Kind eine Reihe von Beschwerden eingegangen. Es sei nicht möglich gewesen, mit C. ein vernünftiges Gespräch über die Vorfälle zu führen.

Als die Stellvertreterin dazu überging, sich über die bedenkliche Verlogenheit C.s auszulassen und mir schon ganz mulmig wurde, öffnete sich die Tür und mein Kind erschien, offensichtlich willens, sich nun in der Gegenwart ihrer Eltern der fälligen Standpauke zu stellen bzw. auf meinen Rat hin den Lehrerinnen ihre Meinung zu den Vorkommnissen darzulegen. Dazu kam es nun leider nicht, da die Klassenlehrerin sie, ohne uns Eltern einzubeziehen, anfuhr, auch dies sei ein Regelverstoß, sie habe ihr nicht erlaubt, an diesem Gespräch teilzunehmen, sie solle sofort in den Unterricht zurückkehren. C. trottete davon und ich ging in aller Vorsicht zur Verteidigung meiner Tochter über, die hier ganz offensichtlich keine Stimme haben sollte.

Am liebsten wäre mir gewesen, man hätte sie für das Fernbleiben vom Gottesdienst und die Flunkerei danach ganz einfach irgendwie bestraft. Das hätte ich in Ordnung gefunden, aber diese Durchführung eines Tribunals in Abwesenheit der Angeklagten gefiel mir ganz und gar nicht. Ich hatte nämlich von meiner Tochter eine etwas andere Geschichte über die Streitereien in der Klasse und den Stress mit dem Schülerrat gehört. Sie hätte zu Wort kommen sollen mit ihrer Version. Dass ich nun notgedrungen stellvertretend ihre Partei ergriff, war wenig erfolgversprechend. Eltern, die ihre Kinder verteidigen, geraten heute allzu schnell in den Generalverdacht, fragwürdige Erzieher zu sein, die nichts auf ihre Sprösslinge kommen lassen und diese lieber verhätscheln oder verherrlichen.

Was auch immer zuvor unter den Schülern geschehen ist, sicher ist, dass es zu einem massiven Konflikt zwischen meiner Tochter und P., einem Mitglied der Schülerrates, gekommen war. P. war also, was den Bericht für die Klassenlehrer anging, kein neutraler Beobachter der Vorfälle, sondern stand als Beteiligter im Zentrum der Kampfarena. Als ich die Klassenlehrerin auf die Schwierigkeiten ansprach, die meines Erachtens ein solches Gremium bei relativ jungen Schülern mit sich bringen müsse, sprach sie von selbstregulativer Erziehung, von Verantwortungsgefühlen für die Gemeinschaft und von der Einübung demokratischer Strukturen.

Gut und schön, dachte ich nicht ohne Skepsis angesichts des Alters der betreffenden Schüler. Ernsthaft ins Wanken kam ich allerdings, als mir meine Tochter etwas später eher beiläufig von der Praxis eines anderen Lehrers erzählte. Dieser hatte die Angewohnheit, während der Kontrolle der Hausaufgaben einen oder zwei Schüler der Klasse zur Beobachtung der Übrigen abzustellen. Der Auftrag bestand darin, den Lehrer auf jeden, der Unsinn treibt oder Unruhe stiftet, aufmerksam zu machen. Es folgte dann eine Bestrafung, die natürlich Lehrersache war.

Als ich über diese Angelegenheit mit Freunden, Bekannten und anderen Eltern sprach, wurde mir immer klarer, welche Verwirrung daraus erwächst, wenn Elemente der alten disziplinarischen und kontrollierenden Pädagogik unverbunden solchen Elementen gegenüberstehen, die auf Autonomie und soziale Verantwortung zielen. Wie um Himmels willen sollen die Kinder verstehen, was es mit diesem Schülerrat auf sich hat, wenn der nächste Lehrer sie fürs Denunzieren missbraucht? Wie sollen sie die angemessene Kritik des einen Lehrers erfassen, wenn der nächste sie beleidigt, sie als kleine ... abstempelt und der dritte zutiefst moralisierend in einem Kinderstreich schon die Keime kapitaler Verbrechen wittert?

Nach den Erfahrungen, die ich mit drei Töchtern in fünf Schulen mit ungezählten Lehrern gemacht habe, stehe ich diesem Schulsystem mit wachsender Ratlosigkeit gegenüber. Nichts erscheint mir angesichts der Überforderung der meisten Lehrer durch die gegebene Situation schädlicher als die Vermischung der Kinder- und Erwachsenenwelt. Kinder machen in der Regel keine guten Erfahrungen, wenn sie versuchen, mit Lehrern über ein Problem oder eine Ungerechtigkeit zu reden, denn die meisten Lehrer haben panische Angst vor weiterer Untergrabung ihrer Autorität, die seit Langem schon auf tönernen Füßen steht.

Aus einem erweiterten Blickwinkel kann man auch die Lehrer sehr gut verstehen. Sie sind mitsamt ihrer manchmal schwer zu bändigenden Schülerschaft Opfer einer pädagogischen Irrfahrt des 20. Jahrhunderts.

Warum aber haben wir auf allen Ebenen der Erziehung heute solche Probleme? Warum müssen wir dem Titel eines aktuellen Bestsellers gemäß befürchten, dass mit dem Heranwachsen unserer Kinder eine vervielfachte Tyrannei ausbricht? Und wie sieht eine zukünftige Gesellschaft aus, die sich aus einer Vielzahl dieser unerzogenen oder falsch erzogenen Einzelnen zusammensetzt?

Die Krise der Erziehung – ein Dauerzustand?

Schon Ende der 50er-Jahre diagnostizierte Hannah Arendt für die amerikanische Gesellschaft eine Krise der Erziehung. Das war zu einer Zeit, in der bei uns die alten autoritären Strukturen noch zuverlässigen Bestand hatten, also etwa ein Jahrzehnt, bevor sich mit der Veröffentlichung der Theorien Alexander Sutherland Neills eine Sturmflut antiautoritärer Erziehung auch über die Schulen und Kinderzimmer der deutschen Nachkriegswelt ergoss und das traute Familienleben durchrüttelte.

Ob Arendt sich in ihrer Schrift unausgesprochen auch auf Neill bezieht, vermag ich nicht zu sagen. Sicher ist, dass die von ihr beschriebene und kritisierte moderne Pädagogik viele Elemente umfasst, die sich auch bei ihm finden. Ich werde mich auf das beschränken, was mir wesentlich erscheint. Obwohl Arendt zu den wichtigsten Verteidigern der Demokratie zählt, obwohl sie Gleichheit als wesentliche Voraussetzung politischen Handelns herausstellt und obwohl sie zugleich als Verfechterin einer permanenten Erneuerung der menschlichen Lebenswelt gelten kann, vertritt sie mit Nachdruck die Auffassung, Erziehung müsse konservativ sein. Gerade damit Kinder, die sie als »Neuankömmlinge« bezeichnet, in ihrem späteren Leben erneuernd und verändernd in die Welt eingreifen können, müssen die Erzieher ihnen gegenüber für die bestehende Wirklichkeit eintreten, das heißt dieselbe zu bewahren und zu schützen suchen. Nichts ist deshalb in Arendts Augen in der Erziehung so fragwürdig wie der Versuch, über die Heranzüchtung neuer Menschentypen neue Verhältnisse schaffen zu wollen. Die auf Weltverbesserung ausgerichteten pädagogischen Rezepte haben vor allem ein Ergebnis: Das traditionelle Wissen der Eltern wird ausgehebelt und lässt diejenigen schwanken, die dem Kind Bodenhaftung vermitteln sollen. Wie ist das zu verstehen?

Ich denke, es geht Arendt hier nicht darum, Kinder auf duckmäuserische Anpassung an Unrecht und Willkür zu dressieren, sondern ihnen einen geschützten, von politischen Ideologien weitgehend freigehaltenen Raum des Wachstums angedeihen zu lassen. Sie sollen in einer gegebenen Welt handlungsfähig werden, und das ist nur möglich, wenn sie sich mit bestehenden Verhältnissen vertraut machen können. Es ist für ein Kind nicht zu schaffen, seinen Standort in der Welt zu finden, wenn die Erwachsenen ihm diese Welt durchgängig als fragwürdig präsentieren. Oder anders ausgedrückt: Nur wer einen fassbaren Ausgangspunkt hat und weiß, wo er steht und wer er ist, nur ein solcher kann sich in aktiver Auseinandersetzung mit der Welt weiterentwickeln. Nur ein solcher Mensch kann als Erwachsener sinnvoll und konstruktiv an der Umgestaltung unzureichender Zustände mitwirken.

Zu einem Wissen von sich selbst können Kinder aber nicht im Umgang mit Erwachsenen gelangen, die dieser Welt selbst entfremdet sind, sei es durch eine Haltung genereller Ablehnung, sei es, wie inzwischen oft der Fall, durch Gleichgültigkeit oder Distanz ihr gegenüber. Es wird deshalb vermutlich nicht gelingen, Kinder zu mündigen, politisch wachen Bürgern heranreifen zu lassen, wenn sie den Inseleinrichtungen einer alternativen Pädagogik ausgeliefert sind. Damit sind Einrichtungen gemeint, die das Kind »emanzipieren« wollen, faktisch aber nichts anderes tun, als ihnen idealistisch überzogene und vermessene Vorstellungen von Autonomie und Selbstbehauptung aufzupfropfen. Will man die Kinder in dieser Welt ankommen lassen, dann muss der Erwachsene auch dann, wenn er mit vielem nicht einverstanden ist, für diese Welt einstehen. »Wer die Verantwortung für die Welt nicht übernehmen will, sollte keine Kinder zeugen und darf nicht mithelfen, Kinder zu erziehen«, schreibt Arendt unmissverständlich.

Ein wichtiger Aspekt dieser Überlegungen ist die besondere Schutzbedürftigkeit des Kindes gegenüber der Öffentlichkeit. Menschliches Leben insgesamt, aber vor allem das Werden eines Kindes bedarf immer wieder eines Schlupfwinkels, in den es abtauchen kann, um sich dem Blick der Öffentlichkeit zu entziehen. Nur in dieser Abkehr von der Weltbühne sind nach Arendt Wachstum und Weiterentwicklung möglich. Es fällt nicht schwer zu erkennen, wie viele Tendenzen der heutigen Lebenswirklichkeit dieser Notwendigkeit entgegenstehen: Die Familie als Hort des Rückzuges befindet sich in Auflösung; die Medien betreiben einen Kult der Offenheit und Freizügigkeit, der individuelle Regungen gnadenlos ins Scheinwerferlicht zerrt; Fehltritte und Unzulänglichkeiten des Kindes werden immer weniger im geborgenen Raum der Familie angegangen, sondern den öffentlichen Instanzen pädagogischer und psychologischer Beratung vorgeführt; der Drang, das eigene Kinderzimmer dem weltweiten Auge der Webcam erschließen zu müssen, ist unter Jugendlichen heute allgegenwärtig; es ist eine ganz normale Alltagserscheinung geworden, dass junge Menschen andere bei intimen Verrichtungen heimlich oder offen mit dem Handy filmen und ihre Schnappschüsse der weltweiten Kommunikationsgemeinschaft zugänglich machen.

Arendt, die derartige Auswüchse nicht mehr miterleben musste, hätte in vielem vermutlich Beweise für den endgültigen Ruin jedes gesunden Menschenverstandes gesehen. Die ersten Anzeichen solcher Entwicklungen sah sie als Vorboten einer umfassenden Krise der Moderne, in der die Menschen das Fundament ihres Gemeinwesens systematisch auszuhöhlen begannen. Mit besonderer Sorge beobachtete sie in ihrer Zeit den Aufbau einer eigenständigen, selbstverwalteten Kinderwelt, die den Erwachsenen auf die Funktion zurückwirft, »das Schlimmste zu verhüten«. Übergangen wird hier die Hilflosigkeit des Kindes, das, obgleich es sehr willensstark aufzutreten vermag, noch keineswegs in der Lage ist, einen durchdachten und umsichtigen Standpunkt einzunehmen.

Diese Situation zerstört nicht nur die oben umrissenen normalen Bezüge zwischen Erwachsenen und Kindern, sondern sie verdirbt die Kinder in viel grundsätzlicherer Weise. Es besteht die Gefahr, dass das einzelne Kind die Autorität der Kindgruppe als erdrückend erfährt. Es ist, wie Arendt schreibt, nun in der »absoluten Minorität«. Während es sich früher mit anderen Kindern verbünden konnten, um Widerstand gegen die Erwachsenenwelt zu leisten, ist es jetzt der Übermacht einer Kindergruppe preisgegeben, gegen die es nichts ausrichten kann, denn es besitzt noch keine ausgebildeten Methoden des Selbstschutzes und keine argumentative Durchsetzungsfähigkeit. »Die Reaktion der Kinder auf solchen Druck ist Konformismus auf der einen und Haltlosigkeit auf der anderen Seite«, so Arendt.

Selbstregulative Erziehung, wie sie z. B. im Rahmen der Summerhill-Schulen praktiziert wird, zielt darauf, Kinder zu selbsttätigen Entfaltung demokratischer Tugenden gelangen zu lassen. Liest man die Ausführungen Neills im Einzelnen, so wird unübersehbar, dass der Erfolg vieler Maßnahmen auf sein persönliches Charisma zurückzuführen war und deshalb kaum reproduzierbar ist. Außerdem galten hier unumstößliche Grundregeln, und es gab eine Reihe weiterer günstiger Rahmenbedingungen, die das Gelingen des Projektes förderten. Doch wir wissen auch bei diesem Schulexperiment nicht, wie sich der permanente Entscheidungsdruck der Kinderparlamente auf einzelne weniger dominante und entschlusskräftige Kinder ausgewirkt hat.

Die Bewegung der antiautoritären Erziehung ging aus der reformpädagogischen Richtung hervor, die sich in der Zeit der Wende vom 19. zum 20. Jahrhundert gegen die Lebensfeindlichkeit und die übersteigerte Autoritätshörigkeit dieser Ära richtete. Neill hatte in hohem Maß mit Jugendlichen zu tun, die als schwer erziehbar galten oder bereits straffällig geworden waren, die sich also erheblich an den überstrengen Normen des gesellschaftlichen bzw. familiären Umfeldes aufgerieben und wundgeschlagen hatten. Sein Verdienst war es, unter weitgehendem Verzicht auf Zwangsmaßnahmen und Manipulation die Wiedereingliederung rebellischer Kinder in die Gemeinschaft bewerkstelligt zu haben. Die Betonung des Freiheitsgedankens innerhalb seines pädagogischen Konzeptes war in dem besonderen historischen Kontext seiner Entstehung sinnvoll, ist aber auf die heutigen Verhältnisse nicht mehr eins zu eins übertragbar.

Wie ich schon bezüglich der Sexualität herausgestellt habe, leben wir heute in einer Nachfolgezeit der Befreiungskampagnen des 20. Jahrhunderts. Auch in der Pädagogik ist die Liberalisierung schnell über das Ziel hinausgeschossen und hat schon bald darauf einen nachdrücklichen Schrei nach erneuter Strenge provoziert. Unter dem Schlachtruf »Mut zur Erziehung« formierte sich auf breiter Front eine Gegenbewegung zu den autoritätsfeindlichen Bestrebungen der linken Szene, die Neills Vorgaben im Übrigen auf ihre Weise interpretierte. Man kritisierte zu Recht, dass die Überwindung allzu einzwängender Standards nicht in die Aufhebung strukturgebender Richtmaße schlechthin münden dürfe. Doch im Schutz unbestreitbarer Argumente rüsteten manche zur Restauration althergebrachter, vermeintlich bewährter und ewiger Ordnungsgefüge. Unversöhnlich und zäh ringen fortan zwei gegensätzliche Lager miteinander: Die einen setzen auf Freiheit und Lernen durch eigene Erfahrung, die anderen auf Kontrolle und Belehrung vom erhabenen Katheder herab. Für den Laien läuft dies auf eine unüberschaubare Explosion pädagogischer Schriften und Ratgeber hinaus. So kann Desorientierung als Effekt einer Schwemme von Erziehungsratgebern nicht ausbleiben.

Wie auch immer die Debatten hier im Einzelnen aussehen mögen, gewiss ist, dass die meisten Eltern und Erzieher im Umgang mit den lieben Kleinen vom Wickeltisch bis zum Schulabschluss erheblich verunsichert sind. Ist es nun richtig oder falsch, das Baby schreien zu lassen, es am Körper zu tragen, soll man eingreifen in die Schaufelgefechte im Sandkasten oder nicht, ist es besser die Hausaufgaben zu kontrollieren oder nicht, zu belohnen, zu bestrafen, zu reglementieren oder nicht oder nicht oder nicht? Forscht man nach, so ist es dem Laien schwerlich möglich, zwischen dem *Drama des begabten Kindes*, dem *Erziehungsnotstand*, dem *Lob der Disziplin*, den gestrengen Anweisungen der Supernanny und vielem mehr einen roten Faden für die eigene Handlungspraxis zu gewinnen. Ein wenig mag hier trösten, dass die Pädagogik schon in ihrer Geburtsstunde im 18. Jahrhundert in kontroverse Lager zerfiel und Uneinigkeit absolut nichts Neues ist.

Man kann also mit Fug und Recht sagen, dass die wuchernde Ausbreitung psychologisch-pädagogischer Botschaften, die sich oft genug gegenseitig aufheben, eine wirbelnde Spirale der Verunsicherung in Gang gesetzt hat. Im undurchdringlichen Wust gegenläufiger

Lektionen verlieren vor allem diejenigen, die das Beste für ihren Nachwuchs wollen, das Vertrauen in ihre spontanen und intuitiven Handlungsimpulse. Ist man aber permanent auf der Hut vor Erziehungsfehlern, wägt man ab und überlegt dann noch einmal, kann es passieren, dass gerade diese übersteigerte Gewissenhaftigkeit selbst zur Falle wird. Aus Liebe zum Kind wittert man überall Gefahr und Repression, ohne recht zu erkennen, dass auch übertriebene Fürsorge und Freizügigkeit dem Kind Wesentliches verbauen kann: die Fähigkeit nämlich, Mensch unter Menschen zu sein.

Das Dilemma der Freiheit

»Der Mensch kann nur Mensch werden durch Erziehung. Er ist nichts, als was die Erziehung aus ihm macht«, so formuliert der große Aufklärer Kant in der zweiten Hälfte des 18. Jahrhunderts, als sich die Pädagogik überhaupt erst als eigene Disziplin aus der philosophischen Anthropologie herauszuschälen begann. Immer schon, besonders aber in der Antike, hatten Philosophen darüber nachgedacht, was den Menschen zum Menschen macht. Während antike Denker dieser Frage vor allem unter dem Gesichtspunkt der Selbsterziehung nachgingen, behandelte die mittelalterliche Welt sie als Teil der allgemeinen Bestimmung eines gottgefälligen Lebens innerhalb der festgefügten mittelalterlichen Sozialordnung. Wirklich brennend wurde sie erst wieder, als sich bei Anbruch der Neuzeit ein umfassender gesellschaftlicher Wandel abzuzeichnen begann.

Im Zuge einer Transformation der Produktionssphäre lösten sich nach und nach die alten ständischen und beruflichen Ordnungsstrukturen auf. Durch die Umstellung auf Geldwirtschaft, die Aufgliederung des einheitlichen mittelalterlichen Sozialgefüges in getrennte Teilsysteme wie z. B. Recht und Politik, private Familienwelt und Erwerbssphäre kam es zu einer zunehmenden Freisetzung des Individuums. Dieses wurde nun nicht mehr »naturgemäß« in eine bestimmte gesellschaftliche Position hineingeboren, sondern musste seinen Platz in der Gesellschaft erst finden, wobei auch die überlieferten religiösen Sinnbezüge längst ins Wanken geraten waren.

Es liegt auf der Hand, dass in dieser Umbruchsituation die Nachfrage nach Pädagogik wuchs. Um den Herausforderungen der neuen Zeit zu begegnen, erwies es sich als unbedingt nötig, grundsätzlich und systematisch über Erziehungsziele nachzudenken. Im Rahmen der vielschichtigen Debatten, die zu diesem Zweck geführt wurden, kristallisierte sich dann sogleich ein Grunddilemma der neuzeitlichen Pädagogik heraus, das zum Dauerbrenner wurde und uns heute mehr denn je in Mitleidenschaft zieht: Wollte man sich der antiken Vorbilder für eine vernunftgeleitete Selbstkultivierung bedienen, so musste man diese erst mit den neuen Absichten versöhnen. Ging es nämlich Griechen und Römern darum, zur Selbsterziehung anzuregen, so ist die Situation der neuzeitlichen Pädagogik dadurch gekennzeichnet, dass »Macher« und »Gemachtes« auseinanderfallen, das heißt: Der Erzieher entscheidet nicht für sich selbst, sondern für seinen Zögling, was vernünftig ist und was es demnach zu lernen gilt.

Zugleich knüpft der hohe Vernunftanspruch der Aufklärungspädagogik an das Erbe der Antike an. Der junge Mensch soll befähigt werden, sich selbsttätig seiner Vernunft zu bedienen, das heißt, über den Erziehungsprozess soll er zu Autonomie, Freiheitsbewusstsein und zur umfassenden Entfaltung seiner Talente gelangen. Hier tut sich ein großes Rätsel auf: Wie kann ich von außen, also durch Fremdeinwirkung sicherstellen, dass ein junger Mensch den richtigen Gebrauch der Freiheit erlernt? Ist die Freiheit nicht ein Potenzial, das sich der Herstellung durch bestimmte Erziehungsmethoden gerade entzieht? Ja, laufen solche Methoden nicht schlimmstenfalls darauf hinaus, die Unfreiheit zu vergrößern? Noch einmal anders ausgedrückt: Die Aufklärer vertreten die Idee einer allmählichen Vervollkommnung der Menschheit von Generation zu Generation. Von hierher ergibt sich, dass die jeweils ältere für die kommende Generation bestimmen muss, welchen Kurs der Fortschrittswagen auf der nächsten Etappe aufnehmen soll. Lautet der Erziehungsauftrag insgesamt, mehr und mehr Freiheit und Gerechtigkeit in die Welt zu bringen, so ist der Erzieher einer permanenten Gefahr des Selbstwiderspruchs ausgeliefert: Sofern er Zwangsmittel oder manipulative Tricks anwendet, um seinen Zögling an gegebene Verhältnisse anzupassen, droht er den Keim der Freiheit zu ersticken, der sein eigentliches Anliegen ist. Ein gewisses Maß an »Nötigung« scheint aber unumgänglich, um den Menschen in die Beschränkungen einzufügen, die jedes gesellschaftliche Miteinander mit sich bringt. Kant war sich dieses Problems nur allzu bewusst, als er schrieb: »Eines der größten Probleme der Erziehung ist, wie man die Unterwerfung unter den gesetzlichen Zwang mit der Fähigkeit, sich der Freiheit zu bedienen, vereinigen könne. Denn Zwang ist nötig! Wie kultiviere ich die Freiheit bei dem Zwang? Ich soll meinen Zögling gewöhnen, einen Zwang seiner Freiheit zu dulden, und soll ihn selbst zugleich anführen, seine Freiheit gut zu gebrauchen.«

Ein Erzieher kann also gar nicht umhin, eine Entscheidung über die statthaften Freiheitsspielräume innerhalb des gesellschaftlichen Lebens zu treffen. Er kann dabei, gerade im Interesse der Freiheit seiner Schüler, nicht mehr tun, als sie im geschützten Kontext bestehender Institutionen dort, wo Spielräume bestehen, ihre Freiheit aktiv und gefahrlos erproben zu lassen. Versucht er das Bewusstsein der noch unfertigen Menschen gemäß seiner persönlichen Freiheitsideale in Ablehnung der bestehenden Verhältnisse zu prägen oder es gar zu indoktrinieren, so verletzt er damit die Freiheit seines Gegenübers erheblich. Genau das meint Hannah Arendt, wenn sie sagt, dass man einen Menschen nicht auf zukünftige Verhältnisse hin erziehen kann, ohne ihm Gewalt anzutun.

Der Erzieher muss also genau sondieren, welche Dinge er der Freiheit des anderen um der Freiheit willen überlassen muss und welche er unbedingt gegen mögliche individuelle Willkür zu schützen hat. Versucht er die Lage vollends in den Griff zu bekommen, so muss er sich nicht wundern, wenn dieses straff gespannte Gängelband reißt und sein Zögling außer Rand und Band gerät. Gewährt er indes auch da Freiheit, wo er im Interesse der Gesellschaft Grenzen ziehen müsste, so ist mit einem sehr viel schlimmeren Effekt zu rechnen: Der Heranwachsende bleibt in einer kleinkindhaften Egozentrik stecken und lernt es nicht, sich angemessen im sozialen Miteinander zu bewegen. Genau mit diesem Problem haben wir heute verstärkt zu kämpfen, wo diejenigen, die sich selbst mühsam der übermäßigen Kontrolle ihrer Eltern entwinden mussten, selbst zu Erziehern geworden sind.

Es wäre allerdings viel zu einfach und eingleisig gedacht, wollte man die aktuelle Erziehungsmisere allein auf das Wirken der 68er-Generation zurückführen und die Vorkämpfer eines neuen Erziehungsstils kollektiv zur Verantwortung ziehen. Nicht der Impuls zu mehr Selbstbestimmung ist derzeit das Problem der Erziehung. Wir sind vielmehr in eine Situation geraten, in der der Begriff der Selbstbestimmung bis zur Unkenntlichkeit entstellt und verwässert wurde. Um in den heutigen produktiven Prozessen erfolgreich zu sein, ist ein Set von Persönlichkeitsmerkmalen nach neuer Schnittvorlage gefragt. Modell ist hier nicht mehr der selbstbeherrscht sich zurücknehmend und diszipliniert Arbeitende, sondern derjenige, der sich kreativ ausdrücken kann und sich biegsam in die produktiven Abläufe der freien Marktwirtschaft einfügen kann. Jemand gilt dann als besonders autonom, wenn er über ein breites Spektrum von Möglichkeiten des Selbstausdrucks verfügt und sich »verkaufen« kann. Nur so nimmt man als Person Gestalt an.

Wer aber weder sich selbst noch seine Kinder diesen angesagten Strömungen der modernen Arbeits- und Lebenswirklichkeit fraglos ausliefern will, sondern einen reflektierten Standpunkt einzunehmen sucht, gerät zwangsläufig in eine Art Dauerstress des Nachdenken-Müssens. Wie ich schon bezüglich der Fülle pädagogischen Schrifttums gesagt habe, gewinnen die meisten heute den Eindruck, der überbordenden Informationsflut nicht mehr Herr werden zu können, und streichen die Segel, oft ohne es selbst recht zu bemerken. Welche Folgen eine solche Kapitulation der Elterngeneration für die »psychische Gesundheit« der nachfolgenden hat, ist das Thema des Buches *Warum unsere Kinder Tyrannen werden* von Michael Winterhoff, der als Psychoanalytiker hier tiefe Einblicke gewinnen konnte. Die von Winterhoff aufgezeigten Beziehungsstörungen im erzieherischen Verhältnis zeigen uns, was passiert, wenn man das tiefere Nachdenken über Erziehung einstellt oder an Experten delegiert.

Von kleinen Tyrannen und großen Irrtümern

Winterhoffs Buch macht uns auf ein merkwürdiges Zusammenspiel aufmerksam: Es zeigt uns, dass gerade unser leidenschaftliches Bemühen um das Wohlergehen unserer Kinder gegen unsere besseren Absichten zur sozialen Verödung beiträgt. Je besinnungsloser wir um das Kind wie um ein Zentralgestirn kreisen, umso mehr destabilisieren wir damit die öffentliche Sphäre, die den Einzelnen umschließt und sichert. Indem wir zu vordergründig auf Wohlbehagen, Autonomie und Erfolg des Kindes setzen, riskieren wir ein von den Interessen anderer abgekoppeltes, atomisiertes Selbst zu erzeugen, das letztlich ohne verlässliche

Persönlichkeitsmerkmale bleibt. Schlimmstenfalls gleitet das Kind in einen Zustand leerer Selbstbezogenheit hinein, in dem es, um optimalen Selbstausdruck ringend, den anderen und dem Zustand der Welt gegenüber gleichgültig bleibt.

Damit ein Kind zum verantwortungsbewussten, moralisch und politisch wachen Teilnehmer einer menschlichen Gemeinschaft heranreifen kann, ist es nötig, dass es, mit Winterhoff gesprochen, die Gehirnzelle »Mensch« ausbilden kann. Erziehende müssen dem Kind durch ihr Verhalten unmissverständlich klarmachen, worin sich der Umgang mit Menschen von einem Verfügen über Gegenstände unterscheidet. Um aus seiner frühkindlichen Egozentrik herauszufinden, muss es »schmerzlich« erfahren, dass andere Menschen eigene Interessen verfolgen und nicht allein zur Befriedigung seiner Bedürfnisse auf der Welt sind. Anstatt sich anderer zu bedienen, lernt es so Schritt für Schritt in Beziehungen zu leben, die auf Wechselseitigkeit basieren.

Voraussetzung für diesen Lernprozess ist ein »abgegrenztes« Verhalten der erwachsenen Erzieher. Diese müssen sich über den Reifegrad des Kindes im Klaren sein, um es nicht frühzeitig partnerschaftlich zu überfordern. Entlässt man das Kind nämlich voreilig aus seiner »untergeordneten« Rolle oder besser gesagt aus seiner entwicklungsbedingten Angewiesenheit auf Leitung, verhindert man – so Winterhoff – die Ausbildung wichtiger sozialer Fähigkeiten wie Frustrationstoleranz und Regelgespür. Viel zu früh werden heute viel zu viele Dinge der freien Entscheidung des Kindes überlassen, das oft noch gar nicht in der Lage ist, Alternativen abzuschätzen und Eigenverantwortung zu tragen. Setzt man z. B. im schulischen Bereich zu früh auf die selbsttätige Motivation des Kindes und versucht jeden Druck von ihm fernzuhalten, so erhöht man aufs Ganze gesehen die Schinderei, da nicht selten der Lernerfolg ausbleibt. Ich kann Winterhoff aus eigener Erfahrung nur zustimmen: Obgleich es individuelle Abweichungen gibt, sind viele Kinder aus sich heraus, das heißt ohne beharrliche Anweisung, schwerlich in der Lage, ihr Lernverhalten auf lange Sicht zu organisieren.

Ein weiterer bedenklicher Faktor ist in diesem Zusammenhang ein anderes Verhaltensmuster der Elterngeneration, das in Anbetracht der Zunahme von Ehescheidungen und partnerschaftlichen Konflikten heute nur allzu häufig anzutreffen ist: die Belastung der Kinder mit den Problemen der Erwachsenenwelt. Wer sein Kind gedankenlos in die Sorgen und Bedrängnisse der Erwachsenen einbezieht, legt einen Mühlstein auf die zarte Seele, der zur lebenslänglichen Bedrückung werden kann.

Tut der Erwachsene in der übereilten Partnerschaftlichkeit so, als sei er auf Augenhöhe mit dem Kind, so verkehren die weiteren von Winterhoff genannten Beziehungsstörungen das angemessene Verhältnis zwischen Erwachsenen und Kindern noch radikaler: Sowohl in der »Projektion« als auch in der »Symbiose« begibt sich der Erwachsene in eine Position der Abhängigkeit von seinem Sprössling. Das Kind wird zur Messlatte dafür, wie gut oder schlecht die Eltern sind. In der »Projektion« sind diese fixiert auf den Erfolg des Kindes, mit dem sie sich auf ungesunde

Weise identifizieren. Ist die natürliche Distanz zum Kind aber aufgehoben, so nehmen die Eltern ihre Steuerfunktion nicht mehr angemessen wahr. Sie erleben die Schwierigkeiten ihres Kindes als persönliche Kränkung und setzen alles daran, unterstützend, fördernd und manipulierend weiteren Schaden von ihm fernzuhalten. So kann das Kind jedoch nicht eigenverantwortlich werden, es kann nicht lernen, sich selbst zu helfen bzw. die Hilfe der anderen konstruktiv anzunehmen und wertzuschätzen.

Indem der Erwachsene mit dem Kind so verfährt, als sei es ein Gegenstand, den man nach Belieben wegschieben, manipulieren und steuern kann – was auch der Zweck jeder massiven Bestrafung ist –, baut er nicht mehr auf dessen Einsichtsfähigkeit, sondern belässt es in einer ungesunden Abhängigkeit. Das Kind hat dann oft nur die Chance, dieses Verhältnis zu verkehren und die Eltern nun seinerseits nach Gutdünken an die Leine zu nehmen. Es wird sehr schnell herausfinden, wie es die Eltern vor seinen Karren spannen kann. So enden Eltern und Kinder zuletzt in einem Knäuel manipulativer Verstrickungen, das unentwirrbar erscheint.

Es ist nicht nötig, hier den von Winterhoff ausbuchstabierten Beziehungsstörungen noch genauer nachzugehen, um zu verstehen, dass es zum Verhängnis werden kann, wenn die naturgemäß asymmetrischen Eltern-Kind-Beziehungen missachtet werden. Stoßen Kinder nicht an die Grenze des anderen Menschen, der seine Interessen in angemessener Weise gegen Übergriffe zu behaupten weiß, so werden sie um die Entfaltung zentraler menschlicher Eigenschaften gebracht. Sie entwickeln, wie Winterhoff zeigt, keine Sozialkompetenz, keine Fähigkeit der lebendigen, rücksichtsvollen und zugleich aufgeschlossenen Anteilnahme an anderen Menschen. Verkümmert in ihrer Beziehungsfähigkeit, wird es diesen Kindern ebenso kaum möglich sein, Struktur und Tiefe in ihrer Innenwelt zu finden. Sie werden auch als Erwachsene nicht in der Lage sein, einen nachdenklichen Umgang mit sich selbst zu pflegen, der darin besteht, uneins zu werden und sich dann wieder mit sich selbst versöhnen zu können. Um selbstkritisch zu sein, das heißt vorübergehend auf sich wie auf einen anderen zu blicken, bedarf es von Anfang an einer Erfahrungsform, in der uns der andere auch wirklich als anderer begegnet. Indem wir ihn in seiner Menschlichkeit als uns ähnlich und zugleich von uns verschieden wahrnehmen, werden wir über den Eintritt in die Einsamkeit überhaupt erst gemeinschaftsfähige Wesen.

Da der Mensch ein Kulturwesen ist, ist er zur Bewältigung seines Lebens in vielfältiger Weise auf die Unterstützung der Gemeinschaft angewiesen. Von daher relativiert sich sein Freiheitsanspruch zwangsläufig durch die Begrenzungen, die das soziale Umfeld festgelegt hat. Auch wenn es grundsätzlich stimmt, dass solche Einhegungen von Gemeinschaft zu Gemeinschaft variieren und mithin dehnbare Zäune und verschiebbare Barrikaden sind, ändert dies nichts an der grundsätzlichen Begrenztheit aller menschlichen Freiheit. Jede Rede von Freiheit macht überhaupt nur Sinn vor dem Hintergrund solcher Beschneidungen. Gäbe es absolute Freiheit, bräuchten wir nicht davon zu sprechen. Ein einzelner Mensch kann sich aber nur dann in ein angemessenes Verhältnis zum Sozialganzen setzen, wenn er im Verlauf seiner Kindheit gelernt hat, Grenzen nicht nur als feindseliges Außen zu erfahren, sondern sie gleichermaßen als Teil von sich selbst vorzufinden. Diese verinnerlichte Grenze ermöglicht es mir dann, auf meine unmittelbaren Wünsche und Begierden gleichsam aus der Perspektive der anderen zu blicken und in mir abzuwägen, welchen Impulsen ich Einhalt gebieten muss und welchen nicht. Allein diese Doppeltheit verschafft mir einen Raum der Freiheit. Dränge ich hingegen mit unbezähmbarer Ungeduld auf die Durchsetzung all meiner Bedürfnisse, werde ich kopflos durch mein Leben irren und mich unweigerlich am Widerstand der anderen blutig schlagen. Ich stehe dann da wie ein Bündel wildwüchsiger Triebe, das notdürftig vom Band des Gesetzes zusammengehalten wird – wenn überhaupt.

Doch der Mangel an strukturgebender Erziehung kann auch andere Folgen zeitigen und einen zweiten Menschentypus begünstigen, den man heute immer häufiger antrifft. Dieser bewegt sich mit Virtuosität, elastisch und geschmeidig innerhalb der Grenzen der Legalität und ist doch gänzlich ungerührt vom Mitmenschen und frei von allen inneren Skrupeln. Ein solcher bahnt mit kühler Rationalität seinen Weg in die Mitte der Gesellschaft, benutzt den andern für seine Zwecke und lässt ihn, wenn er ausgedient hat, mit einem kalten Lächeln verletzt und ruiniert zurück. Wenn es hart auf hart kommt und gewisse Machenschaften aufzufliegen drohen, versteht er es zuletzt sogar, sich als Opfer der anderen darzustellen. Wie Marie-France Hirigoyen in ihrem Buch über seelische Gewalt im Alltag vorführt, ist das Maskenspiel der Niedertracht hierbei von ungeheurem Einfallsreichtum.

Autoritätsschwund und moderne Überforderungen

Eine Vielfalt von Faktoren hat dazu geführt, dass es so verzwickt geworden ist, Kinder zu erziehen. Zunächst ist es aber wichtig festzustellen, dass es ungesunde Beziehungen zum Kind schon immer gegeben hat: tyrannische Väter und emotional ausbeuterische Mütter, die über ihren Nachwuchs die eigenen Bildungsmängel zu kompensieren suchten oder die sich durch jeden Fehler des Kindes persönlich befleckt sahen. Moralischer Druck, die Vermittlung von Schuldgefühlen, die unablässige Einforderung von Wohlverhalten sind bewährte Mittel einer schwarzen Pädagogik, an der die christliche Tradition reich ist. Wir dürfen also erleichtert feststellen, dass weder die projektive noch die symbiotische Beziehungsstörung wirklich eine Neuheit darstellen.

Was indes neu ist, ist die autoritätsfeindliche Einbettung dieser Erziehungspraxis. Der Erwachsene begeht seine Erziehungsfehler nicht mehr mit Rückendeckung durch ein allgemein anerkanntes Gefüge sittlicher Normen, sondern er setzt – gewissermaßen moralisch entwurzelt – auf eine nackte Strategie der Erfolgs- und Glückssicherung für sein Kind. Vor allem indem er das Kind als mehr oder weniger gleichberechtigtes Gegenüber behandelt, sucht er es in seinem Selbst zu stärken, damit es sich in der Wüste der modernen Lebenswelt zu behaupten vermag. Er kann, um es mit Arendt zu sagen, nicht mehr für diese Welt einstehen und versucht diesen Mangel durch einen Kult ums Kind zu verdecken und auszugleichen. Man muss sich dies nicht unbedingt als bewusste Entscheidung vorstellen. Es ergibt sich gewissermaßen aus dem überhitzten Klima der modernen Lebenswirklichkeit, dem sich kaum jemand ohne Weiteres zu entziehen vermag.

Ein ungebremster Fortschrittswagen rast in die Zukunft, ohne dass noch irgendwem klar wäre, wohin die Reise gehen soll. Winterhoff nennt dies einen »selbstgenerierten Crashtest«. Noch immer hört man die Parolen von materiellem Wohlstand und technischer Weiterentwicklung, doch seit Langem schon sind sie flankiert von Alarmrufen und düsteren Signalen, die uns von Klimakatastrophen und Weltuntergang künden. Eine Art Endzeitstimmung herrscht vor, notdürftig überdeckt von allerlei Ablenkungen zur Aufhellung der Gemütslage. Man richtet sich komfortabel in der Krise ein und verfällt allen Katastrophenmeldungen zum Trotz in einen Zustand fahrlässiger Gleichgültigkeit. Es scheint beinahe so, als wollten mehr und mehr Menschen nun auch ihre Kinder passend machen für dieses entkräftete Gesellschaftsleben. Doch durch die übermäßige narzisstische Besetzung des Kindes bringt man es um die Ausbildung einer Identität, die ihm der Welt gegenüber als schützende Hülle dienen könnte.

Heutzutage sind Ehe und Elternschaft im Vergleich zu vergangenen Zeiten längst keine Selbstverständlichkeiten mehr. Während man damals mit der Geburt von

Kindern immer auch wirtschaftliche Zwecke verband, ist das Kinderkriegen heute meistenteils psychologisch motiviert. Ökonomische Argumente werden allenfalls gegen ein Kind ins Feld geführt. In der hochindustrialisierten, leistungsorientierten Gegenwartsgesellschaft bekommen wir Kinder, weil wir uns erhoffen, im Zusammensein mit ihnen ein Stück Ursprünglichkeit zurückzugewinnen. Wir versuchen in der Familie eine Gegenwelt zu den uns hart und oft sogar unmenschlich erscheinenden Bedingungen des Arbeitslebens aufzubauen. Der unterkühlten Zweckrationalität im Erwerbsbereich begegnen wir mit unserem Traum einer häuslichen Inselwelt, in der Liebe, Fürsorge, Zärtlichkeit und Nähe regieren sollen. Wie die Soziologin Elisabeth Beck-Gernsheim schreibt, wird das Kind sogar vielfach zum »Sinn-Mittelpunkt«, weil der moderne Mensch aus allen überlieferten Sicherheit gewährenden und sinnstiftenden Bindungen herausgefallen ist. Bekommt man aber ein Kind aus Angst vor der Leere, so wird man es maßlos überfordern. Kinder sind gewiss eine Quelle des Glücks, aber es ist verhängnisvoll, sie mit Sinnerwartungen zu befrachten, weil dies zu lebenslangen emotionalen Abhängigkeiten führt, die, wie wir gesehen haben, die Entfaltung einer reifen Persönlichkeit vereiteln.

Um die schädlichen Beziehungsverschlingungen zu überwinden, müssen wir Eltern es wieder wagen, Autorität zu verkörpern und prägend und führend auf unser Kind einzuwirken. Wir müssen uns zutrauen, im aufmerksamen Umgang mit dem älter werdenden Kind nach und nach den Radius zu erweitern, in dem wir es sich selbst überlassen können. All das muss –

hier stimmt Winterhoff vollständig mit Arendt überein – unbedingt in einem geschützten Rahmen vonstatten gehen. Allerdings ist es unerlässlich – dieser Punkt ist bei Winterhoff zu wenig betont –, erzieherische Maßnahmen immer auch begleitend zu begründen. Dies hat einen doppelten Nutzen: Der Erzieher reflektiert sein Handeln und schützt sich selbst davor, auf sinnentleerte Konventionen oder auf unnütze Konformitätszwänge zu pochen, die die Einzigartigkeit eines Kindes missachten. Außerdem bietet man in schwierigen Situationen der im Kind angelegten Einsichtsfähigkeit einen Anreiz, man legt gewissermaßen ein Samenkorn in es hinein, das zu einem sehr viel späteren Zeitpunkt aufgehen mag.

Erziehung darf sich nicht darauf beschränken, Kindern ein »Man tut das« oder ein »Man tut das nicht« einzuimpfen, sondern muss zugleich sichtbar machen, dass es einen eigenen Standpunkt der Welt gegenüber zu formen gilt. Noch grundsätzlicher gesprochen: dass es etwas Eigenes der Welt gegenüber sein darf. Abgegrenztes Elternverhalten sollte nicht darauf hinauslaufen, gedankenlose Mitläufer heranzuzüchten. Ein gute Erziehung erfordert vielmehr zweierlei: Kinder müssen lernen, Regeln zu akzeptieren und gleichsam parallel dazu müssen sie altersgemäß nach und nach an Souveränität diesen Regeln (und Moden) gegenüber gewinnen. Das Kunststück einer erfolgreichen Erziehung liegt im Zusammenspiel von Freiheit und Gebundenheit. Der alte Kantsche Leitsatz »Habe den Mut, dich deines eigenen Verstandes zu bedienen«, der, wie Winterhoff kritisch anmerkt, zum Mantra geworden ist, gilt also immer noch.

Das bedeutet: Wesentlich ist die Offenheit für die Sprache der Freiheit, die uns vom kindlichen Gegenüber aus entgegenschallt. Dies verlangt uns ab, ein Risiko der Freiheit einzugehen und den Heranwachsenden in seine eigene Welt zu entlassen. Da ich nicht wissen kann, worin der individuelle Kern der Freiheit eines Menschen liegt, kann ich hier nicht auf Machbarkeit setzen. Freiheit lässt sich nicht herstellen. Ich muss gleichsam in mir selbst so viel Freiheit aufbringen, dass ich dazu imstande bin, in die Freiheitsfähigkeit des Kindes zu vertrauen. Dabei lenkt mich die Einsicht, dass Freiheit nicht jenseits gültiger Gemeinschaftsregeln entsteht, sondern eine besondere Handlungs- und Neugestaltungskompetenz innerhalb bestehender Ordnungsgefüge meint.

Das Erzieherische

Von dem historischen Moment an, in dem Erziehung zum Gegenstand wissenschaftlicher Diskussionen wurde, tritt ein künstliches bzw. absichtsvolles Moment in die Eltern-Kind-Beziehung. »Das Erzieherische hat das Paradies der reinen Unwillkürlichkeit verloren«, sagt der Philosoph Martin Buber in einer sehr anregenden Rede über dieses Erzieherische. Einzelne Erziehungsziele werden gesetzt, sind nicht naturgegeben und nicht mehr gottverfügt. Sie sind deshalb reflexionsoffen zu halten. Mindestens ebenso wesentlich ist es, über die »Methode« des Erziehers nachzudenken.

Entscheidend für die Gründung von Autonomie im soeben umrissenen Sinne ist, dass der Erzieher zum freundschaftlichen Gegenüber wird und nicht zu einer feindseligen Instanz, die reglementiert, straft, diszipliniert und drillt. Begriffe wie »Erziehung« oder »Abgrenzung« mögen solche negativen Assoziationen hervorrufen. Wer das Erwachsenwerden eines Kindes begleitet, wird, je besser er erzieht, immer weniger Wert auf aktives Eingreifen legen, und am Ende mag er den missverständlichen Erziehungsbegriff sogar ablehnen. Ich könnte es mit Buber auch anders sagen: Gute Erziehung ist unsichtbar, »ein Fingerbeben vielleicht, ein fragender Blick«. Sie besteht in einer unablässigen Folge von Reaktionen auf ein Kind, die es im Klima bedingungsloser Zuwendung darin begleitet, seinen Freiheitsraum zu erschließen. Sie richtet es nicht ab, dringt nicht auf »Normalität«, sondern schützt die Intimsphäre des Kindes, die seine Freiheit umfasst.

Das paradox Erscheinende ist hierbei, dass die Freiheit manchmal auch gegen das Kind selbst zu verteidigen ist, und zwar dann, wenn es die Interessen anderer Menschen kontinuierlich verletzt. Von solchen Fällen handelt Winterhoffs Buch. Seine Überlegungen orientieren sich an Beispielen, in denen die Erziehungsfrage sichtbar wird, weil »das Erzieherische« versäumt wurde. Auch wenn das Absichtsvolle in der modernen Erziehung unausweichlich geworden ist, so soll der Erzieher das, was er tun muss, im Grunde so tun, »als täte er nichts«. Insofern das Bild des Richtigen bei Winterhoff gewissermaßen von der ausgewalzten Darlegung des Falschen verschluckt wird, gilt es hier noch einmal tiefer zu blicken.

Ist das Erzieherische erst einmal aus dem Ruder gelaufen, werden Abgrenzungen, die sich günstigstenfalls »organisch« aus dem Zusammenleben der Generationen ergeben, zu »gewaltsamen« Maßnahmen. Der Begriff Abgrenzung hat für viele einen äußerst negativen Beigeschmack, denn er suggeriert Härte und Unempfindlichkeit gegen den anderen und passt nicht zu dem Element, in dem allein das Erzieherische gedeihen kann: der Liebe nämlich. Ohne Liebe und lebendiges Interesse am anderen Menschen als Du (und nicht als zu bearbeitendes »Objekt«) kann das Erzieherische nicht fruchten. Deshalb wäre es auch fatal, wollte man dem sogenannten Erziehungsnotstand nun mit einem ganzen Arsenal von Regeln und Maßnahmen zu Leibe rücken. »Zwang in der Erziehung, das ist Nichtverbundensein, das ist Geducktheit und Aufgelehntheit«, schreibt Buber. Zwang wäre nur eine andere Form, das Erzieherische zum Verschwinden zu bringen, denn er spaltet die ihm ausgelieferte kindliche Seele in »einen gehorchenden und einen sich empörenden Teil«. Was aber ist das Wesentliche?

Gerade die Liebe zum Kind veranlasst uns, es immer wieder auch zu beschränken und ihm etwas abzuverlangen. Wir werden nicht umhin kommen, ihm schmerzliche Momente zu bereiten, denn es muss um seiner selbst willen aus seiner frühkindlichen egozentrischen Gefangenschaft herausfinden. Es wird auf diesem Wege nicht möglich sein, ihm die vielen kleinen Erfahrungsmomente der Einsamkeit zu ersparen, in der wir uns unserer Abgetrenntheit vom anderen Menschen bewusst werden. Durch eine positive Eingewöhnung in das Alleinsein können wir das Kind aber dazu befähigen, mit solchen Einsamkeitsschatten gut umzugehen. »Die Fähigkeit zum Alleinsein gründet sich auf etwas Paradoxes, nämlich auf das Erleben des Alleinseins in der Gegenwart von einem anderen«, formuliert der Psychoanalytiker Donald W. Winnicott. Das heißt: Es ist wichtig, unserem Kind die Gelegenheit zu geben, das Alleinsein gleichsam in der Anwesenheit eines anderen zu erproben, der es in friedvoller Atmosphäre sich selbst überlässt. Hat es diese angstfreie Erfahrung des Alleinseins gemacht, so wird es auch in krisenhaften Augenblicken die Abtrennung von den anderen nicht nur negativ empfinden, sondern solche Brüche über einen inneren Dialog zu integrieren lernen. Es sieht sich nicht nackt und hilflos dem Schmerz seiner Lage ausgeliefert, sondern weiß ihn als ein Mittel zu verstehen, mit der Welt und damit mit sich selbst auf neue Weise in Berührung zu kommen. »Unser Weg baut sich aus Verlusten, die heimlich zu Gewinnen werden«, sagt Buber. Für Mutter oder Vater bedeutet das, dass sie das Kind sich selbst überlassen können und es nicht ständig mit Zuwendung und Ansprüchen überschütten. Meine persönliche Lebenserfahrung lehrt mich, dass es oftmals den Eltern viel schwerer fällt als den Kindern, den Schmerztribut der Selbstbestimmung und des Reifens zu leisten, wohl deswegen, weil Kinder sich gewissermaßen instinktiv auf die Freiheit zubewegen, während Erwachsene vielfach von der Erfahrung erschüttert sind, wirklich alleingelassen worden zu sein.

Den Schmerz im Leben auslöschen zu wollen oder auf der anderen Seite durch drakonische Erziehungsmaßnahmen gezielt auf Schmerzzufügung zu setzen bedeutet, das Leben zu dehumanisieren. Das Erzieherische ist deshalb im Fall des Gelingens eine liebevolle

Begleitung des Kindes, die niemals in der rigiden Anwendung von Regeln bestehen kann, sondern eine besondere Klugheit des Erwachsenen verlangt, der es verstehen muss zu erkennen, was das jeweils einzelne Kind für sein Gedeihen benötigt.

Es kann kein Patentrezept für die Entfaltung einer freien und zugleich respektvollen Persönlichkeit geben. Erziehung ist ein kunstvolles Handwerk der Freiheit, das das Muster der Menschlichkeit im Einzelnen auf je neue Weise hervorzaubert. Das Problem unserer Zeit liegt darin, immer nach gesicherten Methoden zu verlangen, so als könne man sich damit aus der Verantwortung stehlen. Will man aber der Einzigartigkeit eines menschlichen Gegenübers gerecht werden, so muss man sich zutrauen, selbst Verantwortung zu übernehmen und in jeder Situation neu aus liebender Verbundenheit mit dem Kind heraus zu entscheiden.

Viele Erziehungsbücher erwecken den Eindruck, als ginge es primär darum, die Sphäre der Eltern störungsfrei zu halten. Man setzt dann auf Strenge und Abgrenzung. Unerwähnt bleibt, dass das Grundelement des Erzieherischen das Zwischen – Inter-esse = Dazwischensein – ist, eine Atmosphäre oder Gestimmtheit als Raum, in dem Ich und Du sich begegnen können. Grundlegend für alles zwischenmenschliche Gelingen ist deshalb nicht die Abgrenzung, sondern die Verbundenheit. Noch einmal Buber: »Das Kind, das, halbgeschlossener Augen daliegend, mit ausgespannter Seele harrt, dass die Mutter es anspreche, – das Geheimnis seines Willens geht auf anderes als darauf, einen Menschen zu genießen (oder zu beherrschen), aber auch als darauf, von sich aus etwas zu tun; es geht darauf, im Angesicht der einsamen Nacht, die hinterm Fenster sich breitet und einzudringen droht, die Verbundenheit zu erfahren.« Die Abgrenzung, die Abtrennung ist jedoch unerlässlich, um echte Verbundenheit von einer romantischen Verschmelzungsillusion zu unterscheiden. So sagt auch Buber, man müsse, um verbunden zu sein, erst unabhängig geworden sein, und dennoch gilt: »Die Unabhängigkeit ist ein Steg und kein Wohnraum.« Das wahre Fundament des Lebens indes ist Verbundenheit.

»Erst die Mächtigkeit, die umfasst, ist Führung«

Da in letzter Instanz alle Erziehung auf Verbundenheit hinzielt, ist Freiheit nur ein »Sprungbrett«, um in eine personenbezogene Verantwortung hineinfinden zu können. Wird Freiheit zum eigentlichen und verselbstständigten Erziehungsziel übersteigert, so ist sie laut Buber »eine pathetische Posse«. Worauf es nun ankommt, ist, unter den besonderen, »ungleichen« Gegebenheiten der erzieherischen Situation das Dialogische oder modern gesprochen das Partnerschaftliche im Kind zur Blüte zu bringen. Wir stehen vor dem alten, oben genannten Dilemma der Erziehung: Wie sollen wir, die wir, wenn wir erziehen, unweigerlich eine »Auslese von Welt« vornehmen müssen, verhindern, dass unsere subjektive Willkür uns fehlleitet?

Buber sagt, dass Fehler immer dann geschehen, wenn zeitweilig der »Umfassungsakt« aussetze. »Umfassung« ist in der Sprache Bubers ein zwischenmenschlicher Vorgang, der überhaupt erst Verbundenheit ermöglicht. Zur Umfassung gelangen wir, wenn wir in unseren Lebensvollzügen innehalten und, sei es als Schläger oder sei es als Liebkosender, für einen Moment die gemeinsame Situation aus der Erfahrungsperspektive der Gegenseite durchleben. Anders als die Empathie, die eher einem Hineindenken und -fühlen in Fremdes oder Fernes gleichkommt, sind wir in der Umfassung gegenwärtige Teilhaber einer Wirklichkeit, in der wir uns als konkrete Personen auf den anderen hin erweitern. Wer bewusste Akte der Umfassung durchläuft, entfaltet eine innere Fähigkeit, sich den anderen zu vergegenwärtigen, eine ungehemmte Entfaltung seiner Subjektivität wird ihm fortan unmöglich sein. Ein solcher »Erzieher« wird alles daran setzen, in seiner Praxis immer von der Wirklichkeit seines »Zöglings« auszugehen und sich in seiner persönlichen Vorstellung davon, wie es sein sollte, zu relativieren und zurückzunehmen. Ein von Umfassung geprägtes Verhältnis kann als dialogisches gelten.

Mit einem Kind in nicht abreißender Zwiesprache zu stehen, meint keinesfalls, sich in einem fort mit dem Kind zu befassen oder es unentwegt anzusprechen. Es bedeutet vielmehr, eine Grundstimmung der Dialogik wie ein »silbernes Panzerhemd des Vertrauens« um es zu legen, es wissen zu lassen, dass der Erzieher immer zugleich auch bei seiner Seele ist. Allein dieses Klima der gemeinsamen Erziehungssituation ermöglicht dem Kind, sich von »drüben«, vom anderen her in seinem Tun zu spüren, sich selbst aufzufangen und die reale Grenze zu erkennen. Innerhalb des von Winterhoff umrissenen Prozesses, die Gehirnzelle »Mensch« im Kind zur Entfaltung zu bringen, gibt es also noch eine Schattierung, die von ihm vernachlässigt wird. Erlebe ich den anderen nur als Sich-Abgrenzenden und Regelvollstrecker, so lerne ich die Schranke zwischen Mein und Dein zwar zu akzeptieren, bewerte sie jedoch lediglich als lästige Beschneidung meiner ursprünglichen Freiheit. Erlebe ich den Pädagogen indes als einen mich umfassend bergenden, so erfahre ich aus dieser Verbundenheit heraus die Grenze als einen wesentlichen Aspekt meiner selbst.

Dabei steht der Erzieher »an beiden Seiten der gemeinsamen Situation«, denn einzig und allein er steht für das Gelingen des Erzieherischen ein. Angesichts des Zerfalls aller tradierten Bindungsformen gibt es keine allgemeingültigen Antworten mehr auf das Wohin der Erziehung. Die ganze Entscheidungslast liegt auf dem Pädagogen, der sich durch diesen »kreisenden Wirbel der Freiheit« überfordert fühlen mag. Wenn Buber das Handeln der Erzieher zuletzt an ein Vertrauen in Gott bindet, so hat er, wie mir scheint, keineswegs bestimmte religiöse Vorstellungen oder Gebote im Sinn, sondern verweist auf unseren Status als »Geschöpfe«. Wer sich als »Geschöpf« erfährt, sieht sich nicht als letzte maßgebliche Instanz, sondern als Element eines Weltganzen. Ein solcher Mensch öffnet seine Welterkenntnis einer spezifischen Demut, die in Bezug auf die Schöpferrolle des Erziehers bedeutet, dass »das Da-Sein und So-Sein aller seiner Zöglinge (…) das entscheidende Faktum ist, dem seine ›hierarchische‹ Erkenntnis sich unterordnet«.

Gute Erziehung ist angewiesen auf einen solchermaßen mystischen Standpunkt. Auch jenseits institutionalisierter Religion lässt sich das Universum als einheitlicher Zusammenhang aller Wesen und Dinge begreifen. Wer sich von der Einheit des Weltganzen her versteht, mäßigt zwangsläufig sein überschießendes Wollen und betrachtet sich aus dieser Perspektive heraus. Er gibt seinen Willen nicht auf, aber er lässt ab von der Forderung, dass es unbedingt so laufen muss, wie er es wünscht.

Das ist ein fundamentaler Sichtwechsel, durch den die in der Pädagogik ertragreiche, desinteressierte Liebe, das heißt eine Liebe, die den anderen nicht beherrschen und nicht genießen will, entstehen kann. Wir werden in einem nachfolgenden Kapitel des Buches noch einmal auf diesen mystischen Standpunkt, der unserer Zeit so fremd ist und zugleich so nottut, zu sprechen kommen.

Ein Hochglanzbildungsdebakel

Man kann mit Fug und Recht in Abrede stellen, dass das Bubersche Wunderwerk aus Umfassung und Geborgenheit den dickbäuchigen Familienchefs und dauergewellten Muttis der 50er- und 60er-Jahre besonders häufig gelungen ist. Es herrschte in unseren Kinderzimmern ein rigider Drill, der sich aus gestärkter Sonntagkleidung, sauberen Fingernägeln, aufgeräumten Schubladen und schulischem Fleiß zusammensetzte. Abgesehen davon hatten wir jedoch ausreichend Gelegenheit, den Schulweg zu vertrödeln, an den Nachmittagen eine nahe gelegene Wildnis aufzusuchen und uns, in Baumkronen herumlungernd, den gestrengen Blicken unserer beschürzten Mütter zu entziehen. Endlose Stunden haben wir damit verbracht, uns im Dickicht die Beine zu zerkratzen und mit Wurstbroten ausgerüstet geheime Versammlungen abzuhalten, in denen wir uns konspirativ zu ehrfurchtgebietenden Banden zusammenrotteten.

Das ist nun vorbei. Folgt man den Ausführungen in Jakob Schrenks Buch *Die Kunst der Selbstausbeutung*, so unterliegt die Kindheit in bestimmten Kreisen neuerdings vom Mutterleib bis zum erfolgreichen Schulabschluss einem Bildungsmasterplan, der alles daran setzt, den Nachwuchs »möglichst perfekt den Bedingungen der freien Marktwirtschaft anzupassen«.

Den PISA-Schock noch in den Knochen, ziehen manche Eltern nun alle Register, um angesichts von Arbeitslosigkeit, ausländischer Konkurrenz und gewandelter Unternehmenslandschaft die eigenen Sprösslinge in die Spur zu bringen. Wie so oft stehen auch hier amerikanische und neuerdings auch chinesische Bildungsstrategen Pate: das Gehör stimulierende Walkman-Beschallung im Mutterleib, Englisch für Säuglinge, Lern-DVDs »Baby Einstein« und »Baby Bach« für Krabbelkinder, Chinesischunterricht für Vierjährige, zweisprachige Erziehung im Elitekindergarten, bilinguales Memoryspiel am Nachmittag und der Karriere-Coach für Schüler, die beizeiten zu einer ausgefeilten Egotaktik gelangen sollen – dies sind die neuartigen Errungenschaften der Bildungsbranche, in die uns Schrenk tiefe Einblicke gewährt. Nach seiner Aussage ist Frühförderung der am schnellsten wachsende Markt weltweit, denn mit Hilfe der Hirnforscher hat man erkannt, wie klein das »Zeitfenster« ist, in dem alle wichtigen neuronalen Strukturen angelegt werden. Man leistet dem Gott der Naturwissenschaft Gefolgschaft, und dies mit einer Demut und Frömmigkeit, von der ein Kirchenmann heute nur noch träumen kann.

Es liegt auf der Hand, dass diese Segnungen hyperprogressiver Pädagogik größtenteils einen hohen Preis haben, der den Kostenaufwand der traditionellen Nachhilfestunde um ein Vielfaches toppt. Die Heranzüchtung perfekter Leistungsträger wird damit mehr denn je zum Privileg der Wohlhabenden, die Bildungsschere spreizt sich bis aufs Äußerste, das Wort Chancengleichheit wird endgültig zum Hohn. Schon heute haben die Kinder der sozial Schwachen sechsfach geringere Bildungschancen als die Sprösslinge der Oberschicht. Die neuartige Disziplin zielt nicht wie einst auf das Einschleifen sogenannter Sekundärtugenden und moralinsaurer Imperative, jetzt ist eigentlich alles erlaubt, solange sich Leistungsmotivation und Konkurrenzbereitschaft im Aufwärtstrend befinden. Wie man hört, unterwirft sich die junge Generation zunehmend dem, was der Markt fordert, und folgt einem pfeilgeraden Kurs, um sich auf dem Arbeitsmarkt durchzusetzen. Auch der Jugendforscher Klaus Hurrelmann bestätigt einen Mentalitätswandel der Jugendlichen hin zu einer gesteigerten Leistungsorientierung, die sich fraglos den Effizienzkriterien der Wirtschaft unterwirft.

Wir haben es hier mit Entwicklungen zu tun, die Bildung ausschließlich als ein Mittel zu einer Fünf-

Sterne-Karriere ansehen. Die getrimmten »Performer« folgen blind ihrer Siegermentalität und zeigen sich unbeeindruckt von den persönlichen Opfern und Einbußen ihrer Erfolgsdiät. Hier kann keine Rede mehr von einer allseitig entwickelten Individualität sein, die das alte humanistische Bildungsideal vorsah. Vom Klima gemeinschaftlicher Verbundenheit, vom Wert des Dialogischen bleibt, falls man nicht sofort ungläubig die Stirn runzelt, allenfalls ein sinnentleertes Begriffsgeklapper übrig.

Misst man die neuen Entwicklungen am Bildungsbegriff der Philosophen Robert Spaemann oder Peter Bieri, so zeigt sich: Es ist durchaus möglich, eine differenzierte Ausbildung zu durchlaufen, Unmengen von Wissen anzuhäufen und vielleicht sogar ganz nebenbei die wichtigsten Schriften der Weltliteratur gelesen zu haben, ohne im eigentlichen Sinn Bildung zu erlangen. Bieri schreibt: »Sich zu bilden, ist tatsächlich etwas ganz anderes, als ausgebildet zu werden. Eine Ausbildung durchlaufen wir mit dem Ziel, etwas zu können. Wenn wir uns dagegen bilden, arbeiten wir daran, etwas zu werden – wir streben danach, auf eine bestimmte Art und Weise in der Welt zu sein.« Das, was Bieri im Weiteren unter In-der-Welt-Sein versteht, ist nicht zu vergleichen mit dem virtuosen Self-Management im Kielwasser wirtschaftlicher Prognosen und Marktanalysen. Ja, man könnte so weit gehen und behaupten, der zurechtgestutzte vielwissende Erfolgsjunkie verkörpere eine besondere Variante von Weltfremdheit.

Den Kriterien Bieris folgend lässt sich sagen: Festgenagelt in seinem Spezialistentum, weiß der modische Bildungstypus wenig davon, dass es sehr »verschiedene Provinzen des Wissens« gibt. Wissen ist für ihn eine Waffe im ökonomischen Durchsetzungskampf, während die wirkliche Macht des Wissens darauf ausgerichtet ist, nicht zum Opfer zu werden, das heißt, »weniger leicht hinters Licht geführt« und nicht zum »Spielball« fremder Interessen zu werden.

Auch weiß der wahrhaft Gebildete das Geschwätz von richtigen Gedanken zu unterscheiden. Er verfügt über ein ausgeprägtes historisches Bewusstsein, während viele Karrieristen heute Scheuklappen tragend auf die Gegenwart fixiert sind und nicht im Mindesten ahnen, welche Möglichkeiten das menschliche Leben bereithält. Fernab jeder Überheblichkeit öffnet sich der Gebildete dem Fremden, anderen Sprachen, anderen Gegenden, anderen Epochen, um den Horizont seines Geistes zu erweitern.

Es kommt nach Bieri darauf an, alle Erfahrungen und Wissensschätze auszuschöpfen, um zu einer besseren und tieferen Kenntnis der eigenen Person zu gelangen. Doch auch bei der Selbsterkenntnis bleibt der Gebildete nicht stehen, geschweige denn, dass er auf die Idee käme, sie für den schnellen Erfolg zu nutzen. Ihm geht es letztlich darum, ein selbstbestimmtes und moralisch sensibles Leben zu führen. »Der Gebildete ist einer, der über seine seelische Gestalt selbst bestimmt, indem er einen stetigen Prozess erneuter Selbstbewertung zulässt und die damit verbundene Unsicherheit aushält.« Wesentlich ist, dass er diesen wachen Umgang mit sich selbst nicht im narzisstischen Spiegelkabinett pflegt, sondern in Beziehung zu anderen, in deren Lebenslagen er sich einzufühlen versteht. »In dieser Form ist Bildung tatsächlich ein Bollwerk gegen Grausamkeit.«

Zeichnet sich wahre Bildung also dadurch aus, dass der Mensch seine Egozentrik überwunden hat und die Welt mit den Augen anderer zu sehen vermag, dass er es auch wagt, Werturteile zu fällen, ohne sich für unfehlbar zu halten, so muss man sich ernsthaft fragen, wie viel von einem solchen Bildungsanspruch heute noch übrig ist. Erfüllt von Rivalität und dem Evangelium grenzenloser Machbarkeit präsentiert der weltkundige Bildungsmensch sich heute bereitwillig als maßgerechtes Marktprodukt und belächelt den unzeitgemäßen Ballast der humanistischen Bildungsziele. Was noch bedenklicher ist: Heerscharen von Eltern, die das Kleinkind gerade in süßer Wiegenliedromantik bargen, treiben es schon morgen ohne Erbarmen zu Höchstleistungen und Bestnoten an. Die »schöne neue Arbeitswelt« scheint ihnen recht zu geben. Schaut man sich hingegen die Lebensläufe außergewöhnlicher Menschen an, so stößt man auf andere Koordinaten. Es liegt tatsächlich nahe, mit Schrenk zu fragen, was aus Albert Einstein, Thomas Mann oder Franz Kafka geworden wäre, wenn die Netze wildwütiger Bildungsmanager und Karriere-Coachs sie in der Saumseligkeit ihrer jungen Jahre eingefangen hätten.

5. Altern als Kampf gegen den Zahn der Zeit

Eines Tages entdeckt ein später Jüngling, dass der Weg, den er auf gut Glück eingeschlagen hat, unwiderruflich sein wird. Die Pforte ist im Begriff, sich hinter ihm zu schließen. Er kommt in das Alter, in dem man alt zu werden beginnt, in dem man akzeptieren muss, in der Gesellschaft einen Platz einzunehmen, der einen zwingt, als Anderer unter den Anderen zu existieren. Lange bevor das Altern ein biologisches Schicksal ist, ist es ein soziales Schicksal.

(André Gorz)

Aus einer anderen Ära

Vor einigen Tagen begegnete mir im Kopiershop ein Geschichtsprofessor, dessen Vorlesungen ich vor 30 Jahren besuchte. Während ich endlos langsam meine Unterlagen auf den Kopierer legte, sah ich ihn, auf seinen Stock gestützt, vorsichtig und bedächtig über den Gehweg näher kommen. Er musste inzwischen an die 90 sein. Da ich einige seiner Veröffentlichungen kannte, wusste ich, dass er die Bekanntschaft außerordentlicher Geistesgrößen des 20. Jahrhunderts gemacht hatte. Wie gerne hätte ich ihn dazu befragt, um für eine Zeitspanne in diese ferne Vergangenheit eintauchen zu können, die mir reicher und lebendiger vorkam als der gegenwärtige Moment. Doch ich wagte es nicht, da mich eine unmoderne Ehrfurcht beschlich und er in keiner Weise zu erkennen gab, mich jemals zuvor in diesem Leben gesehen zu haben. Wen wundert's, ich war damals eine blutjunge, unbedarfte Studentin, neugierig und erfüllt von dem vermessenen Gefühl persönlicher Unendlichkeit.

Er betrat den Kopierladen und wurde sogleich von der Inhaberin, einer beherzten Polin, die ihn zu kennen schien, begrüßt und empfangen. Sie nahm sich seiner schwungvoll an, während ich die Szene schweigend und nachdenklich beobachtete. Sie tat, was uns wohl allen unmerklich unterlaufen wird, wenn wir es mit einem gebrechlichen, alten Menschen zu tun haben: Sie bemutterte und umsorgte ihn, so als habe sie es mit einem unmündigen Kind zu tun. Auf für mich beunruhigende Weise nahm sie ihm alle Dinge ab, auch die, die er trotz seiner altersbedingten Ungelenkigkeit durchaus hätte bewerkstelligen können. War es eine geheime Übereinkunft zwischen den beiden? Seine verschlossene und resignierte Miene ließ mich daran zweifeln und ich war nahe daran zu schreien: »Stopp, stopp, das ist Professor B., ein großer Geist, sehen Sie das nicht, bringen Sie ihm doch bitte etwas mehr Respekt entgegen!« Doch ich schwieg, verunsichert durch den Gedanken, dass ihr übergriffiges Bemühen zweifelsohne einer besonderen Form der Nächstenliebe entsprang. Ein wirklich respektloser Mensch hätte niemals alles stehen und liegen lassen, um einem alten Herren so umfassend zu helfen, wie diese Frau es tat. Wie hätte sie wissen sollen, wen sie vor sich hatte? Es kam mir unangemessen vor, sie erziehen zu wollen, zumal er alles duldsam mit sich geschehen ließ.

Doch ich fragte mich, ergriffen von der Wiederbegegnung mit diesem Mann, wie es sein musste, so alt zu sein. Wie fühlte es sich an, mit dem Verschwinden der meisten nahestehenden Menschen aus der eigenen Generation alle Zeugen der persönlichen Geschichte zu verlieren? Jede Zeit hat eine bestimmte kulturelle Tonart, hat Worte und Zeichensysteme, in die man hineinwächst, die einem vertraut und nachvollziehbar erscheinen. Auch wenn man nicht alles gutheißen mag, so verbindet man sich doch in jungen Jahren ganz unwillkürlich seiner Zeit und versteht in diesem Sinn die Welt. Wie ist es also, wenn man sich als verlangsamter alter Mensch, allein, ohne die Freunde der Jugend, auf einem rasanten Schnellzug wiederfindet, der sich mit ständig wachsender Geschwindigkeit von diesen gewohnten Orten der Vergangenheit entfernt? Allein die Transformation der Sprache, die mich oft staunend vor meinen eigenen Kindern sitzen lässt, muss einen alten Menschen in hohem Maß irritieren.

Während ich über diese Dinge nachdachte und mich fragte, ob ich gerade dabei war, die Probleme, die ich selbst mit der ständig schrumpfenden Verfallsdauer aller Güter hatte, auf mein Gegenüber zu projizieren, fiel mir Tante Clara ein. Sie hatte diese Angelegenheit auf ihre Weise geregelt. Während ihres letzten Lebensjahrzehnts hielt sie Stellung in ihrer kleinen Wohnung im ersten Stock des großväterlichen Hauses. Inzwischen hoch betagt, weigerte sie sich standhaft, diese Wohnung noch einmal zu verlassen, um einen Fuß in die Verderbnis der modernen Welt zu setzen. Sie führte ihren Haushalt, unangefochten von Brigitte-Diät und Trennkost, nach altertümlichen Grundsätzen und versorgte Kind und Kindeskinder mit einem nahrhaften Mittag- oder Abendessen. So kamen wir, wenn die Maschinerie des Erwerbslebens uns an Land spülte, wie die Boten einer anderen Welt in Claras Abgeschiedenheit und saugten ihre Zuwendung in vollen Zügen ein. Den Einkauf erledigte einer von uns, aber sie buk und schmorte ihre unverwüstliche Hausmannskost, um sich der Wonne ihrer Dauergäste beim Verzehr von Rindsrouladen, Schweinebraten oder Königskuchen zu erfreuen. Den safrangelben Königskuchen gab es immer. Nie habe ich erlebt, dass diese schlichte Köstlichkeit fehlte oder auch nur bis auf das letzte Stück verzehrt worden wäre. Man aß ihn am frühen Nachmittag nach dem Mittagsschläfchen, wenn man sich ein solches leisten konnte, und dann setzte sich Clara meistens länger dazu und ließ den Betreffenden teilhaben an ihrem unendlichen Repertoire von Sprüchen und Lebensweisheiten. Die meisten habe ich vergessen, nur an einen erinnere ich mich, einerseits wohl, weil sie sehr oft auf diese Devise zurückgriff, und andererseits, weil ich mir unreine Reime besonders gut merken kann: »Mit des Schicksals Mächten lässt sich kein Bündnis flechten.«

Tante Claras Methode, das Alter zu bewältigen, ist wohl hoffnungslos unmodern. Man kann sie, die auf Cholesterin und Fitness keinen Pfifferling gab, wegen ihrer ungesunden Lebensprinzipien belächeln oder bewundern. Man kann die aneinandergereihten, auswendig gelernten Lebensparolen verächtlich als verkrusteten Kaffeesatz einer bedenklichen Zeit betrachten, einer Zeit, die allzu wenig Wert auf eigenständiges Denken legte. Aber ich kann mir nicht helfen: Tante

Clara kam mir wie eine Lebenskünstlerin vor, die sich selbst rettete, indem sie den Jugendwahn und den hoffnungslosen Kampf gegen den Zahn der Zeit aus ihren Räumen hinauskomplimentierte.

Bei ihr war nichts von Panik vor dem Altwerden zu spüren, kein Versuch, sich durch Sportlichkeit und Umformung der Denkgewohnheiten zwanghaft »up to date« zu erhalten, um den Anschluss an die Jüngeren nicht zu verpassen. Sie knüpfte das Band der Generationen in umgekehrte Richtung: Anstatt den Moden und Neuheiten der Nichten und Neffen hinterherzuhecheln, lud sie uns ein zu den heilsamen antiquierten Tröstungen innerhalb ihrer kleinen Zeitoase. Wir konnten wieder eintauchen in die Atmosphäre einer versunkenen Frauen- und Kinderwelt, die wir selbst noch kennengelernt hatten, eine Welt, in der das Selbstmachen noch üblich war, in der Frauen eine verstorbene Verwandte fraglos ersetzten, in der man Kleider auftrennte, wusch und zu neuen Gewändern umnähte. Man sprach über das Reifwerden der Johannis- und Stachelbeeren, die wir Kinder über Stunden pflückten und den Müttern zur Verarbeitung brachten. Einwecken, Brotbacken, zum Milchmann runter laufen, ab und zu fünf Pfennig Belohnung für Lakritzstafetten und Kaugummi aus der Bude, das endlose Geschwätz und die dick belegten Butterbrote, wenn wir bei der Erntearbeit eine Pause einlegten – all dies taucht diese Zeit in ein rosiges, beinahe himmlisches Licht. Die unspektakuläre Solidarität der Frauen, die Clara bis heute anhaftete, hüllte uns Kinder, obgleich wir gehorchen mussten, in warme Wohligkeit ein und verlieh unseren Übertretungen einen konspirativen Kitzel, wenn wir beispielsweise heimlich in die mit reifen Himbeeren gefüllten Gefäße griffen oder uns sogar einmal für einen längeren gemeinsamen Genuss hinter die Hecke verzogen.

Ich schwärme von der Menschlichkeit einer verschollenen Frauen- und Kinderwelt, die es so nicht mehr gibt. Es wäre unaufrichtig von mir, diese Welt zu glorifizieren und sie mir zurückzuwünschen, denn wer die Einzelschicksale kennt, weiß, dass viele dieser Frauen gewaltsam in der Idylle festgenagelt wurden. Doch wenn ich an die lang anhaltenden Zuwendungen von Clara denke, dann glaube ich, dass wir zum Vorteil unserer Alten und Kinder eine neue Tracht der Gemeinschaftlichkeit erfinden müssen. Wir müssen Wege finden, der Zerfaserung und der besinnungslosen Überschallgeschwindigkeit der modernen Welt entgegenzuwirken, die die Generationen auf erschütternde Weise auseinanderdriften lässt.

Wissen statt Weisheit

Altern ist ein Modethema. Als solches entspringt es aber nicht den Köpfen einfallsreicher Techniker oder gestaltungshungriger Designer, sondern der unabweisbaren Faktizität demografischer Statistiken. Die Gesellschaft überaltert, die Bevölkerungspyramide stellt sich auf den Kopf, und eine Lawine von Problemen rollt unaufhaltsam auf uns zu. Wir fragen uns: Wie wird es möglich sein, die Renten abzudecken, dem wachsenden Pflegenotstand beizukommen und die medizinische Versorgung zu gewährleisten?

Das sind ernst zu nehmende Herausforderungen der Zukunft, die ohne Umverteilung des gesellschaftlichen Wohlstandes kaum zu bewältigen sind. Schon heute gibt es Ruheständler, die mit ihren gesetzlichen Renten den Monat nicht überstehen können und die Suppenküchen der Hilfsorganisationen aufsuchen müssen. Obwohl sie ein Leben lang das Bruttosozialprodukt angekurbelt und in die Rentenkassen eingezahlt haben, finden sie sich in unwürdiger Lage wieder, ein Zustand, den sie durch lange Fahrten oder Fußwege zu den karitativen Einrichtungen anderer Stadtbezirke zu verbergen suchen. Das überbordende Reden und Diskutieren über die Altersthematik scheint vielen, die wirklich alt sind, bis dato wenig nützlich zu sein. Manchmal gewinne ich den Eindruck, dass es in etlichen Debatten nicht um Abhilfe für die tatsächlich Altgewordenen geht, sondern um die angstvolle Beschwörung des Ungeheuers Alter, das man auf diese Weise auf Abstand halten will.

Ohne hier verallgemeinern zu können, ergeben sich ein paar Augenfälligkeiten: In den Medien dominiert eine hysterische Langlebigkeitskampagne, in der man mit Cremetiegeln, Stretching, Nahrungsergänzungsmitteln und Sojakost gegen die physischen und geistigen Alterszeichen zu Felde zieht. Ich habe neulich sieben Medikamentenspots in einem Werbeblock gezählt. Im Kleidungsstil der Jugend bejubeln attraktive Models um die 70 mit fülligem Silberhaar die therapeutische Überwindung des vorzeitigen Kräfteabbaus. Ewige Jugend lautet die Verheißung, doch dahinter lauert – wie mir scheint – eine heftige, uneingestandene Abneigung gegen Alter und Verfall.

Aus der wissenschaftlichen Halbwelt der Feuilletons ergeht der Imperativ einer radikalen Veränderung der Bilder vom Alter, sodass es beinahe anstößig wirken müsste, wollte man, in die Jahre gekommen, geziemend das Feld räumen, um sich auf seinen Lorbeeren auszuruhen.

Damit man mich nicht falsch versteht: Es ist nichts dagegen einzuwenden, sich in jedem Alter noch weiterzuentwickeln, Neues zu lernen, Liebe und Erotik auszuleben und auf die Gesundheit zu achten. Verdächtig erscheint mir nur, dass heute zum Gebot der Stunde wird, was eigenmotiviert erfolgen sollte und bis vor Kurzem oft genug verhindert wurde.

Aus einem anderen Blickwinkel stellt sich das verbissene Klammern an die Jugend jedoch als noch bedenklicher dar. Was tut man, wenn der Abbau sich verschärft und sich Gebrechlichkeit einstellt, sodass die Illusion ewiger Jugend und Leichtigkeit zuletzt wie eine Seifenblase zerbirst? Gegen ein unvermeidliches Schicksal anzuleben, kann sehr kräftezehrend sein. Auch darf man die These wagen, dass ein modeverordnetes, künstliches Kleid der Jugendlichkeit den Menschen älter erscheinen lässt als eine selbst gewählte passende Alterstracht. Denn je älter ein Mensch wird, umso befremdlicher ist es, wenn er sich in übermäßiger Weise den Zeitgeistströmungen unterordnet. Im Alter »jung« zu sein, gründet deshalb nicht auf äußerer Makellosigkeit und auf der Demonstration dynamischer Frische, sondern es zeigt sich im souveränen und selbstbestimmten Umgang mit Zeitstilen und Üblichkeiten. Im Alter »jung« zu sein, gründet noch pointierter gesprochen darin, selbstbewusst und wandlungsfähig alt werden zu können.

Die Lebenssituation im Alter eröffnet uns neue Möglichkeiten, da sie uns – so wir nicht in extreme finanzielle Not geraten – neue Freiheitsspielräume gewähren kann. Dieselben wechselvollen Umstände jedoch können demjenigen, der sein Leben in Abhängigkeiten, Außenlenkung und Fremdbestimmung verbracht hat, enorme Angst einjagen und ihm das Alter zur bedrohlichen Last werden lassen. Auch wenn man zeitlebens kreativ, autonom und vielseitig agieren konnte, ist die Verlangsamung der späten Jahre eine schwer zu schluckende Pille. Hierfür gibt es eine ganze Reihe von Beispielen aus den Kreisen der Intellektuellen und Künstler, die über ihre Altersqualen geschrieben haben. Mancher freie Geist erlebt das Alter wie einen Tiefschlag, der aus der unheimlichen Ecke einer verschlingenden leiblichen Gegenwelt hervorschnellt.

Doch auch derjenige, der die Stufen des Lebens versöhnt im klaren Bewusstsein der Hinfälligkeit und Begrenztheit aller Dinge durchschreitet und zuletzt reich an Erfahrungen im Lebenshafen einläuft, wird seines Glückes nicht recht froh. Er findet sich, wenn das persönliche Lebensumfeld dies nicht abmildert, in einer Welt wieder, die nur wenig Wert auf Erfahrungsschätze und Altersweisheit legt. Heute heißt es, Wissen und materielle Güter zu akkumulieren sowie einem Strom von Innovationen mit rapide sinkender Halbwertszeit standzuhalten. Wer auf der Karriereleiter schnell nach oben will, mag nichts hören von der statistisch belegten besonderen Beweglichkeit vieler alter Menschen, die darin besteht, mit Niederlagen und Abwärtstrends des Lebens konstruktiv umzugehen. Hinzu kommt: Angesichts der fundamentalen Veränderungen innerhalb der Arbeitswirklichkeit, die unter dem Stichwort »Diskontinuität der Erwerbsbiografie« zusammengefasst werden können, sinkt die Bedeutung eines Wissensfundus aus lebenslanger Expertentätigkeit merklich gegenüber anderen Qualitäten.

Die Signatur des Alters

Um das Überrolltwerden von der Alterserfahrung zu vermeiden, ist es wichtig, sich auf das Alter einzustellen. Diese Wachsamkeit benötigen wir heute vielleicht mehr als unsere Vorgänger, da es für uns keine allgemeingültigen religiösen oder kulturellen Bewältigungsmuster mehr gibt. In der modernen individualisierten Gesellschaft hängt das Erleben der Alterssituation zudem mehr und mehr davon ab, welcher sozialen Gruppe jemand angehört. Man kann sogar sagen, dass die Unterschiede zwischen Menschen im Alter ihre größte Ausprägung erfahren. Trotz dieser zweifelsfreien Tatsache gibt es gewisse Grundkomponenten der Alterssituation, die für alle gleich sind, auch wenn es extrem variabel ist, wie jemand damit umzugehen versteht.

Unser Menschsein hat bestimmte unabänderliche Grundbedingungen, die dem alt werdenden Menschen buchstäblich zu Leibe rücken. So ist z. B. die Unwiederbringlichkeit des gelebten Lebens etwas, wovon wir in der Jugend zwar wissen, das uns aber in dieser Lebensphase unter normalen Bedingungen nicht leiblich ergreift. Immer schon wissen wir, dass gelebte Lebensabschnitte unabänderlich hinter uns liegen, dass wir das Rad der Geschichte nicht zurückdrehen können, dass Getanes und Geschehenes getan und geschehen ist und wir damit leben müssen. Immer schon orientieren wir uns im Vollzug unseres Lebens in den jeweiligen Situationen auf bestimmte Sinnhorizonte hin: das Erreichen eines Schulabschlusses, die Abwicklung einer Berufsausbildung, den Aufbau einer Karriere, die Gründung einer Familie und vieles mehr, wodurch wir unsere Handlungen und Entscheidungen in einen umfassenderen Rahmen eingebettet sehen. Lebenslang stehen wir in Beziehung zu anderen Menschen, die uns als Eltern, Erzieher, Geschwister, Freunde, Geliebte oder Kollegen prägen und begleiten und durch die wir erst wir selbst werden können.

Die Alterssituation hüllt all diese Gegebenheiten in ein verändertes Licht. Sie führt uns vor allem die zeitliche Begrenztheit unserer Existenz und das Ableben einer Vergangenheitswelt in radikaler Weise vor Augen. Entlassen aus den permanenten Aktivitäten und Zwangsmechanismen, die die berufliche Existenz mit sich brachte, öffnet sich zunächst ein Raum des Stillstandes und der Neuausrichtung unseres Lebens. Wir halten inne und es mag sich ein gesteigertes Bewusstsein für die »sterbliche Lebensbewegung« (Thomas Rentsch) einstellen, vor allem dann, wenn uns erste Anzeichen physischer Einschränkung hautnah fühlbar werden. Dies geschieht natürlich nicht zwangsläufig, denn es gibt, wie ich schon gesagt habe, viele Möglichkeiten, dem Nachdenken über diese Dinge auszuweichen oder es aufzuschieben. Je mehr sich uns aber die Begrenztheit unserer aktiven Gestaltungsmacht aufdrängt, je mehr wir eingestehen müssen, dass uns etwas unausweichlich widerfährt, desto verletzbarer werden wir durch eine Reihe von irritierenden Gedanken, die mit dem Alter verbunden sind. Obwohl uns diese Gedanken prinzipiell in jeder Lebensphase ereilen können, möchte ich hier von einer Alterskrise sprechen. Diese Krise mutig anzunehmen, kann zur Transformation unserer Lebensweise führen, sie ist außerordentlich wichtig, um die Jahre, die uns bleiben, gut zu verbringen.

Simone de Beauvoir schreibt in ihrer Autobiografie: »Ich habe mich gegen jeden Zwang zur Wehr gesetzt, habe aber nicht verhindern können, dass die Jahre mich eingekerkert haben.« Hierin drückt sich ein Umschwung der Lebensstimmung durch das Gewahrwerden einer zunehmenden Einengung der Handlungsspielräume aus. Je mehr gelebtes Leben angesammelt wird, umso geringer werden die Optionen der Gestaltung. Die Philosophin verwendet für dieses Phänomen das sehr düstere Bild eines Kerkers, in dem sie sich nach einer Laufbahn wiederfindet, die dem Befreiungskampf gewidmet war.

Wer ihr Leben in den Kreisen der französischen Existenzialisten und an der Seite Jean-Paul Sartres kennt, wer einige ihrer Schriften gelesen hat, der weiß um die übersteigerte Freiheitsorientierung dieser Denkerin. Ohne mich in Bezug auf Simone de Beauvoir, die Wesentliches für die Emanzipation der Frau geleistet hat, in Einzelheiten ergehen zu wollen, sei grundsätzlich angemerkt: Wir dürfen in unserer menschlichen Existenz den Radius des Gestaltbaren nicht überschätzen. Wem über lange Zeiträume alles glatt nach Wunsch und Willen geht, den trifft es besonders hart, wenn er sich zuletzt in einer Lage wiederfindet, in der er zu Passivität gezwungen ist. Vor diesem Hintergrund erhalten Krisen und Bruchlandungen auf unserem Weg eine veränderte Wertigkeit. Sie lehren uns realistischer zu leben.

Simone de Beauvoir fährt fort: »Dabei finde ich verwirrend, dass ich der Zukunft entgegengelebt habe, und jetzt rekapituliere ich meine Vergangenheit: Man könnte sagen, die Gegenwart sei mir abhanden gekommen.« Wir alle kennen das: Man lebt auf einen undefinierbaren Zukunftsmoment zu, in dem man am Ziel sein wird. Doch während wir in unseren Unternehmungen vorwärtsdrängen, schwindet die Erfüllungsstunde wie eine Luftspiegelung in der Wüste. Wir streben weiter und weiter auf ein fernes Ufer zu und versäumen es, gegenwärtig zu sein.

Auch hier bilanziert die Philosophin negativ und scheint vor einer unausweichlichen Eigendynamik des Lebens zu kapitulieren. Dazu wäre eine zweite Anmerkung zu machen: Wenn man sich über lange Zeitspannen mit Leib und Seele dem Sog der Verrichtungszwänge und den vermeintlichen Alltagsnotwendigkeiten überantwortet, dann büßt man den Sinn für unmittelbares Erkennen und Erleben im Jetzt ein. Man verlernt es, anwesend zu sein. Solche Verluste können in späteren Tagen sehr bitter aufstoßen, doch ebenso können wir das Abebben von Hektik und Stress dazu nutzen, uns auf neue Weise auf die

Dinge einzulassen, uns gewissermaßen erwartungsvoll über die vernachlässigten Bestände im Keller unserer Seele herzumachen. Und noch einmal Simone de Beauvoir: »Ich werde nie mehr trunken vor Müdigkeit in das duftende Heu sinken. Ich werde nie mehr einsam über den morgendlichen Schnee gleiten. Nie mehr ein Mann.« Die alternde Person fühlt sich um ihr Lebenstempo betrogen. Unpässlichkeiten und Gebrechen unterbinden das vitalisierende Wechselspiel von Anstrengung und Erschöpfung sowie die frei bewegliche Erschließung von Atmosphären und Naturstimmungen. Die Abnahme erotischer Attraktivität verhindert die Fortsetzung sexueller Freuden. Das Schwinden der Schönheit wahrzunehmen, den Rückgang der Leibeskräfte zu spüren und damit eine Reihe besonderer, somatisch fundierter Erlebnisweisen vergehen zu sehen, wird hier als eine große Einbuße, als ein trauriger Abschied durchlitten, den kein falsches Heldentum übereilt zuzudecken trachtet. Kurzum: Das vermeintlich endlose Zeitalter der freien Verfügung über den eigenen Körper klingt aus. Das Selbst muss sich leidvoll beugen und hauptsächlich abschiedlich leben. De Beauvoir vollendet ernüchtert und illusionslos ihre Negativbilanz, beklagt das eigene Dahinwelken und entdeckt zuletzt voller Bestürzung, wie sehr sie vom Leben geprellt worden ist. Ihre Ausführungen zum Alter folgen dem Anspruch, den bürgerlichen Klischees, Lügen und Mythen über das Alter eine realistische Sicht entgegenzuhalten. Sie weiß dabei sehr genau, dass die Bewertung des Alters in hohem Maß von den gesellschaftlichen Gegebenheiten abhängt und es demnach kaum möglich ist, etwas Allgemeingültiges darüber zu sagen. Trotz dieser Einsicht gelingt es ihr ganz und gar nicht, den Bann des existenzialistischen Denkgehäuses zu lockern, um sich in der Alterserfahrung beruhigen zu können.

Das Menschenbild der Existenzialisten macht jeden zum Schmied seines Glückes. Jeder ist die einzige Quelle gültiger Sinngebungen und Werte und muss es mit einer konkreten Umwelt aufnehmen, die der Freiheit des Selbst Widerstand leistet. Er gestaltet seine Individualität in permanenter, unabschließbarer Überschreitung des faktisch Gegebenen. Indem der Existenzialismus letztlich keine Instanz außerhalb des Selbst anerkennt, zielt er darauf, alle Hindernisse und Hürden im Zuge der Produktion eines höchstpersönlichen Lebenssinns zu negieren und zu überwinden.

Wer diesem Muster folgt, muss Alter und Tod, durch die uns das Ruder aus der Hand genommen wird, als schwere Kränkung empfinden, denn »die Zeit treibt ihn einem Ziel entgegen – dem Tod –, das nicht sein Ziel ist, das nicht durch einen Plan gesetzt ist«. Bezeichnend ist dabei, dass wir das Alter als eine Realität erleben, derer wir uns nach existenzialistischer Sicht von außen durch unseren (fremden) Körper oder die Reaktionsweisen anderer Menschen bewusst werden. Es fällt wie eine feindliche unheimliche Macht über uns her und liegt gleichsam jenseits unserer inneren Lebendigkeit, in der wir uns der Fortdauer gewiss sind. Etwas der freien Subjektivität zutiefst Fremdes ergreift uns: »Der gealterte Mensch fühlt sich alt auf Grund der anderen, ohne entscheidende Veränderungen erfahren zu haben; innerlich ist er nicht einverstanden mit dem

Etikett, mit dem man ihn versehen hat – er weiß nicht mehr, wer er ist.«

Wir sehen: Für Simone de Beauvoir hat das Alter keinen Heiligenschein, sondern ist ein gnadenloser, gehässiger Lehrmeister, der uns in die Begrenztheit unserer Wahlmöglichkeiten einweist. Mancher kapituliert durch Überidentifikation mit dem Angreifer, indem er weit vor der Zeit von allen Lebensaktivitäten Abschied nimmt. Oder man verleiht rein kompensatorisch dem Alter eine besondere moralische Größe, indem man die Ansicht vertritt, dass das Abebben der Leidenschaften und die Schwäche des Körpers die Augen des Geistes durchdringender werden lässt.

De Beauvoir hält nichts von solchen Lobhudeleien. Hat sie aber recht mit dieser Sicht oder wird sie zur Gefangenen ihrer eigenen überspannten Freiheitslehre, die an maßloser Überschätzung individueller Gestaltungsmacht krankt? Ist nicht zumindest eine kleine Chance gegeben, dass der, der nicht mehr weiß, wer er ist, sich umorientiert? Denn: Ist es nicht dieselbe romantisch übersteigerte Maßlosigkeit, die uns unter Vorspiegelung falscher Tatsachen nach einem unerreichbaren Glück haschen lässt, egal, ob wir in Liebe und Sexualität dem Komfort des »immer mehr« folgen, ob wir in der Erziehung das Kind zum Vollstrecker unseres Lebensglück machen oder im Alter unsere Begrenztheit als narzisstische Kränkung erfahren? Kann nicht gerade das Alter den Sprung in eine andere Existenzweise gewähren, die uns erlaubt, das Illusorische und Kindliche unseres bisherigen egozentrischen Strebens zu erfassen und einen größeren Zusammenhang zwischen uns und der Welt herzustellen?

Zwei Formen von Altersradikalität

Man kann auf sehr unterschiedliche Weise im Alter radikal sein. Aus der schlichten Einsicht, »es ist, wie es ist«, das heißt, Niedergang und Herannahen des Todes drängen sich als unausweichliche Einsicht auf, folgt eine Illusionslosigkeit, die in unserer Lebensführung sehr unterschiedlich Ausdruck finden kann. Wir können entweder eine unmittelbare Sorglosigkeit und Leichtigkeit gewinnen, gleichsam, wie Odo Marquard schreibt, in den »Aggregatzustand des Lachens« verfallen, oder wir können die Grenzsituation des Alters ausschöpfen, indem wir uns selbst auf den Grund der Seele zu blicken versuchen. Eine Mischung aus beidem wäre mir nicht nur das Liebste, sondern offenbart sich bei genauerer Betrachtung als einziger Ausweg.

Odo Marquards These lautet: »Alte Menschen sind in hohem Maße theoriefähig: denn zum Alter gehört – mindestens – das Ende jener Illusionen, die durch die Zukunftskonformismen entstehen.« Er meint damit, dass wir im Alter klarer zu sehen lernen. Der zunehmende Mangel an Zukunft sowie die Entlassung aus beruflichen Lebensbezügen befreit uns nicht nur von allem auf Erfolg ausgerichtetem Taktieren, sondern auch von der Verblendung, irgendeine Sache im Leben bis zur Vollendung treiben zu können. »Unser Tod ist stärker als unsere Ziele«, heißt es, und deshalb wissen wir, dass wir auf halber Wegstrecke abberufen werden. Während uns zuvor unsere Fixierung auf ehrgeizige Ziele bestechlich und illusionsbereit machte, können wir in späten Jahren einen klaren und charakterfesten Blick auf die Welt richten, von der wir nichts mehr zu erwarten haben.

Die kompromisslose Haltung, die sich angesichts schrumpfender Zukunftsaussichten einstellen mag, verkommt bei Marquard allerdings – ob absichtlich oder unversehens, sei dahingestellt – zu einer Art Lobpreis unbekümmerter Rücksichtslosigkeit und Hemmungslosigkeit. In unwillkürlicher Entsprechung zu der weitverbreiteten Tendenz, alte Menschen nicht so ganz für voll zu nehmen, verkündet er das freiwillige Narrentum des Greises, der takt- und schamlos dahinlebt und auf Mitmenschen und Nachwelt pfeift. In eitler Zelebrierung der eigenen »Schandmaulqualitäten« offenbart sich mit umgekehrten Vorzeichen jene Haltung überzogener Subjektivität, über die ich schon gesprochen habe. Weil ich mein Werk nicht zum krönenden Abschluss bringen kann, weil ich dem Verschwinden anheimgegeben bin, puste ich spöttisch und spitzzüngig auf alles weltliche Streben nach Sinn und Kontinuität.

Es liegt in der Logik dieser selbstverliebten Altersrevolte, dass die Anwesenheit von Enkeln als Störfaktor wahrgenommen wird. So vermag Marquard in der Bemühung der Älteren um die nachfolgenden Generationen nur die illusorische und damit vergebliche Absicht zu erkennen, mit ihnen der Hinfälligkeit auszuweichen, um »noch einmal alles vor sich zu haben«. Doch – möchte ich einwenden – trachtet nicht gerade derjenige insgeheim nach ewiger Jugend, der sich uninteressiert und unverbunden von der Nachwelt abwendet? Ist es nicht gerade dem fröhlichen Spöttergreis unerträglich, dass nach ihm andere kommen und der Welt ihren Stempel aufdrücken? Verweigert er nicht genau aus dieser unterschwelligen Rivalität eine geordnete Übergabe der Geschäfte? Ist es nicht wesentlich für unser Menschsein, in Kindern und Kindeskindern über uns hinauszudenken und so unseren Blick verantwortungsbewusst über den eigenen Tellerrand hinausschweifen zu lassen? In der von Marquard umrissenen Altersradikalität offenbart sich eine widersinnige und zynische Einstellung: Weil es keine Sinnerfüllung für mich gibt, ist alles Sinnstreben hinfällig. Die nachfolgenden Generationen sollen sehen, wo sie bleiben. Ich lebe fröhlich vor mich hin und mute mich der Welt zu, von der ich nichts mehr zu erwarten habe.

Koppeln sich die Alten solchermaßen zukunftsmüde von den Jungen ab, so wird die besondere Theoriefähigkeit des Alters zur zynischen Spielerei koketter Senioren, die selbstgewiss und querköpfig den anderen den Rücken kehren. Unter der Hand transformiert sich auf diese Weise das lebenskluge Potenzial der Alten in eine angestrengte Praxis inszenierter Originalität. Doch indem scheinbar alle Hemmungen über Bord geworfen werden, wird ein Gegensatz von äußerer Kühle und innerem Zorn spürbar, der gerade in der offensiven Resignation auf eine gegenwartstypische Selbstüberschätzung des Einzelnen schließen lässt. Die Einflusssphäre des Selbst schrumpfen zu sehen, unsanft durch die Alterserfahrung in die Kleinheit unserer Existenz eingewiesen zu werden, kann wie eine narzisstische Kränkung wirken, gegen die man sich mit starrsinniger Leichtfertigkeit auflehnt.

Ohne diese Haltung, vor der niemand gefeit ist, verurteilen zu wollen, möchte ich eine zweite Variante der Altersradikalität umreißen. Auch hier geht es darum, sich an den eigenen Haaren aus dem Sumpf des Negativen herauszuziehen, allerdings nicht mit einem rebellisch-jugendlichen Ruck, sondern mit einer alterstypischen »demütigen« Entschleunigung. Betrachtet man diese zweite Form der Neuorientierung, so kann man der letzten Lebensphase mit etwas mehr Optimismus entgegenblicken, auch wenn natürlich immer noch die Angst bleibt, irgendwann der Willkür liebloser oder gleichgültiger Pfleger überantwortet zu werden. Wir können uns vor diesem Hintergrund sogar wünschen, dass der Altersschock uns möglichst früh und unerwartet trifft, denn das krisenhafte Wegrutschen der Welt kann zum Beginn einer heilsamen »Selbstkur« werden. In diesem Sinn stellt das Alter, wann auch immer es das subjektive Erleben ohne Gnade ergreift, eine Grenzsituation dar, die zur radikalen Erneuerung aufruft.

Die »Alterswende« als Moment der Selbstwerdung

Der italienische Philosoph Norberto Bobbio erhebt in seinem Buch *De Senectute* (Über das Greisenalter) eine sehr traurige Stimme, die trotz der außerordentlichen Arbeitserfolge dieses Mannes vom Grundmotiv des Scheiterns geprägt ist. Es ist vor allem die Verlangsamung des Alters, die aus seiner Sicht endgültig alle Felle davonschwimmen lässt und jemanden wie ihn, der zeitlebens unermüdlich arbeitete und kämpfte, nun zwingt, »keuchend anzuhalten«. Im Zuge seines unfreiwilligen Innehaltens gelangt Bobbio zu der resignierten Feststellung, dass alle Fragen unbeantwortet geblieben sind und dass das Leben deshalb keinen Sinn habe, ja, dass es nicht einmal Sinn mache, sich die Frage nach dem Sinn zu stellen. Doch gerade indem er am Ende der Wegstrecke von allen groß angelegten, philosophisch und politisch ehrgeizigen Sinnansprüchen zurücktritt und nun – ausschließlich für sich selbst sprechend – Bilanz zieht, verschiebt sich seine Sichtweise. Eine unvorhergesehene Einsicht stellt sich ein: Bobbio beargwöhnt den Erkenntniseifer, der ihn Zeit seines Lebens umtrieb und ihn doch lediglich »am Fuß des Baumes der Erkenntnis« ankommen ließ. Vor allem misst er den Preisen, Ehrungen und öffentlichen Würdigungen, die ihm zuteilwurden, im Nachhinein wenig Bedeutung zu. Dauerhafte Freuden entsprangen – wie er schreibt – nicht den Früchten seiner Arbeit: »Sie wurden mir durch mein Leben in menschlichen Beziehungen geschenkt, durch Lehrer, die mich unterrichtet haben, durch die Menschen, die ich geliebt habe und die mich geliebt haben, durch all jene, die mir immer nahegestanden haben und mich jetzt auf dem letzten Abschnitt meines Lebens begleiten.« Eine nüchterne Prüfung an sich selbst durchführend, wird Bobbio der schlichten und dennoch tiefen Erkenntnis gewahr, wie unwissend und irrtumsanfällig unser Weltverstehen ist und dass am Ende das Gelingen von Zwischenmenschlichkeit das Wesentliche darstellt.

Dies ist keinesfalls als Befürwortung des Rückzugs in die private Nische persönlicher Beziehungen zu verstehen. Vielmehr verweist Bobbio hier gänzlich unakademisch auf eine Form politischen Handelns, die er auch in seinem theoretischen Werk entfaltet. Die wesentliche Einsicht, die Bobbio zuletzt ohne alle belehrende Absicht zu vermitteln sucht, liegt in seinem Bekenntnis zu einem Weg der Versöhnung, der Folgendes umfasst: nicht das letzte Wort behalten zu wollen; sich davor zu hüten, Diskussionen aus Prestigegründen zu führen; sich um das Dialogische zu bemühen; den Bruch zu vermeiden: »Eine wirkliche Niederlage bedeutet es, wenn man den Feind nicht zu Freundschaft oder wenigstens zu einem aufrichtigen und dauerhaften Einverständnis unter gesitteten Menschen bekehren kann.«

Für Bobbio ist es ein Zeichen von Schwäche, wenn man der Versuchung zum Zerwürfnis nachgibt. So gilt ihm der Dialog als das eigentliche Kerngeschäft des Humanen, denn er zeugt von der Fähigkeit, sich nicht beharrlich an die eigenen Überzeugungen zu klammern, nicht zu monologisieren oder Kontroversen zu führen in der Absicht, den anderen zu beherrschen oder auf subtile Weise niederzumachen. Oftmals überlagert das Verlangen nach Wirkung den Ernst der Reflexion. Wer sich auch im Zwiegespräch auf den Monolog verlegt, verbirgt oftmals seine eigentlichen Absichten, auch wenn er noch so rational und fein geschliffen zu argumentieren scheint. Er läuft Gefahr, im Vollzug dieser Haltung nicht nur seinen Gegner, sondern auch sich selbst über sich selbst zu täuschen.

Deshalb gilt es Bobbio viel, auch die Ideen anderer zu respektieren und »vor dem Geheimnis innezuhalten, das jedes individuelle Bewusstsein birgt, zu verstehen, bevor ich diskutiere, und zu diskutieren, bevor ich verurteile«. Er umreißt eine Haltung luzider Sanftmut, die darum ringt, jeden besserwisserischen, objekthaften Umgang mit anderen und sich selbst zu vermeiden. Die Beschränktheit der eigenen Perspektive einzugestehen, gleichzeitig Anstoß zu nehmen, Irritation zu erfahren, sich betreffen zu lassen, ist der Anfang des Philosophierens und – folgen wir der Linie Bobbios – auch der Endpunkt aller philosophischen Einsicht.

Wer zumindest in Teilen das Werk Bobbios kennt, gewinnt den Eindruck, dass dieser Mann im Zerrinnen aller Zukunftshoffnungen zuletzt von innen her die verborgene Quintessenz des eigenen lebenslangen Wirkens erfasst. Immer schon vertrat er im Vertrauen auf die menschliche Vernunftfähigkeit die Auffassung, dass der Mensch nicht nur von der Verfolgung seiner eigenen Interessen geleitet, sondern gleichermaßen befähigt sei, das eigene Interesse im Licht des Allgemeinen zu sehen, und dass er es deshalb lernen könne, bewusst auf die Gewalt als Mittel der Durchsetzung seiner Vorstellungen zu verzichten. So entfaltet er in seinen Schriften ein Verständnis politischen Handelns jenseits von Pragmatismus und Machtpolitik. Sein Ziel ist es hier, einen Raum der Öffentlichkeit entstehen zu lassen, in dem Meinungsfreiheit kein Freibrief für Beliebigkeit und individuelle Willkür ist, sondern den Aufbau einer gemeinsamen Welt ermöglicht.

Zeitlebens arbeitet seine politische Philosophie aktiv mit unermüdlichem Eifer auf gelungene Zwischenmenschlichkeit hin. Der Wert derselben offenbart sich ihm im Alter angesichts der Hinfälligkeit aller äußeren Erfolge als etwas von innen her Erspürtes. Wenn die Kammern der Erkenntnis nichts mehr aufzunehmen vermögen, wenn die zupackenden Kräfte versiegen, bieten lebenslange Freundschaften und erprobte Verbindungen Reichtum und Rückhalt für den Lebensabend.

Beizeiten so zu leben, dass die erinnernde Begegnung mit sich selbst auszuhalten ist, Freund und nicht Gefangener der eigenen Taten sein zu können, sie nicht verdrängen oder leugnen zu müssen, dies scheinen Bobbios Leben und Werk nahezulegen. Sein Leben war dabei keineswegs frei von schwerwiegenden Fehltritten. So biederte er sich als junger Intellektueller den Faschisten an, um in seiner Universitätskarriere nicht blockiert zu werden. Als dieser Opportunismus in späteren Jahren an die Öffentlichkeit dringt, versucht er jedoch nicht sein Verhalten herunterzuspielen, sondern gesteht seine Schuld ein: »Ich, der ich meine faschistische Jugend umgeben von Anti-Faschisten verbracht habe, werde heute von Gewissensbissen geplagt; ich schämte mich vor allem vor denen, die acht Jahre im Gefängnis abgesessen haben.«

Bobbios Altersschrift zeigt eine radikale Verunsicherung, die jedem von uns nicht nur in späten Jahren, sondern altersunabhängig in jeder schweren Lebenskrise widerfahren kann. Jede persönlich erfahrene Grenzsituation offenbart uns den Punkt, an dem philosophisches Fragen konkret wird. Wenn, wie auch immer verursacht, die üblichen Handlungsbezüge wegbrechen und alle gültigen Muster, Begriffssysteme und Regeln fraglich werden, kann sich vor uns eine schwindelerregende Bodenlosigkeit auftun, die uns abverlangt, uns in sehr grundlegender Weise neu zusammenzusetzen.

Ob wir eine Trennung oder den Tod eines geliebten Menschen verkraften müssen, ob wir Opfer einer Naturkatastrophe werden oder menschlich verursachte Tiefschläge einstecken müssen, jedes Mal stürzen wir in einen Abgrund der Unwissenheit, müssen an den Grundfesten unseres Selbstverständnisses arbeiten und das Erlebte mit uns selbst in Zusammenhang bringen. Wir erleben solche Momente in einer Intensität, die uns vollständig von der Welt der anderen abzutrennen scheint. Erfahrungen größten Schmerzes wie auch Erfahrungen höchster Beglückung machen gleichermaßen einsam. Weder die übereilten Tröstungen hilfreicher Seelen noch die verallgemeinernden Erklärungen der Wissenschaft rühren dann wirklich an unser Herz. Wir haben den Eindruck, uns in gefühlter Konzentration gleichsam ganz in uns selbst aufzulösen, empfinden uns wie aus der Welt gefallen und verlieren nicht selten sogar das Vertrauen in unsere sprachlichen Fähigkeiten. Während wir uns bisher eloquent auszudrücken wussten, entgleitet unser Erleben nun allen vorrätigen Begriffshüllen. Obwohl wir unser Sein in nie gekannter Stärke von innen her auszufüllen scheinen, kommt diese Erfahrung einem Selbstverlust gleich, da sie uns von den anderen abschneidet. Spätestens dann ist die Stunde der Philosophie gekommen.

Fazit: Das Alter, wann auch immer es beginnen mag, birgt die Möglichkeit, sich von den vorherrschenden Konditionierungen der Gesellschaft zu befreien und in eine Phase des Nachdenkens einzutreten. Aufgrund dessen darf das Alter als Abschnitt zunehmender Sinnorientierung nicht der ökonomischen Verwertbarkeit geopfert werden. Auch wenn es nicht von der Hand zu weisen ist, dass sich im Zuge der geschichtlichen Entwicklung die »breite Palette von Fähigkeiten und Reserven« älterer Menschen erheblich gewandelt hat, auch wenn – wie einige behaupten – der Mythos vom altersbedingten Abbau längst wissenschaftlich widerlegt ist und ältere Menschen eine hohes Leistungsniveau haben, liegt ein besonderer Schatz des Älterwerdens darin, das erdrückende Netzwerk lebenslanger Sachzwänge umzuarbeiten in ein Dialoggewebe der Zwischenmenschlichkeit.

Das Beenden der Erwerbstätigkeit sollte demnach nicht allein eine Frage der Fitness von Körper und Geist sein. Wenn zutrifft, was Kierkegaard sagt, dass nämlich das Leben »vorwärts gelebt« und nur »rückwärts verstanden« wird, dann sollte der zum Verstehen notwendige Stillstand, den die moderne Arbeitswelt nur wenigen Privilegierten zubilligt, wenigstens im Alter erfolgen. Dies meint nicht, dass man aufhören soll, Projekte zu haben oder vital am Leben teilzunehmen, sondern allein, dass man aus der Tretmühle des Immergleichen, den meistenteils stressigen und belastenden Bedingungen des Berufs entlassen wird, um selbstbestimmter handeln zu können und auf andere Weise in der Gesellschaft wirksam zu werden.

Bekanntermaßen ist genau dieser Übergang in das Pensionsalter für viele Menschen oft eine äußerst schwierige Hürde, die zu nehmen nicht immer gelingt. Es ist sogar zu vermuten, dass das Ausmaß der Fremdbestimmung sowie der durchlebten beruflichen Strapazen mit darüber entscheidet, welche Chancen einer neuen Lebensqualität sich eröffnen können. Apathie, Langeweile, Depression und Lebensüberdruss sind geläufige Alterssymptome, die nicht selten ihre Wurzel in der schon frühzeitigen Aufgabe sinnorientierten Nachdenkens haben. »Wenn der Rentner an der Sinnlosigkeit seines gegenwärtigen Lebens verzweifelt, so deshalb, weil ihm die ganze Zeit hindurch der Sinn seiner Existenz gestohlen worden ist. Ein Gesetz, ebenso unerbittlich wie das *eherne* Gesetz, hat ihm nur gestattet, sein Leben zu reproduzieren, und ihm die Möglichkeiten, Rechtfertigungen dafür zu finden, verwehrt«, schreibt Simon de Beauvoir. In der Misere vieler Alten zeigt sich – so die Philosophin – das Scheitern unserer Zivilisation, die den Menschen verweigert, durch angemessene Bildung und Weiterbildung lebenslang ein aktives und nützliches Mitglied der Gesellschaft zu sein, wobei es vor allem darum gehen muss, ein reflektiertes, vor sich selbst gerechtfertigtes Leben führen zu können.

Die Altersbilanzierung Bobbios erschließt im Zusammenklang von späten Weisheiten und tiefer Resignation etwas Wesentliches: Die im lebenslangen Engagement gewonnene Einsicht in den Wert sozialer

Bindungen ist in Anbetracht der Entsolidarisierung und Zersplitterung der Lebenswelt eine immer noch richtige, aber ebendarum auch niederdrückende Einsicht. Erkenntnisse dieser Art beinhalten ein außerordentliches Potenzial, das wachzurufen aussichtslos anmutet: Um aus der Lebenserfahrung älterer Menschen für eine zukünftige Gesellschaft schöpfen zu können, bedarf es eines Bewusstseinswandels, der sowohl ein Abweichen vom Jugendkult verlangt als auch ein Zurücktreten von rein ökonomischen Leitlinien.

Vielleicht stimmt ja, was der Soziologe Thomas Druyen behauptet: »Zu Beginn des 21. Jahrhunderts ist das Alter das Nadelöhr, durch das wir zu neuen und besseren Einsichten gelangen können«, denn es ist »nicht nur ein demografischer Einschnitt, sondern vielmehr eine existenzielle Aufgabe, mit der wir unsere soziale Kompetenz und Verantwortung wiedergewinnen können.« Ein solcher Bewusstseinswandel ereignet sich aber nur dann, wenn man begonnen hat, die Grenzen und Irrtumsanfälligkeit der eigenen Auffassungen und Zielvorgaben zu erkennen. Hierzu veranlassen, wie ich schon sagte, vor allem schwierige Lebensereignisse und Krisensituationen, in denen eine tätige Verarbeitung des Erlebten gefordert ist. In fortgeschrittenen Jahren ist die Wahrscheinlichkeit, eine Reihe solchermaßen aktiver Konfliktbewältigungen vollzogen zu haben, größer als in jungen Jahren, und es ist tatsächlich so, dass ältere Menschen – wie Druyen sagt – »einen flexibleren Stil der Auseinandersetzung mit Lebensereignissen« zeigen.

In Reaktion auf die drohende Überalterung der Bevölkerung sind derzeit allerdings andere Mechanismen vorherrschend, vor allem solche, die dazu verhelfen, Alter, Tod und alle übrigen heiklen Lebensfragen zu verdrängen. Grenzenloser Aktivismus, Vergnügungen aller Art, materielle Tröstungen und der immer noch bestehende Glaube an die Allmacht der Wissenschaft sowie an die grenzenlose Wohlfahrt der Dienstleistungsapparate überdecken nicht nur unsere eigenen Sorgen, sondern auch das existenzielle Band, das uns mit den Benachteiligten der Gesellschaft, zu denen auch die Alten gehören, verbindet.

Auch wenn das Alter die Begrenztheit der menschlichen Grundsituation radikalisiert, so ist diese dennoch, wie schon gesagt, kein spezifisches Merkmal des Alters. Während der ganzen Dauer seines Lebens ist jeder Einzelne von uns dazu aufgerufen, sich den besonderen Herausforderungen der menschlichen Existenz zu stellen. Doch Nachdenklichkeit scheint unmodern. Bereits vor hundert Jahren richtete Nietzsche seinen mahnenden Zeigefinger auf den modernen Menschen, der nur noch müde blinzeln kann und inzwischen an einer grassierenden Epidemie erkrankt zu sein scheint, eine Epidemie, die der französische Soziologe Alain Ehrenberg in seinem Buch *Das erschöpfte Selbst* als »Subjektmüdigkeit« kennzeichnet.

Was genau bedeutet diese Erlahmung der Geisteskräfte? Was hat uns in diesen schlafwandlerischen Zustand versetzt, in dem wir durchs Leben gleiten und den wir – wie es scheint – trotz aller Krisen und Bedrohungen um jeden Preis aufrechterhalten wollen? Vieles wurde schon angesprochen. Doch es gilt nun noch einmal in einem Überblick die »namenlose Leere« (Martin Heidegger) oder uneingestandene Langeweile zu betrachten, die sich hinter dem hyperaktiven Tremolo unseres Lebens verbirgt. Zu fragen ist, ob unser Streben nach vollumfänglicher Bedürfnisbefriedigung, unser verzweifeltes Ringen um Authentizität, unsere flatterhafte hochtourige Ichkultur nicht Ausdruck einer Weltentfremdung nie gekannten Ausmaßes ist.

6. Von erhabener Einsamkeit zu kläglicher Vereinsamung

Und wenn wir wieder von der Einsamkeit reden, so wird immer klarer, daß das im Grunde nichts ist, was man wählen oder lassen kann. Wir sind einsam. Man kann sich darüber täuschen und tun, als wäre es nicht so. Das ist alles. Wieviel besser ist es aber, einzusehen, daß wir es sind, ja geradezu, davon auszugehen. Da wird es freilich geschehen, daß wir schwindeln; denn alle Punkte, worauf unser Auge zu ruhen pflegte, werden uns fortgenommen, es gibt nichts Nahes mehr, und alles Ferne ist unendlich fern. (Rainer Maria Rilke)

Endlich allein

Ungefähr ein Jahr nach ihrem 88. Geburtstag starb unsere Tante Clara. Von ihren Nichten und Neffen lebte zu diesem Zeitpunkt nur noch Helga in ihrer Nähe. Infolge der familiären Migrationen hatte Clara schon seit geraumer Zeit ihre Kochaktivitäten erheblich eingeschränkt, bis sich zuletzt der Kontakt zu uns auf wenige Besuche reduzierte. Nur Helga schaute allwöchentlich bei ihr vorbei, brachte den Einkauf und ersetzte den Königskuchen, den zu backen sich nicht mehr lohnte, durch ein leckeres Stückchen Sahnetorte aus dem besten Café der Stadt. Die beiden saßen dann, wie Helga mir sagte, ein Stündchen beisammen und sprachen über dies und das, meistens über familiäre Angelegenheiten. Nach Helgas Erzählung beklagte Clara sich niemals über ihre zunehmende Einsamkeit, sagte nur hin und wieder seufzend: »Der liebe Gott hat mich vergessen.« Unbeirrt hielt unsere Tante daran fest, ihre kleine Wohnung selbst in Ordnung zu halten. Sie habe nichts anderes zu tun, meinte sie, die Hausarbeit fülle ihre Zeit aus, sie wolle keine fremde Reinigungskraft in ihrem Heim.

Als Helga versuchte, die Häufigkeit ihrer Besuche zu steigern, lehnte Clara strikt ab und sagte, das sei ihr zu viel. Für den Notfall hätte sie ja das Handy und den Piepser, den wir ihr besorgt hatten. »Wenn es Probleme gibt, melde ich mich«, sagte sie entschlossen. Vier Tage nach ihren 89. Geburtstag, den Clara ohne Gesellschaft verbringen wollte, betrat Helga die Wohnung und fand unsere Tante tot im Sessel sitzend. Neben ihr auf dem Tischchen lag eine Botschaft in schön geschwungener Handschrift: »Es war alles gut, nun ist es genug, ich will endlich allein sein, alles Gute für Euch, meine Lieben. Eure Clara.« Wie der Arzt später feststellte, war sie durch Freitod aus dem Leben geschieden. Sie hatte sich vergiftet.

Claras letzte Jahre standen unter dem Zeichen der freiwilligen Vereinsamung. Schritt für Schritt zog sie sich von uns zurück, wollte ihre Ruhe haben, genügte sich selbst, und am Ende, so war mein Eindruck, wurde sie sogar des Umgangs mit sich selbst überdrüssig. »Ich will endlich allein sein.« Was war in ihr vorgegangen? Wollte sie unbehelligt sein von der Notwendigkeit, denken zu müssen? Wollte sie endlich allein in der Hand Gottes ruhen? Gibt es jenseits der Vereinsamung eine Einsamkeit, nach der sie strebte? Ich konnte es nicht wissen, doch es schien mir offensichtlich, dass Clara in die absolute Einsamkeit des Todes wie in einen Hafen einkehrte.

Das neue Lob der Einsamkeit

Schon Blaise Pascal stellte im 17. Jahrhundert fest, dass wir unaufhörlich die Zerstreuung suchen, um unserem existenziellen Elend zu entkommen. Im Rückblick auf die Überlegungen der letzten Abschnitte lässt sich unschwer erkennen, dass sich diese Tendenz mittlerweile ins Unermessliche gesteigert hat. Mehr denn je suchen wir mit hektischer Betriebsamkeit, aufgeblähten Events sowie einem uferlosen Angebot an nichtssagendem Klimbim und flachen Komikprogrammen der Langeweile zu entfliehen. Jenseits des leichten Zeitvertreibs wittern wir Leere und Monotonie, während Pascal – wie es scheint – sich der Heilsamkeit einer langen Weile noch sicher sein konnte. Er glaubte nämlich, dass wir erst im Abseits aller seichten Ablenkungen ein zuverlässigeres Mittel finden könnten, dem Unglück zu entrinnen: die Gottesliebe nämlich.

Ist es aber auch für den modernen Menschen, der meistenteils auf solche Tröstungen nicht mehr zu bauen vermag, immer noch erstrebenswert, in der Abgeschiedenheit zur Ruhe zu kommen und innere Einkehr zu halten? Oder stößt uns der Rückzug aus der Welt in einen Zustand tiefer Trostlosigkeit und Dunkelheit, sodass die weitverbreitete Stigmatisierung der Einsamkeit als »krankhafte, sozial bedingte Vereinzelung und Isolierung« berechtigt erscheint?

Schenkt man dem Titel eines der jüngsten Hefte der Zeitschrift *Psychologie Heute* Gehör, so stehen wir, was den Kurswert der Einsamkeit angeht, bereits wieder an einer Zeitenwende: »Mut zum Alleinsein. Warum wir Zeiten brauchen, in denen nichts passiert«, heißt es hier. Eine ähnliche Melodie schlägt das von Marie-France Hirigoyen verfasste Buch *Solotanz – Anleitung zum Alleinsein* an. Das Singleleben, welches bisher von der Mehrheit eher als Notlösung oder trauriges Ergebnis gescheiterter Beziehungen angesehen wurde, steigt nun auf in den Rang einer attraktiven und erstrebenswerten Lebensform. Was ist davon zu halten? Wird hier die Not zur Tugend oder haben wir es mit dem Anbruch eines neuen Zeitalters zu tun, das im Zeichen von Besinnung und Nachdenklichkeit steht? Und vor allem: Ist es noch die alte erhabene Einsamkeit Pascals, von der heute vielstimmig die Rede ist?

Ich habe schon einmal im Kapitel über Erziehung von Einsamkeitserfahrung gesprochen. Dort war davon die Rede, dass sich in der Kindheit eines jeden Menschen einschneidende Erlebnisse ereignen, durch die er sich seiner unaufhebbaren Vereinzelung und Abtrennung von anderen bewusst wird. Wenn – wie Buber schildert – sich hinter dem Fenster unheimlich die Nacht ausbreitet, mag sich in die kindliche Seele eine Reihe von fragenden Gedanken einschleichen, Gedanken, die abgründig sind, weil sie das Selbstverständliche rätselhaft erscheinen lassen. So mag ein Kind sich wundern, dieser bestimmte Mensch inmitten von Milliarden anderer zu sein, an ebendiesem Ort, als Sohn oder Tochter ebendieser Eltern geboren worden zu sein. Und es mag zugleich angstvoll und ergebnislos die Vorstellung auskosten, wie es wäre, ein anderer zu sein, an einem anderen Ort und zu einer anderen Zeit Teil dieser Welt zu sein. Angesichts unendlicher Möglichkeiten wird ihm bange bewusst, dass die eigene Existenz von Grund auf zufallsbedingt, beliebig und vor allem endlich und begrenzt ist. Es begreift, dass es über sein So-Sein im Wesentlichen nicht verfügen kann, sondern dazu aufbrechen muss, seinen von vorneherein begrenzten Spielraum anzunehmen und zu gestalten.

Wie die Philosophin Cornelia Klinger in dem beeindruckenden Aufsatz *Über die verlorene Einsamkeit der Philosophie* im Blick auf diese kindliche Beunruhigung schreibt, ist dies das Erleben absoluter Einsamkeit, einer Grundform der Einsamkeit, die allen anderen Erscheinungsformen gleichsam unterliegt. Während wir uns aus dem relativen Einsamsein durch Geselligkeit, Therapien oder andere Lebenstechniken herauslösen können, gehört die absolute Einsamkeit unaufhebbar zu unserer Existenz. Mit ihr zu leben, ist die elementare unumgehbare Aufgabe unseres Lebens. Einsamkeit ist, wie Klinger schreibt, »*Sache der Philosophie.* Sie ist *einzig Sache der Philosophie* und streng genommen auch *die einzige Sache der Philosophie.*«

Betrachtet man die Lebensumstände innerhalb der gegenwärtigen Gesellschaft, so gibt es keinen Raum mehr für diese Einsamkeit. Alles scheint darauf ausgerichtet, sie zum Verschwinden zu bringen. Jede Frage nach einem übergeordneten Sinn der menschlichen Existenz, das heißt jede Frage, die über den Horizont individueller Funktionstüchtigkeit hinausreicht, mutet wie der entkräftete Nachhall einer versunkenen Epoche an. Wir leben, ohne es recht zu merken, in einem gesellschaftlichen Arrangement, das dem einsamkeitsverfallenen »romantischen« Träumer seine großen Fragen auszutreiben versteht. Ihn spöttisch lächelnd als »unseren Philosophen« zu betiteln, ist der erste Schritt, der zweite, ihn mit Angeboten zu überschütten, wie man zur ultimativen Lebensfreude und Selbstauskostung gelangt. Mehr denn je leben wir also in einer Gesellschaft, die Philosophie für unnötig erachtet, da man glaubt, das Leben mit Technik, Wissenschaft und Lustreisen beherrschbar zu machen.

Wer diesen Strategien der Lebensbewältigung folgt, meidet die Einsamkeit wie der Teufel das Weihwasser, denn in der Abgeschiedenheit drängt sich nicht nur die alte unbequeme Sinnfrage auf. Gleichermaßen droht uns Ratlosigkeit zu befallen, wenn wir der Zerstreuung und Zersplitterung unserer Lebensenergien in alle möglichen Teilexistenzen gewahr werden. Wir riskieren in der Stille zu erkennen, dass unser Leben so bruchstückhaft geworden ist, dass es sich in seine einzelnen Bestandteile aufgelöst hat. In Einsamkeit und Langeweile könnten wir plötzlich bemerken, dass wir es unterlassen haben, im Tanz um das goldene Kalb unseres Egos tiefergehend über uns selbst, über unsere Identität nachzudenken.

Doch trotz aller Gegenwehr ist niemand gefeit vor Momenten des Stillstandes, der Krise oder einfach nur der ganz banalen Langeweile, vor Momenten also, in denen die Fragedämonen wie eine lästige Fliegenplage über uns herfallen können und uns unnachgiebig auf unsere bisherige existenzielle Fahrlässigkeit hinzuweisen drohen. »Einfach nicht ignorieren«, würde Karl Valentin humorvoll vorschlagen, während der Dichter Joseph Brodsky dieselbe Aufforderung in noch prägnantere Worte kleidet: »Wenn die Langeweile Sie überfällt, packen Sie sie beim Schopf. Lassen Sie sich von ihr zermalmen, gehen Sie zu Boden.« Wir sollen, so meint er, die besondere Kraft der Langeweile verstehen lernen, die uns vorübergehend von allen Handlungszwängen und Ablenkungen befreit. Sie versetzt uns in einen Zustand der Leere, der Chancen birgt, unsere Aufmerksamkeit für uns selbst zu erneuern und zu schärfen. Der Entschluss zur Einsamkeit, von dem Marie-France Hirigoyens Buch spricht, zielt in dieselbe Richtung. Er entspringt gemäß ihrer Darlegung einem leidvollen Überdruss an der gegenwärtigen Leistungsgesellschaft, die einerseits von verhärteten Beziehungen und Konsumdenken in allen Lebensbereichen geprägt ist und andererseits auf trügerische Versprechungen und oftmals viel zu kurz greifende Therapieformen setzt. So beanstandet Hirigoyen, dass man heute von einer Therapie einen erhöhten Lebenskomfort erwarte und nicht mehr das Kennenlernen der eigenen Person. Es gehe darum, sich hinsichtlich des Wertes der eigenen Person zu beruhigen und die affektiven Bedürfnisse zu befriedigen, nicht jedoch darum zu lernen, »Bedürfnisse und Interessen denen anderer unterzuordnen«. Letztlich also beabsichtige man, sich den Unzulänglichkeiten unserer Gesellschaft anzupassen und alle störenden Fragestellungen zu vermeiden. Man solle lernen, ein besseres Bild von sich abzugeben und sich auf diesem

Weg zu »seinem eigenen Abgott, zu einem Genuss- und Lustobjekt« zu machen. Hirigoyens großes Plädoyer für die Einsamkeit dient einer veränderten therapeutischen Zielsetzung. Echte therapeutische Arbeit müsse uns dazu befähigen, schreibt sie, »uns ganz einfach als unvollkommene und zerbrechliche Menschen anzunehmen und endlich zu akzeptieren, dass wie keine Übermenschen sind«.

Wir müssen noch etwas tiefgreifender über die Einsamkeit reflektieren. Sie ist zweifellos jener Ort der Zuflucht vor der Welt, den wir aufsuchen müssen, um innere Zwiesprache zu halten, zur Ruhe zu kommen, unser Gewissen zu befragen und manches mehr. Doch das ist nicht ohne Risiko, denn wie auch Hirigoyen erkennt, können wir in Abschottung gegenüber den unliebsamen Lebensbedingungen der Wohlstandsgesellschaft süchtig werden nach Einsamkeit und – möchte ich hinzufügen – nach uns selbst.

Der konjunkturelle Auftrieb der Einsamkeit birgt also Ambivalenzen in sich: Mag sein, dass diese Tendenz der Anfang einer Rückbesinnung auf die wesentlichen Fragen des Leben ist. Es kann aber auch sein, dass man sich nun quasi dankbar einiger Exerzitien in sentimentaler Einsamkeitsromantik bedienen wird, um den Einzelnen wieder aufnahmefähig für den »verrückten Tanz des beschleunigten Wandels« (Slavoj Žižek) zu machen. Gewährt wird ein vorübergehender Urlaub auf der einsamen Insel Authentizität, die inneren Frieden und Versöhnung mit sich selbst verheißt. Durch eine Reise ins innerste Selbst – im Kloster oder im Dickicht der Gebirgswälder – soll man stark und immun werden, damit man bald darauf die »uneigentliche« Betriebsamkeit des Gesellschaftslebens wieder auszuhalten vermag. Denn man versteht es nun, sich im tiefsten Kern seines Wesens davon unberührt zu halten.

Eine solche Karriere der Einsamkeit würde die Einsamkeit weit von der erhabenen Kontingenzerfahrung vergangener Zeit entfernen. Gelänge uns tatsächlich die Kunst, uns in stillen Stunden des Alleinseins gewissermaßen an uns selbst zu sättigen, so hätten wir es geschafft, die narzisstischen Tendenzen der Moderne mit der Medizin des Narzissmus selbst zu heilen. Der transparente Kokon unser Individualität verdichtete und verhärtete sich dann allerdings zu einem undurchdringlichen Panzer, in dem wir uns fortan in praller Selbstzufriedenheit gefangen hielten, während wir den anderen vielleicht noch von ultimativer Selbstbegegnung vorschwärmten. Anders gesagt: Auf die Isolation, Entfremdung und Zwietracht, die Menschen heute in der Gesellschaft erfahren, kann die Einsamkeit keine Antwort geben. Sie konfrontiert uns, wenn sie echt ist, mit jener noch radikaleren Einsamkeit, von der schon die Rede war. Alles andere ist Folklore oder eine neue Spielart eitler Selbstverliebtheit. Einsamkeit ist deshalb allenfalls ein Ort, den wir aufsuchen müssen, um uns mit uns selbst gründlich zu beraten. Der Zersplitterung und Unverbundenheit der sozialen Welt können wir in der Einsamkeit zwar entfliehen, aber nicht entgegenwirken. Was wir aber können, ist, uns in der Gleichzeitigkeit von Distanznahme zur Gesellschaft und Eintauchen in die absolute Einsamkeit unserer Existenz auf neue Wege der Vergemeinschaftung zu besinnen. Denn was die existenzielle Einsamkeit seit Langem schon unerträglich macht, ist der Verlust von Gemeinschaften, in denen der Einzelne sich zugleich respektiert und aufgehoben weiß.

Einsamkeit und unermüdliche Jagd nach dem Ich

Buber stellt in der Geschichte eine Steigerung des Problems der Einsamkeit fest. Mehr denn je sei der moderne Mensch von einem lebendigen Verhältnis zum Du abgeschnürt und befinde sich in der beunruhigenden Lage eines »undurchdringlichen Sich-nicht-mitteilen-Könnens«. Der Philosoph richtet sich aber gleichermaßen gegen eine heroische Ausdeutung des Einsamkeitsproblems wie auch gegen die vielfältigen Versuche, die existenzielle Einsamkeit des Menschen mit Ablenkung und Kollektivismus zu betäuben. Um zu verstehen, wie genau Bubers Philosophie des Dialogischen die existenzielle Einsamkeit des Menschen zu überwinden sucht, kann ein kurzer historischer Rückblick auf das Einsamkeitsproblem in der Vergangenheit hilfreich sein. Ein paar Schlaglichter müssen hier allerdings genügen.

Seit dem Mittelalter hat sich das Verhältnis zur Erfahrung der Einsamkeit erheblich gewandelt. So entwickelte z. B. der Mystiker Meister Eckhart ein Konzept des »abgeschiedenen Herzens«, bei dem es darauf ankam, sich von der Welt der Dinge und allem materiellen Wollen und Wissen abzuwenden, um zu gesteigerter Frömmigkeit zu gelangen. In der Beseligung durch das individuelle Gotteserlebnis wird Einsamkeit nicht als Leere, sondern als Zustand der Fülle erfahren. Auch in späteren säkularisierten Zeiten – in der Epoche der Aufklärung – behält die Einsamkeit zunächst ihr hohes Ansehen, obschon sie nun bereits in Abkehrung von überspannten religiösen Schwärmereien einen lebenspraktischen und gesellschaftsbezogenen Nutzen erhält. Unter anderem angeregt durch den Essayisten Michel de Montaigne, der sich zum Zweck der Selbsterkundung zehn Jahre lang in einem Turm verkroch, sah man den – in der Regel nur vorübergehenden – Rückzug aus der Welt als einen Königsweg zur persönlichen Vervollkommnung an. Allein oder in kleinen Gruppen Gleichgesinnter suchte man sich durch geistige und schöpferische Tätigkeiten sowohl gegenüber dem oberflächlichen Amüsement der höfischen Gesellschaft abzugrenzen als auch in die Grundkoordinaten einer veränderten Existenzweise einzufinden.

Einen Höhepunkt des Einsamkeitskultes finden wir dann in den antirationalistischen, gefühlsorientierten Strömungen der Literaturgeschichte: in Empfindsamkeit, Sturm und Drang und vor allem in der Romantik. »Alle großen Leidenschaften formen sich in der Einsamkeit«, schreibt Jean-Jacques Rousseau und gibt damit das Stichwort für die neue Richtung einer subjektivitätssüchtigen Romanliteratur, als deren berühmtestes Beispiel wohl Goethes Briefroman *Die Leiden des jungen Werthers* anzusehen ist. Mit der rohen Nützlichkeitsorientierung der Gesellschaft hadernd, durchläuft hier ein junger Mann alle Schattierungen des Einsamkeitserlebnisses. Das Leiden an einer Zivilisation, die die individuelle Seele einengt und die freie Entfaltung natürlicher Regungen behindert, ist das vernehmlichste Grundmotiv dieser überbordenden Gefühlskultur.

Ohne die feinen Unterschiede, die Ambivalenzen und Vielschichtigkeiten der Einsamkeitserfahrung in diesen Strömungen hier genauer darlegen zu wollen, lässt sich zusammenfassend Folgendes feststellen: Zunehmend wird die Einsamkeit zum Zufluchtsort außerhalb der bürgerlichen Gesellschaft. Vor allem die Romantiker stilisieren den Dichter zu einem von seinem Wesen her Einsamen, der, abgeschirmt vom ökonomischen Nützlichkeitsdenken, ein eigenes Reich der Selbstverwirklichung erschafft. Die Stimmungslandschaft der Waldeinsamkeit sowie überhaupt das Erleben ursprünglicher Natur bieten dem empfindungsvollen Individuum hier besondere und neuartige mystische Wege der Weltverbundenheit, nachdem man nach der Französischen Revolution in den deutschen Staaten alle Hoffnungen auf Umgestaltung der gesellschaftlichen Verhältnisse enttäuscht sah. Die Wiederherstellung des absolutistischen Systems in Europa auf der einen Seite sowie der Schock durch die sichtbaren Schäden der beginnenden Industrialisierung andererseits bewirkten in der Zeit der Romantik die Geburt einer extremen Form des Subjektivismus.

Man wendet sich ab von den üblichen Anstrengungen um Broterwerb und Erfolg innerhalb der bürgerlichen Lebensweise und verliert zugleich den Glauben an alle gesellschaftlichen Utopien als Erbe des Humanismus und der Aufklärung. Während mithin alle objektiven Maßstäbe wegfallen, wird das ästhetisch verfeinerte Erleben des Ichs zum alleingültigen Maßstab des Romantikers. »Sein Ich ist das Wild, das er unermüdlich jagt, das Land, nach dem er auszieht, der Himmel, nach dem er sich sehnt. Sich selbst suchen ist die Arbeit eines ganzen Lebens«, schreibt Ricarda Huch in ihrem Romantikbuch.

Schon den Romantikern selbst wurde unübersehbar, dass diese radikale Bezogenheit des Ichs auf sich selbst einer Aushöhlung und Entleerung gleichkam, der Erfahrung nämlich, weder im Zuge unermüdlicher Versenkung noch durch exzessive Jagd nach Erfüllung seiner selbst habhaft werden zu können. Insbesondere der Roman *William Lovell* von Ludwig Tieck führt vor, dass die Befreiung von allen äußeren verlässlichen und stabilisierenden Instanzen das glückshungrige Ich in einen Strudel der Langeweile hineinzieht, in dem es keine Aussicht auf Befriedigung gibt. Eine fieberhafte Suche nach Identität jenseits traditioneller Bindungen und Verpflichtungen stößt die Hauptfigur William in einen haltlosen Freiheitstaumel, der ihm allenfalls kurzfristige Befriedigung verschaffen kann. Je weiter er seine Exzesse auch treibt, je hemmungsloser er auch um die glänzende Sonne seines Ichs kreist, er wird doch immer wieder in einen Zustand des Ungenügens zurückgeworfen, der ihn fragen lässt: »Woran liegt es, daß ein Genuß das Herz nie ganz erfüllen kann? Welche unerkennbare, wehmütige Sehnsucht ist es, die mich zu neuen unbekannten Lüsten zieht?« Williams Werdegang ist die Geschichte einer Zerstörung und Auszehrung des Gefühlserlebens. Seine unstillbare Gier nach Erweiterung und Vervielfältigung des Ichs macht ihn todunglücklich, denn sie lässt ihn das Leben als Vorbeiflimmern eines »langweilig ewig Gleichen« erfahren. Am Ende konfrontiert sie ihn mit der Einsicht, ein »unzusammenhängender philosophischer Narr« zu sein, der unfähig ist, die eigene Lebenswirklichkeit zu begreifen und sie in einen sinnvollen Bezug zu korrigierenden Instanzen der Außenwelt zu setzen.

William ist damit bereits ein typisches Beispiel für die narzisstische Grundstruktur des modernen Menschen, der sich dem Spiegel der anderen entzieht und sich selbst zum einzigen Maßstab wird. Er will nicht sehen, wer er wirklich ist, und »versteift sich«, um es mit Martin Heideggers Worten zu sagen, »auf sein kleines schmächtiges Ich (...), das sich aufspreizt an diesem und jenem, was er für die Welt hält«. Um einen realistischen Blick auf die Unzulänglichkeit der eigenen Person zu vermeiden, stürzt er sich in alle möglichen Exzesse und Fantasien von sich selbst. Doch wie kann ein Ego seinen Hunger an sich selbst stillen, wie soll es im Überschreiten aller Grenzen sich selbst fühlbar werden? Dass diese Abenteuerlust nicht zum gewünschten Ziel führt, ist das unterschwellige Klagelied der Romantiker, ein anhaltendes Ungenügen an der Welt, das weit in die Zukunft durchschlägt und besonders die Gegenwartskultur »romantisch« prägt, selbst dort, wo von Romantik im landläufigen Sinn keine Rede sein kann. Diesen Romantiker peitscht eine unstillbare Sehnsucht voran und stößt ihn zuletzt in einen Zustand matter Auszehrung und Übersättigung. Doch, wie einst Stendhal schrieb, sieht man »den alternden Don Juan die Dinge anklagen, an denen er sich übersättigt hat, aber nie sich selbst«.

Die Romantik steht also für eine Tradition, in der sich die individualistische Selbstverwirklichung nicht *mit* der Gesellschaft, sondern *gegen* sie vollzog. Sie steht damit am Anfang einer Entwicklung der bewussten Absonderung des Einzelnen von der Gesellschaft, in der er lebt. Politische Indifferenz, zwischenmenschliche Entfremdung und ein nicht zu befriedigender Selbstgenuss sind in zunehmendem Maß die Begleiterscheinungen dieser Entwicklungsprozesse.

Will das Ich, abgelöst vom Sozialganzen, nur sein eigener Herr und Meister sein, so bekommt die Einsamkeit eine völlig neue Bedeutung. Sie ist nicht länger der Ort einer reflektierten Selbstbegegnung, sondern wird zu einer Falle abgrundtiefer Vereinsamung, aus der es kein Entkommen mehr zu geben scheint. Schon Georg Friedrich Wilhelm Hegel hat in seiner Kritik der romantischen Lebenshaltung deutlich gemacht, dass dem um sich selbst rotierenden Ich der eigene Anspruch letztlich zum Verhängnis wird. Aus der sich wiederholenden Erfahrung des unaufhebbaren Mangels, aus dem Erleben einer unstillbaren Sehnsucht entsteht zwar, so schreibt er, ein neuer »Durst nach Festem und Substantiellem, nach bestimmten und wesentlichen Interessen«, doch das romantische Subjekt kann sich trotz seines Hungers nach Wahrheit und Objektivität seiner »Einsamkeit und Zurückgezogenheit in sich selbst nicht entschlagen, dieser unbefriedigten abstrakten Innigkeit nicht entwinden« und scheint deshalb an seinen eigenen unerkannten und somit unlösbar erscheinenden Widersprüchen unheilbar erkrankt zu sein.

Hegel erkannte also schon früh das Dilemma romantischer Subjektivität und man mag sich fragen, wieso sich diese Haltung bis auf den heutigen Tag erhalten hat, oder vielmehr, wenn man es genau nimmt, wieso sie sich zu einem Massenphänomen auswachsen konnte. Zu Beginn des 19. Jahrhunderts, als literaturgeschichtlich die Romantik Hochsaison hatte, gab es eine überschaubare Anzahl romantisch infizierter Subjekte. Im Lauf der Zeit fand dieses Virus einer ausweglosen Versteifung auf das Ich mit all seinen Begleiterscheinungen enorme Verbreitung. Ich möchte behaupten, dass unstillbare Sehnsucht und rastlose Selbstsuche mittlerweile die meisten Menschen ergriffen hat, wenn diese Phänomene auch ein anderes Erscheinungsbild angenommen haben als vor 200 Jahren und die Einsamkeit unserer Existenz inzwischen, wie Klinger formuliert, »bis zur Kenntlichkeit entstellt« ist.

Der Verlust privater Zufluchtsstätten

Bis in die jüngere Vergangenheit gab es einen Rückzugsort für das an der Kälte und Rechenhaftigkeit der Erwerbssphäre leidende Ich. Es gab einen Ort, an dem es seine Individualität ungestört entfalten und zumindest einen Rest von intakter Gemeinschaftlichkeit erfahren konnte: die Privatsphäre. Romantische Liebe, eigentlich als Gegenmodell zur bürgerlichen Ehe gedacht, wurde recht bald, wie ich es im zweiten Kapitel dargelegt habe, zum Klebstoff familiären Zusammenhalts. Im Abseits einer Gesellschaft, die sich zunehmend nach harten ökonomischen Kriterien ausrichtete, etablierte sich der persönliche Bereich der Familie als Auffangbecken für das nach Identität und Wärme hungernde Individuum. Mit hochfliegenden, schwärmerischen Worten beschworen populärphilosophische Ratgeber und Erziehungsschriften in der ersten Hälfte des 19. Jahrhunderts die Wonnen des Privatlebens und bejubelten die besonderen Talente der hier tätigen Weiblichkeit. Es kommt zu enthusiastischen Lobeshymnen auf die naturwüchsigen Eigenschaften der Frau, die, verschont vom harten Gesetz des Kommerzes, mit sanfter Hand die feierabendliche Idylle gestaltet.

Wie der Moralschriftsteller Karl Friedrich Pockels salbungsvoll schreibt, soll die Frau das Lager des Mannes »mit duftenden Blumen« bestreuen, »ihm die Zeit mit Liebkosungen und naiven Plaudereien« verkürzen, »ihm den Zorn und Gram von der Stirn« küssen und seinen »Trotz und seinen Stolz durch ein liebevolles Zuvorkommen, durch jene freundliche Sanftheit, durch jene unnachahmliche Milde des Ausdrucks und Gefühls, die so unwiderstehlich auf unser Herz wirkt«, entwaffnen. Liest man im Einzelnen, wie Pockels über vier Bände das segensreiche Wirken der »erleuchteten Hausmutter« und »würdevollen Familiengöttin« ausbuchstabiert, so wird mehr als augenfällig, dass der Privatbereich einen quasi religiösen, sakralen Charakter erhält. Abgeschottet von der mehr und mehr durch Konkurrenz, Intrigen und Zweckrationalität geprägten Berufswelt, wird er zum ausgleichenden Gegenpol, zur Zufluchtsstätte für die individuelle Sehnsucht nach Selbstentfaltung.

Doch gerade eine genaue Analyse der persönlichen Sphäre lässt erkennen, dass es auch im liebeerfüllten Heim keinen Ausweg aus der schmerzlichen Einsamkeit gibt, die der Zerfall der alten metaphysisch verankerten Weltordnung hervorbringt. Obgleich es über einen langen Zeitraum gelingt, die Nahbeziehungen gegen die frostige Rationalität des Erwerbs abzuschirmen, regiert auch hier die Einsamkeit. Denn trotz des viel beschworenen Ideals privater Harmonie kann man hier nicht vom Fortbestand einer intakten Gemeinschaftsform sprechen, die den Einzelnen bindet und ihm dauerhaft Halt gewährt. Die Voraussetzungen dafür sind ungünstig, denn von Anfang an ist der Privatbereich überfrachtet von rigiden Rollenmustern für Mann und Frau, die das patriarchalische Erbe, obschon sie es in ein neues Gewand hüllen, fortsetzen. Der romantische Anspruch echter Begegnung kann sich hier nicht ereignen, denn vor allem die der Frau abverlangten Eigenschaften verhindern, dass sie sich zu einer vielseitigen Persönlichkeit entwickelt. So geben die Rollenansprüche der Familie zwar Stabilität, können aber das aufkeimende individualistische Begehren des modernen Menschen nicht befriedigen. Nachgiebigkeit, Anpassungsfähigkeit, Anspruchslosigkeit und liebende Hingabe sind die wesentlichen Merkmale des weiblichen Charakters. Diese vermögen zwar den innerfamiliären Frieden zu sichern, nicht jedoch das anwachsende Verlangen des sozial entwurzelten Mannes, als Individuum gesehen zu werden, zu befriedigen. Mit anderen Worten: Die Auflösung der traditionellen Gesellschaft, in der der Einzelne seinen genau zugewiesenen Ort hatte, in der er als Mitglied eines bestimmten Standes wusste, wer er war, erzeugt ein fundamentales Bedürfnis nach Zugehörigkeit und Aufgehobensein, das die Familie nur scheinbar befriedigen kann. Vor allem der Verlust einer religiösen Einbettung konfrontiert den Menschen in zunehmendem Maß mit einem Abgrund der Sinnlosigkeit, den ein liebesdurchdrungenes Weib schwerlich auszugleichen vermag. Auf diese Weise nistet sich die Vereinsamung auch im Herzen der Familie ein. Sie scheint ein Schicksal des modernen Menschen, das er nicht mehr abzuschütteln vermag. Gerade weil die persönlichen Beziehungen in zunehmendem Maß nur deshalb eingegangen werden, weil durch sie das psychische Überstehen in einer garstigen Welt gewährleistet werden soll, stellt das Private kein rettendes Ufer mehr dar. Es ist zu einer oftmals ungastlichen Felsenküste geworden, da es durch unerfüllbare Sehnsüchte und Erwartungen bepackt und drangsaliert wird. Nicht wenige ziehen die Konsequenz, sich nicht mehr auf Liebe und Freundschaft einzulassen, um den damit verbundenen Enttäuschungen und Frustrationen zu entgehen. Ein Leben für den Augenblick wird auch in Beziehungsfragen zum einzig lebbaren Muster.

Ich habe bisher hauptsächlich von den Verlusten des Mannes gesprochen. Betrachten wir die Frau in ihrem enggeschnürten Rollenmieder, so radikalisiert sich das Problem. Als im Anbruch der Moderne der Anspruch auf individuelle Entfaltung, auf Freiheit, Gleichheit und Selbstbestimmung laut wurde, lag es auf der Hand, ihn auf alle Menschen auszudehnen. Und es gab eine ganze Reihe von Frauen, die dies taten und mehr oder weniger energisch die neuerfundene knebelnde Geschlechtstracht für die Frau zurückwiesen. Seit der Mitte des 18. Jahrhunderts waren die Stimmen mutiger Männer und Frauen deutlich zu vernehmen, die Bildung, Anerkennung und die bürgerliche Gleichstellung der Frau forderten. Sie waren seitdem nicht mehr zum Schweigen zu bringen, auch wenn die Durchsetzung der Gleichberechtigung bis ins 20. Jahrhundert auf sich warten ließ.

Wir wissen, dass der Großteil der Frauen sich über lange Zeitspannen still in die Rolle der wackeren Familienmutter fügte und – wie es scheint – vielfach auch hierin Erfüllung fand. Gewiss ist aber zugleich, dass die wenigsten dabei den verstiegenen und verschwärmten Ansprüchen an die weibliche Zauberhand genügen konnten. Ebenso wenig konnten Frauen aufgrund ihrer ökonomischen Abhängigkeit aus den vorgegebenen Rollenzwängen ausbrechen. So hielten zwar die Ehen, aber es wucherte allerorts ein nicht endender Katzenjammer über das Ehejoch, ein vielstimmiges Klagelied über sexuelle Doppelmoral, Entfremdung und die Hassliebe hoffnungslos verstrickter Partner, das bis heute anhält.

Die seit der Aufklärung ersonnene Weiblichkeit war eigentlich immer eine unlebbare Konstruktion, nur dass man es lange nicht so recht bemerken wollte. Es gibt genügend erschütternde Zeugnisse von Frauen aus vergangenen Tagen, die uns zeigen, wie tief und gnadenlos sie sich in Vereinsamung gestoßen sahen, wobei ihnen – anders als den Männern – nicht einmal die Möglichkeit gegeben war, auf der großen Bühne der Welt Anerkennung zu finden. Weniger lautstark und weniger sichtbar, war die Einsamkeit der Frau zugleich vervielfacht, denn sie verfügte über weitaus geringere Chancen, sich in oder quer zu den neuen gesellschaftlichen Bezugssystemen kulturelle Inseln der Freundschaft und Begegnung zu verschaffen.

Wir sehen also: Tief im Herzen der romantisch verbrämten Zweisamkeit schlummern Entfremdung und Vereinsamung. Die Emanzipation oder, wie andere sagen, die nachgeholte Individualisierung der Frau macht dies nun unmissverständlich deutlich. Konnte man bislang das Privatleben als traditionelles Restelement innerhalb einer Gesellschaft ansehen, die insgesamt von Auflösungsströmen in die Zukunft getragen wurde, so fällt seit einigen Jahrzehnten auch diese letzte vermeintliche Bastion der Einigkeit. Die nur leidlich übertünchte Einsamkeit der Liebenden wird augenfällig. Es zeigt sich nun, dass die Eigengesetzlichkeit der Privatsphäre im Grunde genommen eine Fiktion war, ein schöner Traum, in dessen Obhut man es noch eine Weile mit sich selbst aushalten konnte. Mit anderen Worten: Nicht nur durch die Emanzipation der Frau, sondern gleichermaßen durch die beschriebenen fundamentalen Veränderungen der Berufswelt verliert das Privatleben seit einigen Jahrzehnten seinen Sonderstatus. Die Logik des Marktes ergreift es mit Macht und vergiftet alle Liebesseligkeit. Mehr und mehr fallen die Restelemente familiären Zusammenhalts einem übersteigerten Individualismus zum Opfer und ziehen einen jeden von uns in einen Strudel hektischer Selbstsuche, der die Herzen verhärtet, manchmal sogar dort, wo man sich gruppenselig in die Arme sinkt. Der Kult der Einsamkeit erlangt dabei im Zuge der hippen Self-Management-Mode einen neuen Aufwärtstrend. Immer krasser wird das Bemühen sichtbar, angesichts des Verlustes aller übergeordneten Sinnhorizonte nun allen Sinn verzweifelt aus sich selbst zu schöpfen oder, was wohl zutreffender ist, sich mit fadenscheinigen Ersatzstoffen und Ablenkungen über das Ende aller großen Welterklärungen hinwegzutrösten.

Vielleicht stimmt es ja, was mancher postmoderne Denker verkündet: Das Subjekt, der verantwortungsbewusste und selbstbestimmte Mensch, ist tot. Wir sind nur mehr die versierten Verwalter der Trümmer dessen, was einmal als vollgültiges Menschsein angesehen wurde. Dabei gelingt es uns, das ganze Desaster mit schicken Redewendungen und hohlen Phrasen vom unaufhaltsamen Fortschritt der Menschheit zu überdecken. Geschmeidig und ohne mit der Wimper zu zucken, verwenden viele heute fragwürdige Berufsbezeichnungen wie Effizienzexperte, Human-Resource-Manager oder High-Performer. Dass sich dahinter Menschen verbergen, scheint ein altmodischer und anstößiger Gedanke. Doch dem wachsamen Auge entgehen keineswegs die unermesslichen Schäden der modernen Lebenswelt, die inzwischen tief in die Innenwelt des Einzelnen hineingreifen und ihn zu zerbrechen drohen. Es ist kaum zu glauben, dass manche angesichts der überfüllten Wartezimmer in den Arztpraxen noch immer frohgemut in die Zukunft schwadronieren. Eine ständig wachsende Anzahl von Menschen ist psychisch oder psychosomatisch erkrankt, Heerscharen von höheren Angestellten und erfolgreichen Managern funktionieren nur durch die Einnahme von Psychopharmaka und das Burn-out-Syndrom wird zum alltäglichen Erscheinungsbild.

Rolf Haubl, Direktor des Sigmund-Freud-Instituts in Frankfurt, beschreibt in Anlehnung an den Kulturhistoriker Norbert Elias den *homo clausus*, einen neuen, durch das rapide Voranschreiten der Modernisierung bedingten Vereinsamungstypus, »der sich in sich selbst eingeschlossen fühlt, weil er alle seine spontanen emotionalen Regungen kontrolliert oder gar einstellt«. Ein solcher Mensch fühle sich wie durch eine Mauer von der übrigen Welt abgeschnitten und erleide einen Verlust an Vitalität. Gefühlsblindheit sowie die Verleugnung emotionaler Bedürftigkeit kennzeichnen ihn, und es gibt eine Reihe von alternativen Verhaltensmustern, mit denen die Betroffenen von ihrem Defizit abzulenken suchen. Neben einer ausgeprägten Arbeitswut sind das Gewaltausübung, übertriebene Geselligkeit und ein extremes Konsumverhalten.

Sind die außerordentliche Beschleunigung der Arbeitsrhythmen und der ungebremste Anspruch der Leistungssteigerung die äußeren Gegebenheiten dieser neuen Sorte Mensch, so regiert ihn von innen her ein »steigendes Kontingenzbewusstsein«. Wer seine gesamte Existenz als zufallsbedingt erlebt und von der Austauschbarkeit jedes einzelnen Lebenselementes ausgeht, mag einfach nicht zur Besinnung kommen. Um seine knappe Lebenszeit bis ins Letzte auszukosten, stürzt er sich instinktiv in atemlose Hast, die nichts mehr auszulassen wagt und die Einsamkeit meidet.

Genau diese aber benötigen wir, um in einen Prozess des Nachdenkens einzutreten, der uns wieder mit uns selbst in Berührung bringt. Erst »der Rückzug vom unmittelbaren Engagement auf einen Standpunkt außerhalb des Spiels« versetzt uns, wie Hannah Arendt schreibt, in die Lage, als Zuschauer der eigenen Angelegenheiten den Schlüssel für einen möglichen Sinn zu finden. Wir müssen uns vorübergehend dem Blick der anderen entziehen und in einen Zustand des Alleinseins eintreten, in dem die Vielheit der Handlungskontexte und Ablenkungen sich auf die Zweiheit eines inneren Dialoges mit uns selbst reduziert. Im Denken als dem stummen Zwiegespräch des Ichs mit sich selbst wird die ursprüngliche Dualität des Bewusstseins, die innere Spaltung des Selbst aktualisiert. Ignorieren wir diese Spaltung, so taumeln wir wie Schlafwandler durch unser Leben. Man mag dann vom Tod des Subjektes reden, wie es in den Abteilungen postmoderner Philosophen an der Tagesordnung ist. Doch man kann es auch anders sehen und viele der derzeitigen Erkrankungen der Seele als Ausdruck einer Verhinderung betrachten: der Verhinderung, selbstbestimmt und gleichermaßen sozial eingebunden zu sein.

Es ist heute extrem schwierig geworden, eine Person zu sein und sich den nihilistischen Tendenzen des Getriebenseins, der Außenlenkung und der Versuchung des hohlen Scheins zu entziehen, aber es ist nicht unmöglich. Wem die Einsamkeit ein Schrecken ist, der kann die Begleitung eines philosophischen oder psychologischen Beraters suchen. Innere Zwiesprache lässt sich auch im Vertrauen auf einen anderen halten. Die Einsamkeit zu zweit erhält in diesem Fall ein freundliches Gesicht.

Alleinsein, also Einsamkeit in einem positiven Verständnis, ist eine wesentliche Voraussetzung für psychische Integrität. Doch es gelingt unter den Bedingungen der hochtourigen Wohlstandgesellschaft nur dann, wenn jemand es wagen kann, über die Systemzwänge und Funktionsmechanismen dieser Gesellschaft hinauszudenken. Eine heilsame Kur des menschlichen Geistes, eine Rückführung in den Zustand des Wiederjemand-Seins kann nicht innerhalb einer Logik geschehen, aus der das Elend hervorging. Psychische Gesundheit ohne Distanz zu den entkernten Institutionen, den brüchigen Fassaden der Menschlichkeit sowie den undurchsichtigen Imperativen und weltgewandten Zungenschlägen der modernen Lebenswirklichkeit ist undenkbar.

7. Szenarien der Selbsterschaffung

Wenn das Herz denken könnte,
würde es stillstehen. (Fernando Pessoa)

Höhere Weihen

Gruppenerfahrungen sind heute das Nonplusultra erhöhter Lebensqualität und unverfälschter Selbstbegegnung. Ohne Zweifel kann es außerordentlich bereichernd sein, sich selbst im Zusammensein mit anderen auf die Spur zu kommen. Doch es gibt hier eine ganze Bandbreite von vielversprechenden Angeboten, die, wie ich mehrfach beobachten konnte, der Ausbildung psychischer Festigkeit und wechselseitiger Empfänglichkeit eher entgegenwirken.

Neulich begleitete ich eine Freundin auf ein verheißungsvolles Seminar, in dem mittels diverser ungewöhnlicher Maßnahmen die Panzer der Seelen gesprengt, die Altlasten hinausbefördert und das Fühlen umgekrempelt werden sollten. Nach zweistündigen Exerzitien verlangte die Therapeutin mit unverwüstlichem Lächeln eine vorbehaltlose Zurschaustellung intimster Regungen. Auch war es unausgesprochenes Gesetz des hehren Kreises, sich freimütig in den Armen zu liegen und zu vergessen, dass die meisten sich erst zwei Stunden zuvor zum ersten Mal gesehen hatten und nichts voneinander wussten. Wer nicht mitspielen wollte, erhielt den weisen Rat, unbedingt an seinen Verhärtungen und Widerständen zu arbeiten. Leider muss ich hinzufügen, dass die Leiterin des Spektakels sich nicht scheute, ergänzend im Ton süßester Zugewandtheit eine düstere Zukunft für die dauerhaft Renitenten auszumalen. Mir wurde schnell klar: Die beseligende Selbstbegegnung musste hier nach Vorschrift erfolgen. Wer wie Rotkäppchen eigensinnig und lebenslustig von der auferlegten Wegstrecke abzuweichen wagte, hatte mit der bösen Wölfin zu rechnen, die ihre wahren Absichten hinter zirpender Sanftmut verbarg.

Seit ich meine Freundin, der die Wölfin besonders nachstellte, aus diesem Zirkel herausgezerrt habe, seitdem ich ihr über mehrere Stunden die frisch verabreichten Ängste wieder ausreden musste, gehöre ich zu den verbohrten Skeptikerinnen. Immer, wenn jemand mit verzücktem, bedeutungsträchtigem Ausdruck und dennoch ohne eine klare Sprache über die höheren Weihen einer Gruppenerfahrung berichtet, sträuben sich meine Nackenhaare. Und immer, wenn wieder einer heimkehrt vom Königsweg ultimativer Selbsterfahrung – egal, ob über glühende Kohlen, durch Schwitzhütten oder entlang windiger Gebirgshöhen –, zweifle ich sehr. Zu Recht, wie ich schon oft erkennen konnte. Das großartige Erleben von Ganzheit und Harmonie verpufft fast immer rasend schnell im Alltagsgrau, ausgedünnt zu einer blassen Erinnerung daran, dass es einmal etwas ganz Außerordentliches und Großes gab. So gut wie nie sind mir hingegen sichtbare Anzeichen eines nachhaltigen Wandels infolge solch esoterischer Einsegnungen aufgefallen.

Die alltäglichen Prozesse eines vitalen Kapitalismus erschweren Vertrauensbildung, langfristige Bindungen und politische Widerstandskraft. Wir erleben unsere persönliche Geschichte zunehmend als zusammenhanglos und zersplittert in unverbundene Teilelemente. Dies beeinträchtigt, wie Richard Sennett schreibt, mehr und mehr die Fähigkeit, unsere »Charaktere zu durchhaltbaren Erzählungen zu formen«. Selbst der Anspruch, eine verlässliche, rücksichtsvolle und kooperative Persönlichkeit zu sein, droht durch einen unaufhaltsamen Prozess kreativer Zerstörung auf der Müllhalde der Geschichte zu landen. Es ist zu befürchten, dass das weitere Voranschreiten der Individualisierung auch die noch bestehenden objektivierbaren Restmaßstäbe für eine erfolgreiche Arbeitsweise verwischen wird. Schon heute gewinnt man den Eindruck, dass in bestimmten Branchen vor allem diejenigen durchstarten, die ihre Blenderqualitäten pflegen und sich elegant von ihren Fehlschlägen zu distanzieren wissen. Doch ständig vor dem Risiko der Entlarvung und dem überall schwelenden Misserfolg auf der Hut zu sein, setzt jeden lebendigen und nachdenklichen Bezug zu sich selbst außer Kraft. Fantasie und Gestaltungsvermögen fließen in den Job, und es bleibt nichts mehr übrig, um uns ebenso in anderen Bereichen und damit als ganze Menschen zu entfalten. »Dichtung und Literatur sind ein Schmetterling, der sich auf meinem Kopf niederlässt und mich umso lächerlicher erscheinen lässt, je größer seine Schönheit ist«, schreibt Pessoa, der sich gezwungen sah, als Buchhalter sein Geld zu verdienen.

Durch die erdrückende Realität einer veränderten Arbeitswelt fühlt sich der Einzelne heute mehr denn je wie eine Marionette an den Strippen undurchschaubarer Mächte. Das Diktat der Gesellschaft lautet, originell, selbstbestimmt, kommunikativ, einfalls- und erfolgreich zu sein. Wer sich schwertut zu wählen, wer nicht zielgerichtet und kreativ zu handeln vermag, quält sich schnell mit Minderwertigkeitsgefühlen und sieht seine Selbstachtung schwinden. Unter den gegenwärtigen Erfolgsbedingungen zu zagen oder gar zu stranden, kommt einem niederschmetternden Imagedesaster gleich. Die Bewegung weg von der autoritären, verbietenden Traditionsgesellschaft und hin zu individualisierten Lebensformen bedeutet für jeden von uns, dass an die Stelle fester Sollvorschriften und klarer Rollenvorgaben unerbittlich und unausweichlich das Gebot der Eigeninitiative, der schöpferischen Fantasie und der Selbstverwirklichung tritt. Gerade dieser allgegenwärtige Imperativ der kreativen Selbsterschaffung, der die Gemüter beherrscht und den unbewussten Kurs beruflicher Handlungen bestimmt, zeitigt häufig eine krankmachende Wirkung. Wie Alain Ehrenberg schreibt, ist vor allem die Depression eine Reaktion auf die ehrgeizigen Maßvorgaben unserer Zeit, »sie ist die *Krankheit der Verantwortlichkeit,* in der ein Gefühl der Minderwertigkeit vorherrscht. Der Depressive ist nicht voll auf der Höhe, er ist erschöpft von der Anstrengung, er selbst werden zu müssen«, heißt es bei ihm.

Ein Glaubensbekenntnis erfinderischer Selbstentfaltung hat heute manche Berufssparten mit voller Wucht erfasst und vermittelt den hier Tätigen das missionarische Gefühl, Vorreiter einer neuen paradiesischen Wirklichkeit zu sein. Routiniert agieren sie in flexiblen Unternehmensstrukturen, sind teamtauglich, psychologisch versiert, dirigieren weltumspannende Kommunikationsströme, meistern Mails, Anrufe, SMS-Botschaften im Minutentakt, sind High-Performer der vernetzten Welt. Übersehen wird dabei gerne, dass gleitende Arbeitszeiten, Flexibilität, Eigeninitiative, projektorientierte Teamarbeit und flache Hierarchien einen hohen Preis haben.

Es ist sicherlich positiv zu bewerten, wenn wir in unseren beruflichen Tätigkeiten von dumpfen Routinen und monotonen Abläufen befreit werden, doch es gilt wachsam zu sein, denn der schmeichelhafte Aufstieg zum »selbst-enthusiastischen Marktteilnehmer« (Jakob Schrenk) hat in der Realität viele Schattenseiten: Die klare Grenze zwischen Arbeit und Freizeit verschwindet, man überfordert sich in Anbetracht des stetig zunehmenden Termindrucks, man ist verunsichert im Blick auf den Wert der Arbeit, da man keinen unmittelbaren Vorgesetzten mehr hat, nicht mehr weisungsgebunden arbeitet. »Der Arbeiter wird zum Einzelkämpfer« (Schrenk), der sich immer weniger als Teil übergeordneter Gruppen erfährt, dafür aber an der Nabelschnur der Imageberater, Effizienzexperten und Gehaltscoaches hängt. Die Fixierung auf die Effekte der eigenen Person bestärkt eine Tendenz, die Sachinhalte, an denen man arbeitet, in den Hintergrund zu schieben. Es kommt vor allen Dingen darauf an, gut anzukommen, Anerkennung zu finden, eine unumgängliche Kontaktperson zu werden. Die Fußangeln und Fallstricke einer rein opportunistischen Lebenshaltung lauern überall.

Ein psychotherapeutisch angeleitetes Management der Gefühle erweist sich als ein passgerechtes Funktionselement in unserer Leistungsgesellschaft. So ist es längst gang und gäbe, dass Führungskräfte der Unternehmenswelt Motivations- und Persönlichkeitskurse anbieten, in denen man sich zum Businessmenschen par excellence formen lässt. Dadurch kann man sich selbst leicht zur Mogelpackung werden, manche mutieren zur »Visitenkarte auf zwei Beinen«, heißt es bei Schrenk. Ebenso gilt: Die Gescheiterten unserer Ego-Kultur haben es nicht geschafft, sich zu einem rentablen Produkt zu gestalten, und müssen sich – so der Unterton vieler Berufsratgeber – diese Pleite selbst zuschreiben. Am Ende werden sie zu jenen ausgepowerten und erschöpften Subjekten, von denen Ehrenbergs Buch so präzise spricht. Es ist heute ganz normal, persönliches Leid »als Folge schlecht verwalteter Gefühle oder einer dysfunktionalen Seele« anzusehen, dies alles allein sich selbst und nicht den Lebensverhältnissen zuzuschreiben, stellt auch die Soziologin Eva Illouz fest.

Das Einsickern einer psychologisierenden Denkweise in nahezu alle Lebensbereiche hat fatale Konsequenzen: Wir begreifen uns selbst zunehmend im Licht seelischer Probleme, emotionaler Fesseln und unerfüllter Sehnsüchte. Der dominante emotionaltherapeutische Stil unserer Kultur sollte uns allerdings eher beunruhigen, da er, vorangetrieben von einem wachsenden Erfolgs- und Originalitätsdruck, das

Individuum zum ausschließlichen Austragungsort sozialer Problemlagen werden lässt. »Je mehr Ursachen von Leid im Selbst lokalisiert werden, desto stärker wird das Selbst im Zeichen seiner Notlagen verstanden«, schreibt Illouz. An unseren persönlichen Defiziten verzagend oder um unsere hoch individuellen Wehwehchen kreisend, verlieren wir zunehmend das Gespür für eine aktive Bewältigung objektiver Missstände, aus denen menschliches Leid und Unzufriedenheit hervorgehen.

Gerade hier zeigt sich in doppelter Weise die Gefahr, im Ringen um Aufhebung des Leides dieses eigentlich erst zu verstärken. Erstens: Durch die Fixierung auf die Defizite und Schwachstellen meiner Person sensibilisiere ich mich für das Negative – denn konzentriere ich mich unablässig auf ein (schmerzendes) Körperteil, so treibe ich etwaige Missempfindungen erst richtig hoch, ja, entfache sie im Extremfall sogar. Zweitens: Das im therapeutischen Denken regierende unterschwellige Versprechen letztendlicher Leidüberwindung lässt mich im Fall eines Misserfolgs kleinmütig und flügellahm zurück. Als Gescheiterte bin ich nach diesem Denkschema schnell geneigt, mein Unglück als Folge einer schlechten Handhabung meiner selbst zu deuten. Wenn es, wie Illouz schreibt, »im therapeutischen Ethos weder Unordnung noch sinnloses Leid gibt«, dann liegt der Rückschluss nahe, dass ich mein fortbestehendes Unglück irgendwie selbst verursacht habe und mithin verdiene. Um diesen Gedanken zu verdeutlichen, sei nur darauf hingewiesen, wie selbstverständlich es heute oftmals ist, schwere Krankheit oder großes persönliches Unglück auf eine falsche Lebensstrategie des Betroffenen zurückzuführen.

Warum nehmen so viele Menschen das hin und unterwerfen sich dem Diktat der Karriere, das die Privatsphäre aushebelt? Warum überdecken wir den Verlust haltbarer und verlässlicher Bindungen nicht selten sogar kindlich begeistert mit allen möglichen geheimnisumwehten Stimulantien aus dem Arzneischrank moderner Hexenmeister? Warum verfügen wir über ein so reiches Warenangebot künstlich erzeugter Gruppenerregung? Gemeint ist eine Kultur lawinenartiger »Gefühlsansteckung«, die wir in Stadien, Arenen oder vor flackernden Bildschirmen auskosten, ohne, wie der Philosoph Max Scheler sagt, zu irgendeinem tieferen Wissen um Freud oder Leid des anderen zu gelangen noch »irgendein Teilnehmen an seinem Erleben« zu erfahren? Warum verabreichen wir uns Surrogate in Überdosen und entwickeln nicht ein wenig mehr sozialen Kampfgeist?

Die Überlegungen der bisherigen Kapitel zeigen, dass es hierfür ein ganzes Bündel von Erklärungen gibt. Zunächst scheint alles darauf angelegt, dass wir nicht merken, was mit uns passiert. So bedrängt viele zwar ein dumpfes Gefühl des Ungenügens und des Unwohlseins, doch die Ursachen dafür werden primär in der persönlichen Geschichte gesucht. Man wähnt sich wohlberaten, durch Arbeit am Ego – sei es stromlinienkonform, sei es in einer weitgefächerten alternativen Szene – die Seelenruhe wieder herzustellen. Wir können auch versuchen, in einem akrobatischen Spagat zwischen knallharter Arbeitswelt und familiärer Rückzugsnische ein ausgedientes Muster noch ein

Weilchen in die Zukunft zu retten. Gewiss ist, dass hierzu schon heute gesteigerte Gelenkigkeit vonnöten ist. Gleichermaßen unbehaglich kann uns werden, wenn wir es darauf anlegen, dem ungemütlichen Zeitgeist durch eine Veränderung der Erziehungsweisen die Stirn zu bieten. Schon heute wird die Institution der Schule zwischen gegenläufigen Ansprüchen zerrieben: Einmal soll sie die Jugend zu verantwortlichen und engagierten Demokraten erziehen und gleichermaßen soll sie grenzenlos leistungswillige, anpassungsbereite und profilierungssüchtige Marktsubjekte hervorbringen. Zudem haben die Lehrkörper es heute bereits mit einer Jugendgeneration zu tun, die mehr oder weniger durch die destabilisierenden Einflüsse der modernen Gesellschaft geprägt ist. Viele Kinder erleben hautnah den unablässigen Druck, der auf ihren Eltern lastet. Sie sind die Leidtragenden familiärer Verwerfungen und wissen um die Chancenlosigkeit ihrer Bezugsgruppen. Superstar- und Topmodelkarrieren, kometenhafte Aufstiege in den neuen Medien vagabundieren in ihren Köpfen und locken sie aus den tristen Betonbauten der Bildungsstätten in süße Traumwelten. Profiteure einer Generation ohne gesicherte Wertverankerung machen einschaltquotengeil den menschenverachtenden Umgang mit schwachen oder unausgereiften Persönlichkeiten zum Medienevent. Andere Jugendliche lassen ihrem Hass auf diese »Scheißgesellschaft« in blutrünstigen Videospielen und grimmigen Internetforen freien Lauf.

Wie begegnen wir dem gesellschaftlichen Krisenzustand? Wie wirken wir vor allem jener fortschreitenden Abflachung der Persönlichkeit entgegen? Ich folge zunächst einer schlichten Notwendigkeit, die auch Jakob Schrenk formuliert: »Bevor man etwas ändert, muss man jedoch erkennen, dass sich etwas ändern muss.« Doch was so einfach klingt, erweist sich als vertrackte Angelegenheit. Wir müssen erst einmal begreifen: Das, was uns unfrei macht, kommt in einem hell umglänzten Freiheitsflor daher. Wir merken kaum, dass wir an der Infusionsflasche eines faulen Selbstverwirklichungscredos hängen. Ein anonymes »Man«, für das keine konkrete Instanz verantwortlich zu sein scheint, lenkt uns und lässt uns tausend Dinge als selbstverständlich akzeptieren, die wir bei klarem Verstand für untragbar halten müssten. Um nicht als rückständig, sentimental oder mäkelig zu gelten, stellen wir das Denken ein oder schweigen und machen gute Miene zum bösen Spiel. Der Hauptgrund für unser Stillhalten liegt oft in tiefen und diffusen Ohnmachtsgefühlen angesichts sich stetig steigernder Systemzwänge. Die unheilvolle Verstrickung von Individuum und Gesellschaft ist inzwischen so weit vorangeschritten, dass bei vielen die Trotzmacht des menschlichen Geistes zu erlahmen droht und sich nur noch in Form psychischer Leiden artikuliert. Doch gerade die moderne, demokratisch ausgerichtete Gesellschaft, die sich aus den Hierarchien und normativen Zwangsjacken der Vergangenheit herausgewunden hat, erfordert den verantwortungsbewussten Einzelnen und nicht eine Masse uniformer Einzelkämpfer, die sich selbstverliebt aufspielen und das mit Freiheit verwechseln.

Für uns stehen heute zwei Grundformen der Vergesellschaftung zur Disposition: einmal die Zusammenschweißung zahlloser Ego-Monaden durch Gesetz, Marktzwang und Moden, zum anderen ein gesellschaftlicher Verband, der auf verschiedenen Ebenen eine demokratische Kultur pflegt und den Menschen Raum gewährt, sich in kleineren Gemeinschaften als Personen zu begegnen. An eine ähnliche Unterscheidung denkt Buber, wenn er schreibt: »Die Kollektivität gründet sich auf einem Schwund der Personenhaftigkeit, die Gemeinschaft auf ihrer Steigerung und Bestätigung im Zueinander.« Wollen wir nicht in einem trostlosen Menschenzoo voller bunter Zugvögel enden, dann sehe ich keinen anderen Ausweg, als einer solchen Gemeinschaftsidee zu folgen. »Gemeinschaft ist, wo Gemeinschaft geschieht« sagt Buber, der uns damit klarmacht, dass unter Gemeinschaften keine starren Gebilde zu verstehen sind, sondern lebendige, wandlungsfähige Organismen, die Andersartigkeit und Vielfalt nicht ausgrenzen, sondern »in der gelebten Einheit« bewältigen.

Eine Form des Freiseins, die sich letztlich auf alle unsere Handlungen erstreckt, muss erst gelernt sein. Vermutlich wird man ständig in einem Zustand der akuten Angst schweben, da man niemals sicher sein kann, alles in seiner Macht Stehende getan zu haben. Die im Schwinden autoritärer Strukturen geforderte Eigenbestimmung verlangt nach starken Individuen. Wie aber erreicht man diesen Zustand? Wie reagiert man auf das Ende vorgegebener Menschenbilder und Lebensweisen anders als mit panischer Ichbezogenheit? Wie übernimmt man die Verantwortung für eine Verantwortung, der man sich nicht mehr entziehen kann? Und wie hält man es aus, dass nahezu alles bis in die tiefsten Regungen unserer Innenwelt hinein zum Verhandlungsgegenstand geworden ist?

Experte seiner selbst sein

Es gibt eine ganze Reihe von Lebensfragen, bei denen wir auf das spezialisierte Expertenwissen anderer Personen angewiesen sind. Auch wenn wir wissen, dass die Meinungen der Fachleute bisweilen weit auseinanderdriften, kommen wir nicht umhin, uns in den meisten praktischen Angelegenheiten vom Autokauf bis zur Wärmedämmung des Daches von Spezialisten beraten und unterstützen zu lassen. Problematisch wird es erst, wenn es um mehr geht als ums Zweckmäßige, dann nämlich, wenn wir einer grundlegenderen Lebensorientierung bedürfen.

Da auch seriöse Expertensysteme immer einen unpersönlichen Charakter haben, kann es letztlich keinen Experten für das Einmalige und Spezifische im Leben des Einzelnen geben. Er muss, um es mit meinem Kollegen Thomas Polednitschek zu formulieren, zum Experten seiner selbst werden.

Hier kann es allein darum gehen, das auf sich selbst gestellte Individuum in der Fähigkeit zu bestärken, ein eigenes Leben zu führen. Das geschieht, wie ich meine, durch ein Sichtbarmachen der grundlegenden Strukturen des In-der-Welt-Seins, die der Einzelne auf je unterschiedliche Weise wahrnehmen kann und muss. Dabei zeigt sich, dass individuelle Lebensführung in der Tat eine Art Hochseilakt ist, der sich über Untiefen hinweg ereignet. Wir müssen versuchen, dem scheinbar unentrinnbaren Gefängnis sozialer Konditionierung entgegenzutreten, ohne stattdessen in einem beklemmenden Spiegelkabinett einsamer egomanischer Selbstvernarrtheit zu landen. Ständig laufen wir dabei Gefahr, unser überfordertes und streunendes Selbst in die schützenden Arme einer esoterischen Antwortindustrie zu stürzen, die effektvolle Ersatzstoffe an die Stelle grundlegender Orientierung stellt.

Es wird deshalb darum gehen, den jeweils einzigartigen Zusammenhang von Selbstsein und sozialer Verflochtenheit transparenter werden zu lassen. Und es wird darum gehen, die Vielfalt möglicher Lebensformen, die aus den Entwicklungen der Moderne hervorgehen, nicht vergangenheitssüchtig zurückzudrängen, einzuebnen oder anzugleichen, sondern neue Formen des Miteinanders zu entwickeln. Ulrich Beck schreibt: »Ein Zusammenbinden hochindividualisierter Gesellschaften ist – wenn überhaupt – zum einen nur durch die Einsicht in genau diese Lage möglich; zum anderen, wenn es gelingt, die Menschen für die Herausforderungen zu mobilisieren und zu motivieren, die im Zentrum ihrer Lebensführung präsent sind (Arbeitslosigkeit, Naturzerstörung usw.).«

Nur philosophierend können wir auf das Spannungsfeld reagieren, das sich zwischen dem Kollektiv der anonymen Masse und dem Einzelnen, das heißt zwischen den unmerklichen Systemzwängen und den übersteigerten, oft illusorischen Ansprüchen auf individuelle Außerordentlichkeit aufgebaut hat. Indem es der philosophischen Selbstvergewisserung um den Einzelnen geht, zielt sie zugleich auf das Ganze, denn sie versucht an jenem Punkt anzusetzen, von dem allein, gemäß Buber, eine Veränderung ausgehen kann: »Der archimedische Punkt, von dem aus ich an meinem Orte die Welt bewegen kann, ist die Wandlung meiner selbst.«

Das zielt, folgt man dem Geist dieses Philosophen, keinesfalls auf eine neue Auflage moderner Ichbezogenheit, sondern auf ein gesteigertes Selbstverständnis meiner selbst vom anderen her. Wer mit Buber sagt: »Alles wirkliche Leben ist Begegnung«, der muss den Schutzgürtel ehrgeiziger Verblendungen abzulegen wissen und eine Reihe von Selbstrelativierungen vornehmen. Er kann sich nicht länger als leuchtendes Zentralgestirn begreifen und wird sich auch nicht enttäuscht fühlen, wenn andere ihn nicht planetengleich umkreisen. Vor allem wird es ihm darum gehen, die gängigen Standards der Selbstausbeutung, die Angleichung an bestehende Mobilitätsnormen, das psychologisch hochgerüstete Profil des eifrigen Vernetzers nicht unhinterfragt hinzunehmen.

Das uns umgebende Bauwerk gesellschaftlicher Institutionen ebenso wie die alles durchdringenden Rollenbilder und diversen Sinnwelten sind Produkte menschlicher Aktivität in Vergangenheit und Gegenwart. So zwingend und übermächtig vieles heute auch erscheinen mag, so oft Entscheidungsträger ihren Maßnahmen auch das vermeintliche Gütesiegel »alternativlos« aufzuprägen suchen: Der Mikrokosmos des Sozialen ist nicht außer- oder übermenschlich, sondern abhängig von unserem Wünschen und Wollen. Wird dies vertuscht oder geleugnet, wird eine Institution als naturgegeben, ein Rollenverhalten als unweigerlich angesehen, so erscheint uns selbst die soziale Welt als »nicht humanisierbare, starre Faktizität«. Die Soziologen Peter L. Berger und Thomas Luckmann nennen diese Verkehrung, in der Menschen nicht mehr »Hervorbringer einer Welt«, sondern nunmehr selbst »deren Hervorbringung« sind, »Verdinglichung«. Heute wie gestern hat Verdinglichung – also eine Form des Bewusstseins, die »Institutionen mit der Natur verschmelzen« lässt – eher trübe Konsequenzen wie z. B.: fraglose Anpassung an Vorgegebenes, beflissene Überidentifikation mit bestehenden Rollenmustern, deshalb oft Intoleranz und Angst vor Unvertrautem, aber auch Gefühle der Selbstentfremdung, Lähmungserscheinungen im Veränderungswillen und zuletzt manchmal sogar ein Schwinden von Mark und Mumm auf der ganzen Linie.

Philosophie setzt auf die Individualisierungs- und Trotzmacht des menschlichen Geistes, die Gleiches ungleich werden lässt, indem sie eine Praxis permanenter Distanzierung und Wiederaneignung des Selbst im Umgang mit Menschen und Dingen umreißt. Sich zu sich selbst ins Verhältnis zu setzen bedeutet, immer wieder Zwiesprache mit sich zu halten, gleichermaßen Betrachter und Schauplatz schwer durchsichtiger Wirkmechanismen zu sein. Wird die geistige Herausforderung zur Freiheit ergriffen, dann macht sich diese Haltung bemerkbar wie Sand im Getriebe einer Seelenmaschine, die wir immer auch sind. In jedem Fall gilt: Wir stellen das Denken nicht ungestraft ein, so wie wir auch der konfliktträchtigen Auseinandersetzung mit der Welt nicht ohne schwere Verluste ausweichen können. Freiheit wahrzunehmen ist somit im Wesentlichen ein denkerisches Unterfangen und als solches unbedingt zu rehabilitieren. In der Geistigkeit oder besser noch im gründlichen Nachdenken liegt für Hannah Arendt die Möglichkeit, bewusste und eigene Entscheidungen zu treffen: »Wenn man sich dafür entscheidet, so reagiert man nicht bloß auf irgendwelche Eigenschaften, die einem gegeben sind; man entscheidet sich bewusst zwischen den verschiedenen Verhaltensmöglichkeiten, die einem die Welt bietet. Aus solchen Entscheidungen erwächst schließlich das, was man Charakter oder Persönlichkeit nennt …«

Es ist mithin der Geist, das Denken in einem nichtspezialisierten Sinn, wodurch ein Mensch Identität und Kontinuität zu gewinnen vermag. Gegen die auch im ungefilterten Wissenschaftsglauben verankerte Macht der Gedankenlosigkeit muss sich richten, wer das menschliche »Antlitz« wahren und es nicht – um ein Bild von Michel Foucault zu verwenden – »wie am Meeresufer ein Gesicht im Sand« verschwinden sehen will. In diesem Sinn möchte ich im Folgenden das Wirken des Geistes etwas genauer bestimmen.

8. Selbstrelativierungen

Denn wie wir dieses Dasein des einzelnen als einen größeren und kleinern Raum denken, so zeigt sich, daß die meisten nur eine Ecke ihres Raumes kennen lernen, einen Fensterplatz, einen Streifen, auf dem sie auf und nieder gehen. So haben sie eine gewisse Sicherheit. (Rainer Maria Rilke)

Lehrreiche Wanderpfade

Während meiner Beschäftigung mit der Gehirnforschung machte ich beiläufig eine unspektakuläre Erfahrung, die mir die Übermacht des Gefühls eindrucksvoll vor Augen führte. Täglich legte ich am frühen Nachmittag eine Arbeitspause ein und fuhr in ein abgelegenes Waldstück, um auf sich schlängelnden Pfaden durchs Gebüsch zu stromern. Anfänglich befiel mich auf den einsamen Wegen ein heftiges Unbehagen und ich witterte an jeder Wegbiegung einen Aggressor, der mir im Verborgenen auflauert. Doch innerhalb weniger Tage veränderte sich mein Empfinden grundlegend. Vertraut mit jedem Baum und jedem Strauch schritt ich nun unbekümmert einher und erlebte den Wald als mich bergenden und sicheren Ort, an dem mir nichts mehr passieren konnte.

Als ich indes über meine veränderte Lage nachzudenken begann, als ich also meinen Verstand mit auf die Wanderung nahm, wurde mir klar, dass ich mich in sehr fadenscheiniger Sicherheit wähnte, denn genau besehen hatte sich mein Risiko erheblich erhöht, da man mich von zahllosen Häusern aus alltäglich in das Dickicht eintauchen sah. Einmal abgesehen davon, dass vermutlich nur brave Bürger am Waldrand wohnen, war meine Gefährdung in Anbetracht der Regelmäßigkeit meiner Spaziergänge also objektiv größer geworden. Mein ruhiges Heimatgefühl im Schutz des Waldesgrüns aber ließ sich durch solche nüchternen Einsichten nicht weiter irritieren. Vielmehr behielt das blinde, erfahrungsgeprägte Empfinden mit durchschlagender Macht die Zügel in der Hand. Diese konnten ihm nicht ohne Weiteres durch rationale Einsichten entrissen werden. Einzig durch die emotionalen Impulse furchterregender Fantasieszenarien ließ sich – wenn ich es darauf anlegte – meine Sorglosigkeit erschüttern. Schon in dieser kleinen Angelegenheit, in der es ausschließlich um meine persönliches Wohlergehen ging, hätte es mehr als bloße Vernunft gebraucht, um eine Selbstkorrektur vorzunehmen. Wie kompliziert musste es demnach sein, unsere Haltung zu beeinflussen, wenn es nicht einmal mehr um das eigene, sondern um das Wohlergehen anderer ginge? Moralisch oder altruistisch zu sein, ohne ein starkes gefühlsverankertes Motiv zu haben, erschien mir vor diesem Hintergrund ganz und gar unvorstellbar.

Philosophen, die unermüdlich auf die Notwendigkeit hinweisen, das eigene Leben selbstbestimmt und verantwortungsbewusst zu leben, müssen sich heute einigen Widerspruch gefallen lassen. Die Sozialwissenschaften zeigen ihnen, dass der Einzelne ausweglos im klebrigen Spinnengewebe des Sozialen verfangen ist. Jedes Ringen um Persönlichkeit erscheint nahezu aussichtslos in Anbetracht der vielfältigen Fesseln und gegenläufigen Rollenansprüche, denen wir heute mit Haut und Haar ausgeliefert sind. Meine bisherigen Überlegungen zur Modernität haben längst augenfällig gemacht, dass wir, um dem Magnetfeld gesellschaftlicher »Zwangsläufigkeiten« zu begegnen, aktuell in jedem Fall zwei bis drei Reflexionsgänge höherschalten müssen. Bezieht man aber die vollmundigen Reden einiger Gehirnforscher mit ein, so scheint unser Schicksal als determinierte »Maschinenmenschen« endgültig besiegelt.

Gerhard Roth, einer der renommiertesten Gehirnforscher, formuliert: »Das bewusste, denkende und wollende Ich ist nicht im moralischen Sinne verantwortlich für dasjenige, was das Gehirn tut, auch wenn dieses Gehirn ›perfiderweise‹ dem Ich die entsprechende Illusion verleiht. (...) Das Gefühl der persönlichen Schuld, das wir häufig empfinden, wenn wir etwas Unrechtes getan haben, resultiert aus der irrtümlichen Annahme, wir als bewusstes Ich hätten das Unrecht verursacht.« Wir sind es also nicht einmal dann gewesen, wenn wir uns, was ja ohnehin selten genug geschieht, für schuldig halten. Endlich sind wir erlöst von den Strapazen der Freiheit und können uns als Sklaven unserer Gehirnfeuerwerke entspannt dem Lauf der Dinge überantworten. Es wäre in der Tat müßig, nur noch eine einzige weitere Zeile über eine philosophische Selbstkultur zu schreiben, wenn all unser Denken und Tun der unbeeinflussbaren Eigendynamik eines Neuronencocktails im Oberstübchen entspränge. Wir könnten ab sofort auch alle wissenschaftlichen Debatten über die Willensfreiheit fahren lassen, wenn ohnehin feststünde, dass verborgene Gehirnströme längst über das Ja und Nein zu unseren kunstvoll geschmiedeten Argumentationsketten entschieden hätten. Auch die ehrenvollste Tat großmütiger Selbstüberwindung würde als Synapseneffekt ihren Heiligenschein einbüßen.

»Wenn Sie mich überzeugt haben, dann haben Sie sich widerlegt«, rief kürzlich ein Theologe seinem neurobiologischen Kontrahenten im Streitgespräch über die Willensfreiheit entgegen. Was er damit sagen wollte, war, wie ich glaube, etwa Folgendes: »Sie versuchen unablässig, mir, der ich von der Freiheit des Willens überzeugt bin, durch rationale Beweisführung einsichtig zu machen, dass es die Willensfreiheit nicht gibt. Sollte ich wirklich, wie Sie behaupten, durch mein Gehirn unwiderruflich vorprogrammiert sein, wären mir Ihre guten Argumente nicht zugänglich. Ich könnte mich auf der Basis von Gründen nicht umentscheiden. Überzeugen Sie mich aber, so habe ich mittels eines Vermögens, das Sie leugnen, nämlich mittels der Entscheidungsfreiheit, verstanden, dass es keine Entscheidungsfreiheit, gibt. Dies wäre absurd.« Wir sehen also: Dass Menschen auf Gründe vertrauend ihre inneren Einstellungen verändern, ist eine Gegebenheit des menschlichen Geistes, ohne die auch Gehirnforscher nicht auskommen können. Schon durch den simplen Tatbestand, dass es Gehirnforschung gibt, ist der Nachweis erbracht, dass der Mensch über ein Vermögen der Selbstdistanzierung verfügt, das ihn dazu befähigt, Einsichten über sich selbst zu gewinnen und, angeleitet durch diese Einsichten, neue Fragen zu stellen bzw. in die eigene Lebenswelt einzugreifen. Wie sollten sonst gesellschaftspolitische Forderungen Sinn machen, die sich an die Gehirnforschung knüpfen, wie z. B. der Vorschlag, angesichts neuer Erkenntnisse den Strafvollzug zu verändern?

Gehirnforschung kann die Willensfreiheit allenfalls relativieren, niemals ganz aufheben. Auch ohne Experte auf diesem Gebiet zu sein, kann man erkennen, dass es widersinnig ist, mit scharfkantigen Argumentationen gleichsam wahrheitsversessen die Möglichkeit von Wahrheit zu leugnen. Manche verspüren eine diabolische Freude, das vermessene Vernunftsubjekt der abendländischen Tradition von seinem Sockel herunterzuschubsen, um diesen dann behände selbst zu erklimmen. Auch Hirnforscher können nicht umhin, einen Raum der Kommunikation zu betreten, mit dem unweigerlich die Möglichkeit von Freiheit verbunden ist, weil es hier darauf ankommt, über Argumentation und Beispiel vom anderen zu lernen. Ich würde mich in unlösbare Widersprüche verwickeln, wollte ich behaupten, auf diese Weise, also durch Vernunftgründe, gelernt zu haben, dass Vernunftgründe keinen Einfluss auf mich haben.

Jede absolute Leugnung der Willensfreiheit ist absurd. Trotz des aufgezeigten Widersinns erfährt das deterministische Menschenbild derzeit Hochkonjunktur. Nach einem *Zeit*-Artikel von Thomas Assheuer gedeiht es besonders gut »auf dem Ackergrund einer globalisierten Gesellschaft«. Heute, da die Ideologie der Eigeninitiative und Kreativität allgegenwärtig sei, da sich nahezu jeder als durchsetzungsfähig, innovativ und multioptional erweisen müsse, treffe es den Nerv der Zeit, die menschliche Zurechnungsfähigkeit mit wissenschaftlichen Weihen aufkündigen zu dürfen, meint Assheuer. Denn mit unseren Unzulänglichkeiten, Fehltritten und Niederlagen lasse es sich weitaus besser leben, wenn wir davon ausgehen können, dass wir letztlich keine Verantwortung für unsere Taten tragen.

Wer so denkt, muss sich allerdings gefallen lassen, dass Hans-Ludwig Kröber als gefragter gerichtlicher Gutachter in der Einstufung von Schwerstverbrechern andere Rückschlüsse zieht. Obgleich er tagtäglich mit Menschen zu tun hat, die als erheblich milieugeschädigt anzusehen sind, ist Kröber ein vehementer Verteidiger der Willensfreiheit. Seine Klientel sind Menschen, die Unsägliches getan haben und die von der Gesellschaft nicht selten zu Monstern abgestempelt werden. In vielen Einzelfällen weist er minutiös nach, wie das Zusammenspiel verschiedener Sozialfaktoren aus einem hochbegabten Jungen unter den Augen von Lehrern und Sozialarbeitern einen Sexualstraftäter oder Mörder macht. Dennoch spricht er den meisten seiner Klienten Willensfreiheit zu und räumt ihnen Handlungsspielräume ein. Er betrachtet sie als mehr oder weniger schuldfähig, auch wenn es den manchmal selbstgerechten und sensationshungrigen Zuhörern seiner Gutachten im Gerichtssaal irgendwann dämmern muss, dass sie sich glücklich schätzen dürfen, von einem zerstörerischen Schicksal verschont geblieben zu sein. Als Vertreter der bürgerlichen Gesellschaft begreift sich Kröber dabei zugleich als Schutzinstanz für die Würde des Verbrechers. »Die bürgerliche Gesellschaft ehrt den Verurteilten durch die Strafe als einen der ihren«, sagt er. Dabei vertritt er die grundsätzliche Ansicht: »Ein Mensch muss bewirtschaften, was er mitbekommen hat, auch wenn es wenig ist oder schlecht.« Die Auffassung, dass gewisse frühkindliche soziale Erfahrungen die Gehirnprozesse, besonders die für moralische Entscheidungen unerlässliche Emotionalität, sehr oft bleibend und unwiderruflich schädigen, teilt er nicht. Bis auf sehr wenige Ausnahmefälle besitze auch der schlimmste Verbrecher Menschlichkeit in Form eines Bewusstseins von der Unrechtmäßigkeit der eigenen Tat. Obschon bestimmte Faktoren die Entstehung des »Bösen« zweifelsohne begünstigen, sei es falsch, einer naturgegebenen Programmierung zum Übeltäter das Wort zu reden. Kröber gelangt immer wieder an den Punkt, auch Schwerstverbrechern eine Entlassung in die Freiheit zuzutrauen, und zwar, wenn er bei ihnen die Bereitschaft wahrnimmt, Verantwortung für sich selbst zu übernehmen. Und es heißt – dies ist eine Tatsache, die das naturalistische Denken irritieren muss –, er habe sich noch niemals geirrt.

Auch der Bremer Gehirnexperte Roth warnt davor, die antisoziale Schwerverbrecherpersönlichkeit eindimensional auf genetische Defizite zurückzuführen. Frank Ochmann, der in seinem Buch *Die gefühlte Moral* wichtige naturwissenschaftliche Ergebnisse über die Entstehung von Gut und Böse zusammenträgt, bestätigt diese Sicht. Weitaus mehr als zunächst angenommen beeinflussen Umweltrisiken die Psyche des Menschen: »Einfache verhaltensgenetische Modelle, die bestimmte Erbanlagen und Antisoziales koppeln, sind vom Tisch. Es gibt keine ›Verbrechergene‹.«

Zellenschwärme und Neuronenspiegel

Es gilt, ein schwerwiegendes Missverständnis auszuräumen, welches im Alltagsdenken weite Teile der Diskussion um das Verhältnis von Gehirnprozessen und geistiger Erfahrung beherrscht. Die Tatsache, dass man heute in Entsprechung zu unseren Gedanken und Eigenschaften bestimmte Verschaltungsmuster der Gehirnzellen nachweisen kann, bedeutet nicht, dass unsere Bewusstseinsprozesse *nichts als* ein flüchtiger Neuronentrubel sind. Ebenso wenig wie der ästhetische Eindruck eines Gemäldes sich auf die Zusammensetzung der Pigmente und das Ineinandergreifen von Pinselstrichen reduzieren lässt, kann das geistige Leben auf die wechselnden Muster funkender und flimmernder Neuronen herabstuft werden, wenn auch diese Muster regelmäßig mit ihm verbunden sein mögen.

Ein und derselbe Vorgang hat gleichsam zwei unterschiedliche Arten des Seins, die gleichwertig nebeneinander stehen, sodass man auf keinen Fall sagen kann, unsere geistigen Prozesse seien *in Wirklichkeit* lediglich ein wechselhaftes Wetterleuchten von Neuronen. Wüssten wir nicht, was Hunger, Liebe oder Ärger ist, so kämen wir diesen Erfahrungen um keinen Deut näher, wenn uns die diesem Erleben korrespondierenden elektrischen Ströme durch bildgebende Verfahren als bunte Muster vorgeführt würden. Gerhard Roth sagt, dass man am Gehirn einer Person ablesen könne, ob und wie gut diese das Gesicht einer anderen kenne. Wird man aber auch ablesen können, ob dieses Gesicht uns an eine ferne Jugendliebe erinnert, an den Bruder unseres Zahnarztes oder gar an den Duft von frisch gebackenem Brot? Es ist durch die Gehirnforschung wenig darüber zu lernen, wie die mentalen Phänomene sich uns im inneren Erleben auf jeweils einzigartige Weise atmosphärisch erschließen. Sie kann uns aber offensichtlich durchaus dabei behilflich sein, genauer zu begreifen, aus welchen Komponenten sich unsere Erfahrungswelt zusammensetzt. Sie weiht uns in lichtlose Untiefen ein, die sich wie das Freudsche Unbewusste dem Zugriff wacher Selbstbeobachtung entziehen. Was die philosophische Tradition angeht, so bringt die Untersuchung unseres Gehirns vor allem solche Gedankenwelten ins Wanken, die dem Verstand eine vom Gefühl unabhängige Einflussmacht zuschreiben wollen.

Schon lange streitet man sich in der Philosophie um die Frage, ob für unser moralisches Engagement der Verstand oder das Gefühl maßgeblich sei. Auch wenn niemand so recht leugnen wollte, dass beides hierbei »irgendwie« eine Rolle spielen kann, war man doch stets unterschiedlicher Ansicht in der Frage der

Rangordnung dieser beiden Vermögen. Während zum Beispiel Immanuel Kant das überfließende Herz der Nächstenliebe als eine zweitklassige und zweifelhafte moralischer Motivation ansah, war nach Arthur Schopenhauer ohne das starke Gefühl des Mitleids in der Moral ganz und gar nichts zu machen. Schopenhauer hat es deshalb auch nicht unterlassen, Kant mit Nachdruck anzulasten, eine Moral ohne realitätstüchtige Triebfeder erfunden zu haben. Er nannte Kants Ethik einen lebensfremden »Kartenhäuserbau«, dessen »Wirkung daher dem Sturm der Leidenschaften gegenüber so viel sein würde wie die einer Klistierspritze bei einer Feuerbrunst«.

Dass alle unsere rationalen Prozesse auf einem Fundament von Gefühlen aufsitzen, die unmittelbar und schnell wirken, ist eine zentrale These des von Martin Hubert verfassten Bandes *Ist der Mensch noch frei? Wie die Hirnforschung unser Menschenbild verändert*, der die wichtigsten Ergebnisse der Gehirnforschung zusammenfasst. Unser Bewusstsein kann aber eine Distanzierung von den Gefühlen vornehmen und – auch wenn dies eine gewaltige Herausforderung und Anstrengung darstellt – meistens selbst »überbordende Emotionen« bewältigen. »So etwa haben wir uns das schon immer gedacht«, raunt der gesunde Menschenverstand. Dass es ausgeschlossen ist, in irgendeinem Moment unseres Lebens ohne Gefühl zu bestehen, lässt sich mit ein bisschen Spürsinn im Übrigen unschwer auch an den großen Meistern der Rationalität erkennen, selbst wenn sie ihre Leidenschaft schamhaft und kunstvoll mit ausgenüchterten Begriffen und spröden Wortketten verhüllten.

Bezogen auf die leitende Macht des Gefühls kommen folgende Aspekte zum Tragen: Empirische Untersuchungen zeigen uns, dass es so etwas wie moralische Überforderung gibt. Gehen wir, von hohen ethischen Idealen beflügelt, über unsere (nachweisbaren) spontanen, oft wenig moralischen Gefühlsimpulse hinweg, ja, streiten wir den maßgeblichen Einfluss solcher Impulse ab, so kann es passieren, dass uns unsere eigentlichen Triebkräfte oder mögliche Voreingenommenheiten dauerhaft verborgen bleiben. Ebenso kann die Missachtung der Gefühlsebene dazu führen, dass wir im Blick auf das Wohlergehen einer ganzen Gesellschaft für ein Ausmaß an Selbstlosigkeit plädieren, das jeder realistischen Gefühlsgrundlage entbehrt. Kurzum: Die Beteiligung des Gefühls bei all unseren Entscheidungen gemahnt uns zu Vorsicht und unablässiger Selbstreflexion.

Affektiv sind wir spontan eher auf den Nahbereich und das Vertraute eingestimmt, denn nur hier erfahren wir jene unverzichtbaren Belohnungen, die für die Entstehung und Verinnerlichung altruistischer Verhaltensweisen notwendig sind. Nach Hubert gilt: »Die Entwicklung eines eigenen, autonomen Willens ist immer schon auf die soziale Anerkennung durch andere angewiesen.« Das heißt auch: Nur über komplizierte und langwierige Entwicklungsprozesse im Austausch mit anderen können wir allmählich eine Haltung der Freiheit gegenüber egoistischen Impulsen und spezifischen Vorprägungen erlangen. Nur so gewinnen wir fernerhin die Fähigkeit, den empathischen Aktionsradius über unseren Nahbereich hinaus zu erweitern. Wer hierbei das Ineinandergreifen rationaler und emotionaler Vollzüge nicht angemessen berücksichtigt, wird weder bei sich selbst noch bei anderen in der Gründung und Weiterentwicklung sozialer Zugewandtheit erfolgreich sein. Um uns selbst und anderen gegenüber eine realistische Sicht zu gewinnen, dürfen wir uns deshalb keine Illusionen darüber machen, wie emotional durchschlagend letztlich der Input nicht nur des jeweils persönlichen, sondern auch des kulturellen Umfeldes ist.

Die Gehirnforschung lehrt uns zudem: Unser aller Gehirn besitzt bestimmte Grundanlagen, die es uns möglich machen, eine Brücke zum anderen Menschen zu schlagen. Mit den sogenannten Spiegelneuronen, die zurzeit einen ganzen Forschungsbereich beschäftigen, hat man die neuronale Basis für unser soziales und moralisches Verstehen gefunden. Offensichtlich sind wir mit einer grundsätzlichen Fähigkeit ausgerüstet, uns im anderen wiederzufinden. Weil wir, geleitet von diesem angeborenen Wissenssystem, davon ausgehen, dass andere uns im Prinzip gleich sind, vermögen wir uns im sozialen Miteinander zu orientieren, unser Verhalten abzustimmen und zu planen. Auch hier zeigen entsprechende Untersuchungen, dass wir im Zusammenleben mit anderen deutliche Unterschiede machen. Besonders empfänglich sind wir normalerweise für die emotionalen Regungen uns Nahestehender. Dabei lässt sich außerdem nachweisen, dass es uns guttut, wenn wir uns als wohltätig erleben.

Entscheidend für die Aussichten eines selbstbestimmten Lebens ist nun die Frage, in welcher Weise die Ergebnisse der Gehirnforschung mit diesem Wunschziel vereinbar sind. Gibt es für das menschliche Vermögen der Selbstdistanzierung, des reflektierten Umgangs mit uns selbst eine neuronale Basis? Anders gefragt: Wenn wir den Eindruck haben, uns frei entscheiden zu können, sind wir dann tatsächlich frei oder sitzen wir einer Illusion auf? Mit der Diskussion dieser Frage werden heute Bibliotheken gefüllt, sodass es vermessen wäre, in wenigen Zeilen einen adäquaten Einblick in diese Forschungsabteilung bieten zu wollen. Ich kann deshalb nur eine sehr summarische Antwort geben.

Der Mensch ist ein bewusstseinsfähiges Wesen. Es leuchtet ein, dass wir nur das wirklich in unserer Gewalt haben können, was wir bei klarem Bewusstsein erfassen. Nun lässt die Gehirnforschung keinen Zweifel daran, dass unbewusste Abläufe einen maßgeblichen Einfluss auf uns haben. Hubert gelangt zu der nüchternen Feststellung: »Wir verhalten uns wie Untote, die ohne lebendigen, bewussten Geist mechanisch unser Dasein bewältigen. Schätzungen besagen, dass 95 Prozent des neuronalen Geschehens auf diese Weise unbewusst ablaufen, nur lächerliche 5 Prozent der Hirntätigkeit kommen uns also zu Bewusstsein.« Wir wissen, dass viele Dinge wie zum Beispiel Fahrrad fahren oder Kartoffeln schälen, die wir als Erwachsene ohne Nachdenken vollbringen, uns als Kind einmal höchste Anstrengungen abverlangt haben. Viele Vorgänge haben wir irgendwann automatisiert, wir bewältigen sie, ohne unser Bewusstsein einschalten zu müssen.

Experimente zeigen uns außerdem, dass wir viel mehr von der Welt registrieren und in unsere zukünftigen Handlungen einfließen lassen, als uns zu Bewusstsein kommt. Wir besitzen so etwas wie ein implizites Gedächtnis, das die Erfahrungen speichert, die wir im Umgang mit der Welt gewonnen haben. Einem Kind schreiben sich schon früh Erfahrungen ein, die es später kaum mehr als klares Wissen abrufen kann. Blicke, Gesten, Berührungen, lebendige Ansprache und einfühlende Reaktion sind im Wechselspiel mit einem Säugling und Kleinkind von unschätzbarer Bedeutung. Es bildet sich auf diese Weise eine »Grundstimmung« seiner Seele, die nachhaltig in alle weiteren Lebenserfahrungen und -einstellungen hineinreicht, auch wenn man sich später absolut nicht mehr daran erinnern kann.

Vor allem durch negative Erfahrungen ist der bewusste Abruf häufig blockiert. Wir können deshalb durch schwerwiegende tragische Ereignisse von einem wichtigen und für unser Erleben maßgeblichen Teil unseres Selbst abgetrennt werden. Da diese Verdrängungen mit biochemischen Stoffwechselprozessen verknüpft sind, bedarf es eines »emotionalen Aufruhrs«, »der auf biochemischem Weg dazu führt, dass die verfestigten emotionalen Strukturen neuronal gelockert werden« (Hubert). Aber auch durch spätere positive Erfahrungen können neue Nervenverbindungen angelegt und kann ein neues Gleichgewicht hergestellt werden. Ebenso kann bewusstes und gezieltes Nachdenken Einfluss auf unsere unbewussten neuronalen Gegebenheiten nehmen. Hubert stellt fest: »Wenn wir bewusst reflektieren, so hat das zur Folge, dass wir aktive Erfahrungen mit dem machen, was ansonsten ›nicht bewusst‹ in den Hirnverschaltungen sitzt.«

Man kann also festhalten: Die neuronalen Voraussetzungen unseres Gehirns, das Ineinandergreifen von Unbewusstem und Bewusstem erlaubt den Aufbau einer Praxis der korrigierenden Selbstbezüglichkeit. Wir können dieses Vermögen in uns trainieren, es durch Fantasie, absichtvolles Durchdenken, gezieltes Selbstexperiment und wache Selbstbeobachtung ausbauen und erweitern. Tun wir dies, so aktivieren wir ein neuronales Verschaltungsmuster, das unsere Hirnstrukturen gewissermaßen lockert und flexibler macht. Der Raum der Freiheit vergrößert sich. Willensfreiheit ist, so Hubert, »eine psycho-soziale Praxis, die sich neuronal etabliert hat«. Kurz gesagt: Wir sind nicht von vorneherein im Besitz eines freien Willens, aber wir haben die neuronale Veranlagung dazu, eine Lebensform der praktischen Willensbildung zu kultivieren, in der sich ein Stück Freiheit vollzieht. Dies können wir natürlich schneller und dauerhafter in einem Umfeld erlernen, das uns darin unterstützt und stimuliert. »Je stärker ein Kind gefördert wird, über sich selbst nachzudenken, Alternativen durchzuspielen und gemäß seinen eigenen Absichten zu handeln, desto stärker werden seine Hirnzentren trainiert, die mit Willensbildung und Willensstärke zu tun haben«, so Hubert.

Fazit: Eine Grundanlage zur Freiheit des Willens ist bereits mit der Bewusstseinsfähigkeit des Menschen verknüpft. Dieses Potenzial zur Willensfreiheit kann aber nur durch eine gesellschaftlich vermittelte Freiheitspraxis aktiviert und realisiert werden. In Folge dieser Praxis entwickeln wir beweglichere Verschaltungsmuster in unseren Hirnströmen. Ähnlich wie ein gezieltes Training uns den Bizeps zum Heben schwerer Lasten verschafft, verhilft uns das nachhaltige Üben der Freiheit zu einem »Gehirnmuskel«, der es uns fortan erleichtert, selbstbestimmter zu leben. Willensfreiheit ist, wie wir sehen, demzufolge bedingt, denn wir können es darin unabhängig vom sozialen Umfeld unserer Kindheit nur schwerlich zu etwas bringen. Im Extremfall kann jemand völlig festgefahren sein.

Wir müssen aber auch erkennen: Es existiert ein unbewusster Teil unseres Ichs, der uns nicht unmittelbar spürbar wird. »*Wir sind uns selber undurchdringlich.* Das Ich kann sich nicht oder nicht gründlich (d. h. auf den Grund) durchschauen«, heißt es bei Roth. In Anlehnung an die Bindungsforschung von René Spitz und Mary Ainsworth lenkt auch Roth in diesem Zusammenhang unsere Aufmerksamkeit auf die maßgeblichen Einflüsse vorgeburtlicher und frühkindlicher Prägung. Lange bevor wir bewusstseinsfähig sind, werden unsere Grundweisen der Interaktion angelegt und unsere Fähigkeit zur Selbstregulierung gefördert oder gehemmt. Später greifen wir reflexartig auf diese gewohnten Muster zurück und können nur mit größten Schwierigkeiten eingespielte Konditionierungen durchbrechen – vorausgesetzt, wir gewinnen überhaupt ein Bewusstsein von ihnen. Dies ist eine missliche Lage, die dazu verleiten könnte, alle Gedanken an eine ernsthafte persönliche Schuld endgültig ad acta zu legen. Wir könnten sagen: Unser biestiger Wille ist das Werk der anderen und entzieht sich unserer Einflussmacht. Doch was dabei von den Verneinern der Willensfreiheit vergessen wird, ist, dass nur in seltenen Ausnahmefällen die frühen Lebensumstände so extrem einengend sind, dass Freiheit als die Fähigkeit, sich selbst im Interesse anderer zu regulieren, total auf der Strecke bleibt. Mögen auch zweifelsohne die Spielräume individuell variieren, die meisten Menschen besitzen dieses Potenzial der Selbstregulierung und nutzen bzw. trainieren es mehr oder weniger. Nicht wenige lassen es allerdings fahrlässig brachliegen und narkotisieren eine durchaus vitale Gewissensinstanz. Genau auf diese Fälle richtet sich alle moralische Empörung.

Wir können also ermessen, wie wichtig gerade die Erfahrungen der ersten Lebensjahre sind. In gewisser Weise werden hier die Weichen für das Ausmaß späterer Belehrbarkeit oder Unbelehrbarkeit gestellt. Roth schreibt: »Diese prägenden Einflüsse der ersten Lebensjahre machen rund 30 Prozent unserer Persönlichkeit aus.« Ob die restlichen 70 oder auch nur 50 Prozent nicht doch dazu ermutigen sollten, die pädagogische Arbeit, die Roth von einem unstatthaften »allgemeinen Erziehungsoptimismus« beherrscht sieht, weiterhin ernst zu nehmen, sei dahingestellt.

In Bezug auf die Intelligenz zeigt sich jedenfalls ein erstaunliches und anspornendes Phänomen: Experimente mit eineiigen Zwillingen, die unter unterschiedlichen Bedingungen aufwuchsen, lassen erkennen, dass Intelligenz hochgradig angeboren ist. Trotz dieser Tatsache ergeben sich aus dem geringen Spielraum, der für Intelligenzförderung verbleibt, dennoch »*deutlich wahrnehmbare* Unterschiede in der Intelligenz«. Wird nämlich, so Roth, ein Mensch mit einer Anlage zu einem durchschnittlichen IQ von 100 nur minimal gefördert, erreicht er lediglich einen IQ von 90, »bei dem ein Mensch schon etwas dümmlich wirkt«. Würde dieselbe Person hingegen optimal gefördert, könnte sie einen IQ von 110 erreichen, »der etwa dem Durchschnitt der deutschen Abiturienten entspricht«. Obschon Gerhard Roth das abendländische Vernunftsubjekt in seinem Freiheitstaumel zu zügeln sucht, eröffnet sein Buch *Persönlichkeit, Entscheidung und Verhalten* durchaus zahllose Perspektiven für eine überlegte und gezielte Selbstkorrektur bzw. für ein erfolgreiches Einwirken auf andere Menschen. Systematisch leitet er darin seinen Leser z. B. an, problematische »Bauchentscheidungen« einzudämmen und eine gute Entscheidungsstrategie in wichtigen Lebenslagen zu entwickeln.

Wir verfügen durchaus über Optionsspielräume, auch wenn wir oft aus Angst oder Bequemlichkeit unsere Geschicklichkeit ausbauen, jeden Skrupel zu verdrängen oder ruhigzustellen. Viel weniger, als uns möglich wäre, denken wir uns an die Stelle anderer und blockieren auf diese Weise eine empathische Sensibilität, die uns durchaus möglich wäre. Unser unmoralisches Verhalten wurzelt dann nicht im Abgrund einer asozialen Persönlichkeit, sondern ergibt sich infolge einer gedankenlosen Leichtigkeit, aus der man, wenn man Glück hat, irgendwann mit blutiger Nase erwacht. Festzuhalten ist: Die Gehirnforschung räumt zwar endgültig mit übertriebener Selbstherrlichkeit und bestimmten hochfliegenden Vorstellungen einer vernunftgelenkten moralischen Freiheit auf, kann uns aber keinesfalls von der Freiheit selbst befreien. Oft genug zeigt sich, dass wir so frei sind, uns der (moralischen) Freiheit zielstrebig zu entziehen und jede Menge gute Gründe für unsere Fahnenflucht ins Feld zu führen. Es gibt indes kein besseres Indiz für Freiheit als die Rechtfertigung ihrer Ausschaltung.

Eine sanft machende Erschütterung

Noch weit hinaus über das wenige, das ich in diesem Zusammenhang referieren konnte, lernen wir mittels der Hirnforschung unsere menschliche Natur besser kennen. Neben den unzähligen Einzelheiten, über die wir hierbei in Kenntnis gesetzt werden, erfahren wir etwas Wesentliches und Grundsätzliches. Darauf kommt es mir an dieser Stelle vor allem an: Wir lernen, dass wir Teil der Natur sind und dies auch mit all unseren erhabenen Bewusstseinseigenschaften bleiben. Nicht allein, dass wir genetisch nur einen geringfügigen Vorsprung gegenüber unseren unmittelbaren tierischen Vorfahren aufweisen können, wir sind auch Abhängige unserer individuellen Veranlagung und unserer persönlichen Geschichte. Selbst der Stolz unserer Freiheit liegt nur bedingt in unserer Hand. Gehen wir nicht mit äußerster Vorsicht und Wachsamkeit ans Werk, laufen wir Gefahr, zu Leibeigenen unserer Vorprägungen zu werden. Diese Gefahr ist heute besonders groß, denn wie ich gezeigt habe, gerät vieles von dem, was wir inzwischen als Freiheit etikettieren, unter den Verdacht, nur eine schöne Attrappe zu sein. Es kann sogar sein, dass wir inzwischen so wenig Übung darin besitzen, ein selbstbestimmtes Leben zu führen, dass der »Freiheitsmuskel« unseres zerebralen Zellenhimmels zu verkümmern droht und wir deshalb sogar manchmal schon zu schlechten Trainern unserer Kinder geworden sind.

Die Beschäftigung mit uns selbst als biologischen Geistwesen hat also einen zweifachen Effekt: Einmal kann sie uns angesichts der Beschränktheit unserer Möglichkeiten bescheidener und vielleicht auch ein wenig sanftmütiger machen. Andererseits fordert sie uns zu einer erneuten Anstrengung heraus, wenn wir danach streben, wir selbst und nicht nur ein Abklatsch des Zeitgeistes zu sein. Sanftmut kann deshalb nicht bedeuten, uns der Macht niederschmetternder Faktoren zu beugen. Sie realisiert sich vielmehr darin, gegenläufige Impulse in unserem Inneren zu integrieren. Das meint: Nach Autonomie strebend verstehen wir zugleich, dass die Angewiesenheit auf andere unaufhebbar zu uns gehört. Wenn wir berücksichtigen, dass jeder andere wie wir selbst seine kindlichen und kulturellen Prägungen im Rucksack trägt, könnte daraus außerdem ein Impuls zu mehr Nachsicht und Aufmerksamkeit hervorgehen. Wir müssen bedenken: Der vermeintlich absolute Standpunkt, von dem aus wir »ich« sagen, ist immer ein relativer, denn er ist aus Beziehung hervorgegangen und fließt in Beziehung ein.

Insofern die Resultate der Gehirnforschung uns einen besonneneren Umgang mit uns selbst und Nachsicht mit anderen nahelegen, bringen sie eine sanft machende Erschütterung. Doch es gilt zu verhindern, dass die begrüßenswerte Strömung der Selbstbescheidung zu einem reißenden Strudel wird, in dem das autonome Ich sich zu Tode stürzt. Vor allem gilt es zu vermeiden, dass die Hirnforschung eine für die Moderne typische Zweiteilung der Menschheit in Experten und Wissenschaftshörige weiter verstärkt und auf eine qualitativ neue Stufe hebt.

Schon heute zeichnen sich solche Trends ab: Auf der Basis immer differenzierterer Kenntnisse über die Funktionsweisen des Gehirns und der Psyche geben Spezialisten in zunehmendem Maß auch soziale Zwecke vor, wobei der Anschein wissenschaftlich fundierter Unausweichlichkeit erweckt wird. Demgegenüber zeichnet sich auf der Seite der breiten Masse mehr und mehr eine Haltung ehrfürchtiger Ergebenheit ab, die viele dazu veranlasst, auch ihre höchstpersönlichen Lebensfragen und -probleme gleichsam von außen mit den Augen der Spezialisten zu betrachten. Man delegiert die Gestaltung der eigenen Biografie an den Fachmann oder besser noch: Man macht sich zum Behandlungsobjekt seines eigenen, allein durch Fachlektüre oder Ratgeber gelenkten Wollens. Es liegt auf der Hand, dass die Mär vom Untergang des freien Willens hierzu die Bereitschaft erhöht.

Auch die Gehirnforschung lässt unbenommen: Gegenüber anderen Lebewesen zeichnet sich der Mensch durch die besondere Struktur des Selbstbewusstseins aus. Damit ist gemeint, dass er nicht nur der Mittelpunkt seiner Tätigkeiten, Gefühle und Wünsche ist, sondern dass er auch darum weiß, dass dies seine *eigenen* Impulse sind. Diese Rückbezogenheit auf uns selbst bringen wir durch die Verwendung des Personalpronomens »ich« zum Ausdruck. Sagen wir »ich«, so geben wir uns als »Urheber« einer Handlung oder eines Gedankens zu erkennen. Die Verwendung dieser drei Buchstaben verweist auf Unmittelbarkeit, sagt, dass wir das Geäußerte gewissermaßen von innen her ausfüllen. Bestimmte Dinge lassen sich deshalb genau genommen nur in der Ichform sagen. So ist es ist schlechterdings unmöglich, über einen anderen zu sagen, »er verspricht es«, wenn derjenige nicht zuvor den Satz »ich verspreche es« formuliert hat.

Wir wissen alle, dass eine fragwürdige Verwendung von »ich« heute an der Tagesordnung ist. Wie oft verwenden wir dieses Wort mit Unbedacht, wenn wir eigentlich sagen müssten: Ich spreche im Namen der Wissenschaft, der Konvention, der Vorgesetzten, der gängigen Meinungsmode usw.? »Ich« sagt sich so leicht dahin, dass wir alle schon oft zu Ich-Hochstaplern und Ich-Schwindlern geworden sind. Die übereifrige Hereinnahme der großen weiten Welt in das Ich hat einen Doppeleffekt: Der Standort des Ichs verschmilzt mit der Außenperspektive. Wir betrachten uns wie einen fremden Gegenstand mit der Begriffsbrille der anderen. Damit retten wir uns vor der Einsamkeit, die uns erfassen könnte, wenn wir wirklich »ich« sagen würden. Dann müssten wir nämlich einsehen, dass wir allen Verschmelzungswünschen zum Trotz wie jeder andere Mensch in einer unaufhebbaren Selbstzentriertheit befangen sind. Wahrscheinlich tun wir dies, um uns unserer Kleinheit, Bedeutungslosigkeit und Ohnmacht unter Milliarden von Ich-Sagern nicht bewusst werden zu müssen.

Reduziert sich aber das »echte« Ich, also das Ich, das wir von innen her ausfüllen, auf den Wunsch danach, nicht einsam und nicht klein zu sein, so geraten wir in ein gefährliches Fahrwasser. Wir spüren dann durchaus, dass wir nur einen Teil unserer Geschäfte erledigen, und erleben die nur meinungsmäßige Verbundenheit mit anderen als einen faulen Ersatz für das, was wir tatsächlich suchen: echte Begegnung und Sinnorientierung. Meistens wissen wir sehr gut, ob wir über das, was wir denken, wirklich nachgedacht haben und ob wir das, was wir tun, wirklich geprüft haben. Unser unverwüstliches besseres Ich lässt uns den Betrug am Selbst auf Dauer nicht durchgehen – es sei denn, wir schaffen es, uns durch Zerstreuung und Ablenkung zu betäuben. Doch auch dieser Trost kann nicht von Bestand sein, da wir, um uns in der Welt zu behaupten, unser Leben planen und uns selbst Zwecke setzen müssen. Bei der Auswahl passender Zielmarken aber kann es unserer Aufmerksamkeit schwerlich vollständig entgehen, wenn wir auf der Flucht vor der uns »qua unsere Natur« auferlegten Ich-Verantwortung sind.

Wie aber können wir ein solches Ich werden? Wie können wir es lernen, es mit uns selbst auszuhalten und dabei gut zu leben? Wie können wir uns in einer Welt bewegen, die uns zwar nicht mehr so oft an strenge Regeln und Vorschriften kettet, die dafür aber, wo wir gehen und stehen, mit unsichtbaren Fangarmen nach uns greift?

9. Ich, du, ihr, man und die übrigen anderen

Jeder von uns steckt in einem Panzer, den wir bald vor Gewöhnung nicht mehr spüren. Nur Augenblicke gibt es, die ihn durchdringen und die Seele zur Empfänglichkeit aufrühren. (Martin Buber)

Durch Vereinzelung aneinander gebunden

Der Philosoph Ernst Tugendhat beleuchtet in seinem Buch *Egozentrizität und Mystik* sehr genau die Grundsituation des Menschen als Ich-Sager. Zugleich zeigt er uns, dass wir, um unser Leben gut bewältigen zu können, in unserer Egozentrik zurücktreten müssen. Der Begriff Egozentrik, so wie Tugendhat ihn verwendet, ist aber nicht gleichzusetzen mit einer egoistischen Haltung. Vielmehr bezeichnet Egozentrik oder Egozentrizität bei ihm eine mit dem menschlichen Bewusstsein unabweislich verknüpfte, das heißt prinzipiell nicht aufkündbare Ichbezogenheit.

Auch dann, wenn ich unegoistisch handle, mich z. B. selbstlos für andere aufopfere, bleibt diese Ichperspektive bestehen, insofern ich diejenige bin, die sich für eine altruistische Haltung entschieden hat. Die Berücksichtigung der Interessen anderer ist dann Teil meiner Interessen geworden. Ich bin *in* meiner Egozentrizität zurückgetreten, nicht *von* ihr. Zurücktretend weite ich gleichsam den Kreis der für mich bedeutsamen Dinge auf das Wohl anderer aus. Ich erkenne auch, dass ich mein Leben nur dann in befriedigender Weise einrichten kann, wenn ich von meinen unmittelbaren, rein ichbezogenen Wünschen und Impulsen Abstand nehme. Denn hielte ich es anders und bliebe ich auf das Jetzt und Sofort meiner spontanen Notwendigkeiten, Interessen und Begierden fixiert, so verlöre ich mich an eine unergründete Welt. Augenblickbezogen handelnd könnte ich mir kein genaueres Bild der Sachlage machen, um meine Kenntnisse zu vertiefen und meinen Horizont zu erweitern. Ich würde mich gewissermaßen in einer Aneinanderreihung von Momentaufnahmen nicht mehr wiederfinden. Wer so vorgeht, verbaut sich die Chance, in zunehmender Vertrautheit mit den Gegebenheiten Weitblick und Orientierung zu finden. Er mag dann zwar sehr wohl inmitten seiner rastlosen Geschäfte funktionieren, möglicherweise gelänge es ihm sogar, schnell und gekonnt endlose Datenströme zu verwalten. Dennoch bliebe er ein *homo clausus*, dem es im Räderwerk einer mechanisierten Gesellschaft nicht gelingen wollte, einen lebendigen Welt- und Selbstbezug aufzubauen. Um mehr von dieser Welt zu verstehen, brauchen wir zeitweiligen Stillstand, schweigende Betrachtung, Muße und Mut zu sorgfältiger Untersuchung.

Obschon, wie Tugendhat schreibt, eine Mäßigung des Egoismus für Ich-Sager letztlich überlebensnotwendig ist, sind wir nicht ohne Weiteres dazu in der Lage. Auch seine Ausführungen legen den Rückschluss nahe, dass jemand durch sein Umfeld mehr oder weniger gut gerüstet sein kann, von unmittelbaren Wünschen und Bedürfnissen Abstand zu nehmen, um sie einer achtsamen und umsichtigen Prüfung zu unterziehen. Er betont in diesem Zusammenhang, »daß Kinder, noch ehe sie ›ich‹ sagen können, erfahren müssen, daß sie von anderen wichtig genommen werden, vielleicht weil es für sie sonst zu schwer wäre, die Belastungen und die Verwundbarkeiten, die die Egozentrizität mit sich bringt, auf sich zu nehmen«. Wesentlich ist: Diese Fürsorge müssen Kinder nämlich nicht nur erfahren haben, um die Lebensinteressen anderer ernst zu nehmen, sondern ebenso, um für sich selbst über den Augenblick hinausdenken zu können, das heißt, um bereit zu sein, im Interesse ihrer eigenen Zukunft Entbehrungen und Anstrengungen in der Gegenwart auf sich zu nehmen. Anders gesagt: Damit wir uns selbst wichtig nehmen können, müssen wir eine Liebe vernommen haben, die uns mitteilt: »Du bist wichtig.« Solche Anerkennung, die uns in den ersten Lebensjahren zuteilwerden sollte, umkleidet uns gewissermaßen mit einem beständigen Schutzgürtel: »Man verarbeitet also das Anerkanntwerden zu einem Gefühl, anerkennenswert zu sein«, schreibt Tugendhat und fügt hinzu, dass die Position des Ich-Sagers dennoch prekär und zerbrechlich bleibt. Zeitlebens will dieser seine Wichtigkeit und Liebenswürdigkeit bestätigt wissen. Weil er auf Aufmerksamkeit, Bestätigung und Wertschätzung nicht verzichten kann, versucht er seine Sache, welche auch immer es sei, gut zu machen, um auch fortan den Beifall der anderen zu erlangen.

Anders als das Tier ist der Mensch nicht instinkthaft auf eher »egoistische« oder eher »altruistische« Verhaltensmuster festgelegt. Er muss sich seine Lebenszwecke selbst setzen und sich entsprechend entscheiden, wie viel Selbstlosigkeit er in sein Leben einlässt. Dort, wo unser Wohl vom Wohl anderer abhängt, ist es nach Tugendhat auf Dauer unumgänglich, unseren Egoismus zu dämpfen. In einem solchen Fall bleiben wir aber letztlich bei uns, das Wohl anderer kümmert uns nicht wirklich. Doch jeder weiß, dass es auch anders aussehen kann – dann nämlich, wenn wir in warmer Anteilnahme das Wohlergehen einiger Mitmenschen zum Mittelpunkt unserer Bemühungen machen. Nur diese Haltung bezeichnen wir genau genommen als altruistisch, gleichwohl sie in der Praxis oft schwer von einer bloßen Taktik der Nächstenliebe zu unterscheiden ist.

Schon oft wurde erwähnt, wie wichtig die frühkindliche Anerkennung und Geborgenheit bei der Ausbildung unserer Mitmenschlichkeit ist. Ich nehme den mich formenden anderen unbewusst in mein Selbst auf. Das heißt auch: Ich bin jenseits einer freiwilligen Entscheidung mit ihm verbunden. Oder anders gesagt: Ich folge lebenslang Voraussetzungen in mir, die vom anderen her kommen. Dabei unterliege ich in einer Weise fremder Prägung, die mir keinesfalls vollständig durchsichtig werden kann. Ich bin, wenn man so will, immer schon, lange vor aller Freiwilligkeit, dem anderen ausgeliefert – ich bin die anderen.

Durchlebe ich in der Kindheit traumatische Erfahrungen, so gibt es ein Gebiet in meinem Dasein, das radikal ungewollt ist. Wer sich diesen Zusammenhang bewusst macht, erkennt ganz deutlich, wie sehr unser Leben unter dem Zeichen der Verletzlichkeit steht.

Wir können mit diesen frühen negativen Erfahrungen wie auch mit späteren Blessuren auf sehr unterschiedliche Weise umgehen. Eine häufige Reaktion auf erlittene Gewalt ist, Menschen als grundsätzlich asozial anzusehen, mit Abwehr, Kontrolle und Gegengewalt zu reagieren oder nach der starken Hand des Gesetzes zu rufen.

Die Philosophin Judith Butler will uns in ihrer *Kritik der ethischen Gewalt* verdeutlichen, dass wir an dieser Stelle auch einen anderen Weg einschlagen könnten. Eingedenk der unentrinnbaren Verletzlichkeit unserer Existenz könnten wir, so meint sie, ebenso eine neue Kraft der Verantwortlichkeit gewinnen. »Vielleicht liegt unsere Chance, menschlich zu werden, gerade in der Art und Weise, wie wir auf Verletzungen reagieren«, schreibt sie. Butler führt uns vor Augen, dass wir die Entfaltung zwischenmenschlicher (ethischer) Aufmerksamkeit verhindern, wenn wir auf Verwundungen und Schädigungen ausschließlich in der Form antworten, dass wir unsere Rechte geltend machen.

Würden wir unsere wechselseitige Verletzbarkeit als Grundgegebenheit der menschlichen Existenz wirklich ernst nehmen, sähen wir uns aufgerufen, aktiv Verantwortung füreinander zu übernehmen und der Abkapselung entgegenzuwirken. Auch dann müssten wir auf moralische Normen zurückgreifen, würden uns aber nicht mehr hinter ihnen verschanzen. Wir wären eher bereit, die Autorität, mit der wir die Norm durchsetzen, immer auch infrage zu stellen. Man kann auch sagen: Um menschlich im Umgang mit anderen zu werden, muss man sich Fehlbarkeit zutrauen.

»Man muss nicht souverän sein, um moralisch zu handeln, vielmehr muss man seine Souveränität einbüßen, um menschlich zu werden«, sagt Butler.

Intellektuelle Redlichkeit

Aus persönlicher Verletzung oder entbehrter Anerkennung ethische Verantwortung abzuleiten, wie Butler es vorschlägt, ist einzig als Ergebnis tieferen Nachdenkens vorstellbar. Wir erkennen dann, dass unser Schmerz nicht nur ein persönliches Unglück ist, das allein uns erfasst, sondern dass sich darin eine grundlegende Zerbrechlichkeit des menschlichen Lebens zeigt. Die Grenze, die wir hart spüren, ist also nicht bloß ein individuelles Schicksal, sondern betrifft alle Glieder der menschlichen Gemeinschaft. Es kann uns weiterhelfen, dies nachdenkend zu erkennen.

Ohne das Dazwischentreten solcher Überlegungen beantwortet die Seele ihre Defizite meistens mit gesteigerter Rastlosigkeit und einer beschleunigten Jagd nach Anerkennung und Zuwendung. Ein solcher Reflex schlägt uns erneut auf bedenkliche Weise in den Bann der anderen. Wir fixieren uns dann in unseren Handlungen auf die Reaktionen der Mitmenschen, allein auf ihr Werturteil kommt es uns an. Wir versuchen angstvoll ihrer Geringschätzung zu entgehen und lauern begierig auf ihren Beifall bis hin zum Verlust der Selbstachtung. Damit aber geben wir dem Wirkenwollen oder modern ausgedrückt dem Image Vorrang gegenüber dem, was wir tatsächlich sind. Mit Tugendhaft gesprochen setzen wir alles daran, von anderen »geliebt zu werden« und zerbrechen uns nicht weiter den Kopf darüber, was uns »liebenswert« macht.

In der Sucht nach Bestätigung prüfen wir uns selbst nicht mehr, sondern unterwerfen uns blind dem Urteil der anderen. Zugleich wissen wir aber, dass dieses Urteil nur eine Meinung ist; eine Meinung, die wenig fundiert, wankelmütig und oberflächlich sein mag. Tugendhat schreibt: »Da das Anerkennen ein Für-gut-Halten ist, ist in ihm selbst die Differenz zwischen Meinung und Sein impliziert: der Anerkennende meint, daß, was er anerkennt, gut ist, er meint also, daß es anerkennenswert (schätzenswert) ist, genauso wie man bei jeder Meinung meint, daß sie wahr ist.« Derjenige, der den Applaus der anderen erhält, weiß also im Grunde seines Herzens, dass diese anderen nur mit einer gerade gängigen Meinungsmünze zahlen und dass sie keinesfalls im Besitz objektiver Maßstäbe oder absoluter Werte sind. Unterlässt er es, die von seinem Umfeld vertretenen Normen und Bewertungskriterien einer Tauglichkeitsprüfung auszusetzen, so verliert er seinen »eigenständigen (›autonomen‹) Bezug auf das Gute«. Auch wenn es vielleicht immer offen und fraglich bleiben muss, was genau das Gute einer Sache ausmacht, so können wir doch sicher sein, dass wir in einen Zustand der Unredlichkeit verfallen, wenn wir es aufgeben, darüber nachzudenken, und stattdessen einzig der Lust auf Anerkennung folgen.

Umgekehrt ist es natürlich genauso verhängnisvoll, unseren eigenen subjektiven Maßstab absolut zu setzen und uns vom Urteil der anderen unberührt zu zeigen. Wir sprechen dann in grundsätzlicher Weise unseren Mitmenschen ab, dass sie uns mit ihrer Klarsicht bereichern können und dass sie eine Hilfe darstellen auf unserem Weg zu mehr (Selbst-)Erkenntnis. Wir tun so, als könnten wir alles aus uns selbst schöpfen und leugnen unser fundamentales Verbundensein mit anderen Menschen. Wir verharren dann in unserer Mittelpunktstellung und begeben uns nicht auf den Weg der Selbstrelativierung, der uns dazu verhilft, besser und vor allem leichter zu leben.

Diese beiden Seiten der intellektuellen Redlichkeit gilt es festzuhalten: zum einen das Ernstnehmen der anderen, ohne den Verlockungen des Beifalls zu erliegen, zum anderen das Ernstnehmen meiner selbst, ohne die Einwände und Mahnungen anderer zu überhören. Man sieht, die so umrissene Haltung der Redlichkeit kommt Butlers Konzept ethischer Verantwortung sehr nahe. In jedem Fall erreichen wir diese Lebensart nur, indem wir im anderen Menschen mehr erblicken als nur eine Grenze unseres Freiheitsspielraums. Was wir zu seinen Gunsten bzw. in seinem Sinn tun oder lassen, betrachten wir nicht länger nur als ein leidiges Zugeständnis, das wir uns zähneknirschend um des lieben Friedens willen abzwingen oder auferlegen müssen. Vielmehr gelingt es immer wieder und vielleicht bald schon immer öfter, uns hierdurch bereichert zu fühlen. Wir erkennen nämlich etwas Wesentliches: Intellektuelle Redlichkeit im Umgang mit anderen, so wie Tugendhat sie versteht, ist zugleich die unverzichtbare Voraussetzung dafür, auch mit uns selbst in lebendiger Verbindung zu stehen und uns weiterzuentwickeln.

Fazit: Der einsamen und belastenden Stellung im Mittelpunkt unseres Seins entwinden wir uns nur durch Einwilligung in unsere elementare Verbundenheit mit anderen. Jeder Versuch, den Mangel, den wir an uns selbst spüren, mit Übergeschäftigkeit zu betäuben, vergrößert nur das Leeregefühl. Sich auf das Wohl anderer hin zu orientieren, ihre Interessen in den Radius unserer Tätigkeit einzubeziehen, erlaubt es uns, uns mit den Grenzen unserer Freiheit auszusöhnen. Wir erkennen, dass dies Grenzen der *condition humaine* sind, die wir miteinander teilen. Das heißt auch: In der Gemeinschaft mit anderen wird erfahrbar, dass ich mich trotz aller Verschiedenheit in anderen wiederfinde, die denselben existenziellen Bedingungen ausgesetzt sind.

Indem ich auf den anderen, die Gemeinschaft, eine gemeinsame Sache hin bezogen lebe, weite ich den Kreis der Dinge aus, um die ich mich sorge. Ich laufe dann natürlich immer noch Gefahr, durch den Verlust meines Bezugspunktes erneut auf mich selbst zurückgeworfen zu werden. Vor allem aber der Tod beunruhigt das egozentrische Bewusstsein, »weil bei ihm die Ohnmacht nicht nur das Wie der Zukunft betrifft, sondern diese selbst«, wie Tugendhat schreibt. Angesichts des Todes, der uns grundsätzlich jederzeit ereilen kann, wird augenfällig, dass unser Leben trotz aller Versuche der Sinngebung letztlich nicht in unserer Verfügungsmacht steht. Doch man muss natürlich auch sehen, dass erst das Wissen um die Grenze des Todes das menschliche Leben überhaupt mit der Sinnfrage konfrontiert. Hierin liegt die unauflösliche Doppelwertigkeit des Todes: Er stößt uns auf die Sinnproblematik und löst doch alle unsere Bemühungen durch seine absolute Negativität auf. Ernst Tugendhat glaubt deshalb, dass sich »der Tod vielleicht nur aus einer mystischen Haltung heraus akzeptieren« lässt.

Er meint: Der Tod kann das egozentrische Bewusstsein dazu veranlassen, sich in noch radikalerer Weise zurückzunehmen. Im Angesicht des Todes offenbart sich uns die »Geringfügigkeit der eigenen Sorge relativ zur Welt«. Ein Mystiker in Tugendhats Sinn strebt deshalb einen Zustand an, in dem er sich nicht nur in den verschiedenen Einzelheiten des Lebens weniger aufspielt und weniger wichtig nimmt, sondern sogar einen Zustand, in dem er das Wichtignehmen seiner persönlichen Angelegenheiten selbst nicht mehr so wichtig nimmt. Er tritt gewissermaßen radikal von seinem eigenen Wollen zurück und verfolgt mithin auch keines seiner unegoistischen Ziele mehr mit nachdrücklicher Ungeduld. »Der Mystiker stellt sich in die Welt zurück, statt sich von der egozentrischen Perspektive zu sehen, sieht er sich von der Welt her.«

Ohne eine Haltung umfassender Weltverneinung einnehmen zu müssen, kann die mystische Versenkung in die unergründbare Weite, Macht und Rätselhaftigkeit der Welt uns dazu führen, innerweltliche Erschütterungen, auf die wir keinen Einfluss nehmen können, besser zu ertragen. Sie kann uns darin stützen, nicht kräftezehrend mit einem überschießenden, starrsinnigen Wollen gegen das Unvermeidliche anzurennen. So hilft ein mystischer Standpunkt uns schließlich auch dabei, unsere Verluste – sei es das Ende einer Liebe, eine berufliche Niederlage oder ein endgültiger Abschied – besser zu verkraften.

10. Selbstwerdung

Das Zögern ist zwar keine positive Tat-Handlung. Aber es ist konstitutiv für die Handlung selbst. Nicht mehr die Tätigkeit, sondern das Innehalten-Können unterscheidet das Handeln vom Arbeiten. Wer nicht zu zögern vermag, ist ein Arbeiter.

(Byung-Chul Han)

Die Philosophie ist nicht die Liebe zur Weisheit, sondern die Weisheit der Liebe. (Emmanuel Lévinas)

Weltentfremdung

Durch Begriffe wie »intellektuelle Redlichkeit« oder »mystische Selbstrelativierung« könnte bei einigen der Eindruck entstehen, als handele es sich bei diesen Einstellungen um hochgesteckte (moralische) Postulate, die uns letztlich darin blockieren, ein freies und selbstbestimmtes Leben zu führen. Obwohl dies eine ziemlich ungenaue und flache Lesart Tugendhats wäre, möchte ich die Frage des gelingenden Lebens trotzdem ein weiteres Mal unter dem Gesichtspunkt des für den heutigen Menschen zentralen Werts der Selbstverwirklichung aufgreifen. Was heißt das eigentlich, ein Selbst zu werden?

Wir können auf verschiedene Weise darin behindert sein, uns in unserem Leben zurechtzufinden. Beispielsweise können wir eine uns unbekannte Krankheit haben und keine Klarheit darüber besitzen, ob und wie diese zu behandeln ist. In einem solchen Fall müssen wir uns auf die Suche nach dem richtigen Experten machen. Haben wir Glück, so stoßen wir recht bald auf einen kundigen Fachmann, der uns weiterhelfen kann. Gibt es eine Heilmethode, so haben wir gute Aussichten, in naher Zukunft von unserer Sorge befreit zu sein.

Viele alltägliche Probleme unseres Lebens lassen sich sogar noch wesentlich leichter als eine Krankheit mit den richtigen praktischen Maßnahmen und Handgriffen bewältigen. Doch es gibt Lebenslagen, in denen unsere Ratlosigkeit eine andere, grundsätzlichere Dimension annimmt. Es mangelt uns dann nicht an Wissen bezüglich der passenden Methoden und technischen Kniffe, um in unseren Angelegenheiten weiterzukommen, sondern wir wissen gar nicht mehr, in welche Richtung wir überhaupt gehen wollen.

So kann es sein, dass wir plötzlich zwischen zwei unvereinbaren Wünschen hin und her gerissen werden. Es könnte zum Beispiel passieren, dass wir überraschend vor die Alternative gestellt werden, entweder eine seit langem geplante Weltreise anzutreten oder dem plötzlichen Angebot eines Studienplatzes an einer Elite-Uni zu folgen. Um hier eine gute Entscheidung zu treffen, müssen wir gründlich in uns gehen und können uns nicht auf das Expertenwissen einer anderen Person verlassen. Sollten wir uns nicht in der Lage fühlen, unsere Möglichkeiten erfolgreich gegeneinander abzuwägen, so bedürfen wir auch in einer solchen Zwickmühle der Unterstützung. Die Aufgabe des Ratgebenden kann jetzt aber nicht sein, uns eine Patentlösung zu liefern. Er kann uns lediglich dabei zur Seite stehen, uns in diesem Zielkonflikt zu orientieren. Er kann uns, wenn er es gut macht, dabei helfen, selbst herauszufinden, was wir eigentlich wollen.

Sehr oft passiert es, dass Menschen, die unerwartet in Zwangslagen oder Krisen geraten, bemerken, wie wenig sie wissen, was im Zentrum ihres ursprünglichen Wollens steht. Mitten in einer Situation, die ihnen eine besonnene Handlungsweise abverlangt, ergreift sie dann ein Wirbel widersprüchlicher Gefühle. Sie spüren eine fundamentale Verunsicherung über die eigene Person und über das Leben, das sie bisher geführt haben. »Warum bin ich eigentlich Ingenieur geworden, anstatt meiner Begeisterung für historische Fragen nachzugehen?«, mag jemand sich fragen. All die Dinge, die bisher selbstverständlich erschienen, werden dann plötzlich fraglich und so kann es passieren, dass die betroffene Person, auch wenn sie erst einmal weitermacht wie zuvor, einen Standort außerhalb des Geschehens einnimmt. Sie wird dann zum distanzierten Beobachter der eigenen Lebensvollzüge, die sie gleichsam wie durch eine Glaswand betrachtet. Das Gewohnte erscheint ihr abgeschmackt, das Vertraute rätselhaft, und es stellen sich hartnäckige Empfindungen der Fremdheit und Sinnlosigkeit ein. Während ihr die Welt, in der sie sich bis gestern noch so selbstsicher und erfolgreich zu bewegen wusste, immer gleichgültiger wird, fühlt sie sich im selben Moment von einem Zustand höchster Beunruhigung über diese neue Erfahrung erfasst. »Was soll das Ganze?« oder »Was tue ich hier eigentlich?«, mag sie sich fragen. Gewiss ist dann, dass ihr die Identifikation mit den bisherigen Lebenszielen abhandengekommen ist und dass diese Erfahrung dem Gefühl gleicht, sich selbst verloren zu haben.

Wir haben es hier mit einer Krise zu tun, in der sich zeigt, in welchem Ausmaß Selbstbezug und Weltbezug ineinander verschränkt sind. Wenn wir nicht mehr wissen, wer wir sind, erscheint uns die Welt wie ein Nebeneinander gleichgültiger Gegenstände. Und umgekehrt: Wenn wir die Welt nicht mehr verstehen, vermögen wir uns selbst im lebendigen Bezug zu ihr nicht mehr zu bestimmen und auszuformen. Die Philosophin Rahel Jaeggi verwendet für dieses Erleben den Begriff der Entfremdung, die sie als »Beziehung der Beziehungslosigkeit« definiert. Im Zustand der Entfremdung leiden wir nicht daran, keine Beziehungen zu haben, sondern wir erleben die bestehenden Beziehungen als mangelhaft und unzureichend. Wir haben den Eindruck, die Lebensbezüge, in die wir eingebunden sind, nicht mehr kraftvoll mit unserem Selbst ausfüllen zu können, gleichwohl wir noch irgendwie in ihnen weiterstrampeln. So beschreibt Entfremdung eine Erfahrung schwindender Vertrautheit mit der uns umgebenden Welt.

In ihrer scharfsinnigen Analyse der vielfältigen Facetten der Entfremdungsproblematik lässt Jaeggi keinen Zweifel daran, dass solche irritierenden Erfahrungen in der modernen Gesellschaft immer häufiger werden. Das Fremdwerden der Welt stellt sich ihr in zunehmendem Maß als »die Kehrseite eines flexiblen Kapitalismus« dar. Meine bisherigen Ausführungen dürften hinreichend deutlich gemacht haben, inwiefern zentrale Bereiche unserer menschlichen Existenz heute in den Sog einer Logik des Marktes geraten sind. Dabei habe ich gezeigt, dass die Auswirkungen dieser Vermarktlichung den einzelnen Menschen nicht zwangsläufig negativ oder entfremdend erscheinen müssen. Über lange Perioden unseres Lebens übertragen wir fraglos die vorgegebenen Standards und Wertorientierungen auf unser persönliches Leben und verlieren uns in zweckgerichteter Betriebsamkeit. Es ist dabei nicht allein die atemlose Schnelligkeit des modernen Lebenstaktes, die uns daran hindert, grundlegend über unsere Lebensweise nachzudenken. Maßgeblicher sind hier zwei andere Faktoren: Erstens präsentiert sich uns die moderne Lebensform als Spenderin nie gekannter Möglichkeiten zu freier und kreativer Selbstentfaltung; zweitens wird uns parallel dazu das Gefühl vermittelt, einem System unausweichlicher Eigendynamik unterworfen zu sein. Wollten wir ketzerisch an seinen Grundfesten rütteln, müssten wir mit dem Vorwurf leben, den aktuellen Wohlstand unserer Gesellschaft zu gefährden, oder mit dem Vorwurf, einer rückständigen, naiven Sehnsucht nach einer nur vermeintlich besseren Vergangenheit anzuhängen.

Vor diesem Hintergrund stellen sich Empfindungen von Ohnmacht ein, die sich zu einer depressiven Mattigkeit verfestigen können. Oft nehmen Menschen durchaus Anstoß an den sie umgebenden Lebensverhältnissen und wagen es dennoch nicht, inmitten all dessen aufzuwachen. Sie verkriechen sich in sich selbst, rechnen sich die Absurditätsanwandlungen als Mangel zu und arrangieren sich leidvoll und manchmal auch ein bisschen erleichtert mit dem sie pathologisierenden Etikett »Depression«.

Solange aber eine Person – und sei es auch unter großen Schmerzen – aus dem Zustand der Betäubung erwacht und beginnt, in fundamentaler Weise über sich selbst und ihre Handlungsperspektiven in dieser Welt nachzudenken, wäre es verhängnisvoll, sie als pathologisch abzustempeln und sie mit übereifrigem Pragmatismus davon abzuhalten, die sinnlose Frage nach dem Sinn zu stellen. Wie aber lässt sich die Beziehung der Beziehungslosigkeit überwinden? Wie lässt sich das eigene Leben als ein eigenes Leben leben?

»Du sollst der werden, der du bist!«

Dieser vielzitierte Imperativ aus der Feder Nietzsches, welcher als großer Experte der menschlichen Seele gilt, ist nicht leicht zu beherzigen. Obwohl er von seinem Urheber anders gemeint ist, suggeriert er die Vorstellung, es gebe irgendwo an einem noch freizulegenden, geheimnisvollen Ort ein wahres Selbst, zu dem wir hinfinden müssen. Auch unser Alltagsdenken ist von einer ähnlichen Annahme beherrscht. Wir sprechen vom »wahren« oder »eigentlichen« Wesen einer Person, das sich den Blicken der anderen entzieht, aber dennoch im Verborgenen ein Dasein reiner Innerlichkeit fristet. Wir sagen zum Beispiel manchmal, dass jemand eigentlich ganz anders sei, als sein Verhalten vermuten lasse.

Rahel Jaeggi hält diesem Glauben an einen Wesenskern irgendwo da drinnen nun entgegen, dass »es kein Selbst jenseits der Verwirklichung« gebe, dass es deshalb ausgeschlossen sei, dass jemand das

Leben eines braven Bankangestellten führte und eigentlich ein wilder Bohemien sei. Natürlich kann es sein, dass jemand gewisse Anteile seiner Persönlichkeit nur in Randbereichen seines Lebens realisiert und dass plötzlich das Gefühl in ihm wach wird, sich mit dem, was er schwerpunktmäßig tut, nicht mehr identifizieren zu können. Dann mag er ins Schleudern geraten und andere zu der Mutmaßung veranlassen, dass er sein »eigentliches Selbst« bisher nicht ausgelebt hat. Trotz der Möglichkeit solcher Wendemanöver wäre es falsch, von einem authentischen Kern zu sprechen, der irgendwo im tiefen Schacht der Seele wie ein geheimer Schatz darauf wartet, gehoben und geborgen zu werden.

Wir leben heute in einer Zeit, in der wir keine allgemeingültigen Maßstäbe mehr dafür haben, wie das menschliche Leben zu leben ist. Weder richten wir uns wie vormals nach einem althergebrachten Bild der Gottgefälligkeit noch folgen wir einem vorab fixierten, herkömmlichen Ideal des guten Lebens. Wie schon Sartres Begriff der »Geworfenheit« besagt, findet der moderne Mensch sich in seiner Existenz vor und trägt selbst die Verantwortung für sein Leben. Er kann sich nicht länger an einer verbindlichen Vorlage ausrichten und sich lebenslang auf diese hin perfektionieren. Füllt er diese Leerstelle nun mit dem Mythos individueller Authentizität aus, das heißt, ersetzt er das Vorbild für alle durch den Glauben an ein unverfälschtes individuelles Selbst jenseits der Verwirklichung, so begeht er nicht nur einen Denkfehler, sondern trifft auch eine für seine Lebensführung problematische Entscheidung. Er muss sich dann auf die

Suche nach diesem eigentlichen, »naturreinen« Selbst begeben, das er wie ein Archäologe seinen Fund unter sieben Erdschichten verschüttet glaubt.

Damit behandelt er aber sein wahres Selbstsein wie einen unbekannten Gegenstand und spaltet sich in eine Seite auf, die rastlos sucht, und eine andere, die sich unaufhaltsam entzieht. Da dieses echte, gleichsam »jungfräuliche« Selbst eine schöne Fata Morgana ist, wird es sich seinen unablässigen Annäherungsbemühungen dauerhaft entziehen. Die suchende Seite aber, der es auf das Ursprüngliche und Eigenwüchsige ankommt, wird ihre Beute vorzugsweise jenseits der Gesellschaft jagen müssen, denn für den authentizitätsversessenen »Romantiker«, wie er oben beschrieben wurde, steht das Soziale prinzipiell unter dem Verdacht, ein Entfremdungszusammenhang zu sein. Man kann also sagen: Das hungrige Kreisen um Authentizität trägt den Keim des Weltverlustes in sich.

Der trügerische Glaube an die irgendwo verbürgte Wahrheit des Selbst mag gegenwärtig durch die deterministischen Ansätze innerhalb der Gehirnforschung frischen Fahrtwind gewinnen. Doch ungeachtet solcher Wissenschaftsmythen und Objektivitätsträume liegt die unaufhörliche Frage nach dem Selbst in der besonderen Struktur des menschlichen Bewusstseins begründet. Wir müssen uns selbst hervorbringen. Trotz unausweichlicher Prägungen leben wir als Ich-Sager rückbezüglich auf uns selbst, bilden uns Meinungen über uns, bewerten uns und können den Wunsch entwickeln, etwas tatkräftig an uns zu verändern. Es kann uns so gehen, dass wir eine Äußerungsform unserer Person als falsch oder störend empfinden, dass wir sie nicht mit unserem Selbstbild in Übereinstimmung bringen können. Es kann aber auch sein, dass wir in einer sozialen Rolle feststecken, mit der wir uns nicht länger zu identifizieren wissen. Ja, es ist sogar möglich, dass uns, wie oben schon dargelegt, das ganze Leben aus den Händen gleitet und wir uns innerlich mehr und mehr von den gewöhnlichen Lebensweisen der anderen entfernen, in einen Sog sich ausdehnender Apathie hineingeraten.

All diese Formen der Selbstentfremdung unterzieht Jaeggi einer minutiösen Analyse. Sie erblickt darin Spielarten verhinderter Selbstzugänglichkeit. Wir stehen dann zwar nach wie vor in unseren üblichen Lebensvollzügen, schaffen es aber nicht mehr, die eigene Wirklichkeit oder jedenfalls gewisse Anteile dieser Wirklichkeit als uns zugehörig zu erleben. Die Erfahrung der Selbstentfremdung, die gravierende Spuren in der Psyche einer Person hinterlassen kann, ist für Außenstehende oft gar nicht wahrnehmbar. Anders als die Fremdbestimmung, die durch äußeren Zwang oder Manipulation zustande kommt, ist Entfremdung ein innerpsychisches Phänomen und als solches aus der Beobachterperspektive schwer einschätzbar.

Nach den genauen Beschreibungen des Entfremdungsgeschehens, die Jaeggi uns liefert, gibt es bestimmte Merkmale, die typisch für diesen Zustand sind: Ist jemand darin beeinträchtigt, sich der eigenen Lebenswirklichkeit vital verbunden zu fühlen, so ist er in der Regel für Außenlenkung und Manipulation besonders anfällig. Offensichtlich wird außerdem, dass

Fremdheitsempfindungen zu einer generellen Senkung der Aktivität und Lebensfreude beitragen. Umgekehrt sind starke Glücksempfindungen daran geknüpft, dass jemand sich intensiv in seine Lebensvollzüge eingebunden fühlt, dass er gleichsam vom Pulsschlag der Dinge durchflutet wird. Weitere Indizien für Fremdbestimmung können z. B. ein überangepasstes, künstliches Rollenverhalten sein oder das Festklammern an illusorischen Selbstbildern, die trotz gegenläufiger Erfahrungen und im fortwährenden Widerstand gegen die Meinung anderer aufrechterhalten werden.

Wie auch immer Selbstentfremdung sich im Einzelnen darstellt, in allen Fällen kann oder will die betreffende Person Handlungsspielräume nicht mehr ausschöpfen. Die Anpassung an vorgegebene (Rollen-) Muster erfolgt unreflektiert, weil man meint, dass es so und nicht anders sein müsse. Dabei macht Jaeggi klar, dass weder die Rolle noch das vorgefertigte Lebensmuster per se entfremdend wirken. Fraglich ist lediglich ein überangepasster und unfreier Umgang mit solchen Gegebenheiten.

Was heißt das nun? Da Rollenvorgaben für die Persönlichkeitsbildung unverzichtbar sind, müssen wir lernen, uns »*in ihnen* angemessen zu artikulieren«, wie Jaeggi schreibt. Eine kritiklose Verschmelzung mit der Rolle ist ebenso problematisch wie der Versuch aussichtslos ist, sich jenseits aller sozialen Rollen bestimmen zu wollen. Wo solche Vorstöße, ein jenseits der Rolle liegendes Selbst zu kultivieren, unternommen werden, bewegt man sich im luftleeren Raum. Vermutlich wird dieses Vakuum schnell durch alternative Uniformierungen ausgefüllt. Wir können gar nicht umhin, unser Handeln unter ein »Dach aus Legitimationen« (Berger/Luckmann) zu bringen. Nicht selten etablieren sich hinter dem Aushängeschild des »unverfälschten Selbstseins« neue Zwangskulturen, die das vermeintlich befreite Individuum einer subtilen Gruppenkontrolle unterwerfen. Ich habe weiter oben Beispiele dafür gegeben. Es kommt für den Einzelnen vielmehr darauf an, die Spielräume, die sich ihm im Rahmen bestehender Leitlinien bieten, auszuloten und gegebenenfalls zu erweitern. Das heißt, es kommt darauf an, einen »unverkennbaren« Stil des flexiblen Umgangs mit Vorgegebenem zu entwickeln. »Der Künstlichkeit der Rolle steht dann nicht irgendeine Instanz von ›Echtheit‹ entgegen, sondern eine Weise, diesen Spielraum zu nutzen und zu gestalten«, meint Jaeggi. Man muss deshalb immer noch merken, dass da jemand ist, der eine Rolle »bewusst« spielt oder besser noch, dem es sogar gelingt, mit der Rolle zu spielen bzw. das unsichtbare Skript der Rolle umzuschreiben.

Ich kann übermäßig engagiert darin sein, z. B. den Aufgaben einer Lehrerin oder einer Mutter nachzukommen. Ich beziehe mich dabei auf bestimmte Konventionen, die ich fraglos übernehme und folgsam umsetze. Beflissen und pflichtbewusst tue ich dann eigentlich so, als gäbe es irgendwo an einem unbekannten Ort ein festgelegtes Rollendrehbuch, von dem ich um keinen Preis abweichen darf. Durch solchen Übereifer wird allerdings die Tatsache überdeckt, dass Rollen immer der Interpretation bedürfen und außerdem historischen Veränderungen unterworfen sind. Genau besehen sind wir nicht nur wandelbare und facettenreiche Interpreten solcher Rollenmuster, sondern zugleich Koautoren des Stückes, in dem wir mitspielen.

Zeige ich keine Distanz zu einer Rolle – etwa als geschäftstüchtige Verkäuferin, die in künstlicher Tonlage alle gängigen Floskeln eines Verkaufsgespräches mechanisch abspult –, so habe ich meinen Standort außerhalb des Geschehens aufgegeben. Paradoxerweise führt das dazu, dass ich ebenso wenig wirklich bei der Sache bin. Indem ich lieber Phrasen dresche, als den Vorgang eigenverantwortlich zu gestalten suche, verschwinde ich gewissermaßen in der Rolle. Auf andere wirke ich deshalb unecht und wenig überzeugend. Das bedeutet: Auch wenn es keine fertige Identität geben kann, die hinter den Kulissen die Fäden zieht, muss doch bei jeder meiner Spielfiguren spürbar werden, dass da jemand spielt.

Sehr häufig geraten wir auch in einen Zwiespalt mit uns selbst. Das kann zum Beispiel der Fall sein, wenn wir feststellen müssen, den eigenen Überzeugungen oder Zielvorgaben nicht genügen zu können. Wir schaffen es nicht, unsere Ideale umzusetzen, die eigenen Ansprüche zu erfüllen, und empfinden uns in der Folge als zerfasert und in unserer Selbstbestimmung beeinträchtigt. Oft wissen wir in solchen Situationen nicht so recht zu präzisieren, was innerhalb oder außerhalb von uns selbst uns eigentlich unfrei macht. Dann kann es nützlich sein, über die Beeinträchtigungen der Freiheit sorgsam und profund nachzudenken. Bevor man dies tut, ist eine grundsätzliche Frage im Blick auf unsere Selbstzugänglichkeit zu klären: Wäre es nicht möglich, dass bestimmte durchschlagende Verhaltensmuster, die ich mit meinem Selbstideal dauerhaft nicht in Einklang zu bringen vermag, unauflöslich mit meiner Person verschmolzen sind? Ist es nicht sogar offensichtlich, dass viele frustrierende Erfahrungen mir nahelegen, lieber mein verstiegenes Selbstbild aufzugeben, als mich weiterhin damit herumzuquälen? Hier eine eindeutige Antwort zu finden, ist keine leichte Sache. Wir müssen ja, um überhaupt an irgendetwas Anstoß nehmen zu können, immer schon etwas mitbringen. Wie ich weiter oben in Anlehnung an Butler ausgeführt habe, haben sich die »Schriftzüge« anderer Menschen, lange bevor unser bewusstes Nachdenken einsetzt, in unser Selbstsein eingraviert. Wir sind auch deshalb kein unbeschriebenes Blatt, weil bestimmte genetische Voraussetzungen das uns Mögliche einhegen. Selbstwerdung vollzieht sich also vom ersten Moment des Erwachens an nicht nur in einer von außen (gesellschaftlich) begrenzten Sphäre, sondern auch in einer von innen (psychisch) bedingten Realität. Wir haben schon gesehen, dass es selbst für den Aufbau der grundsätzlichen Fähigkeit, Spielräume des Willens auszumachen und zu nutzen, mehr oder weniger günstige biografische Voraussetzungen gibt.

Die Gehirnforschung untermauert heute eine Theorie des Unbewussten, die behauptet, dass es in uns einen dunklen Kontinent gibt, der sich der Aufklärung und Beeinflussung dauerhaft entzieht. Demnach sind viele Wünsche und Begehren angebunden an einer Stelle, auf die wir nicht willentlich zugreifen können, so sehr wir dies auch wünschen. Die Annahme einer solchen Sphäre des Unverfügbaren muss aber nicht zwangsläufig in Schicksalsergebenheit münden. Es wäre vielmehr zu unterstellen, dass dieser verschleierte Bereich, der sich uns entzieht, auch in seiner Demarkation unbekannt ist. Niemand könnte also voraussagen, was aus den Tiefen der brodelnden Geysire des Unbewussten irgendwann aufsteigt und ans Licht des Tages sprudelt. Sobald sich die Grenzen zwischen hell und dunkel verschieben und – wie auch immer – bisher verdeckte Elemente freigesetzt werden, können wir ihnen gegenübertreten und eine Umarbeitung des Geländes anstreben. Was darunter liegt – und es ist anzunehmen, dass es immer noch etwas Tieferes gibt –, muss uns verborgen bleiben. In jedem Fall entgehen wir der Entfremdung durch uns selbst nur durch eine Haltung wachsamer Offenheit gegenüber den »Dämpfen«, die aus dem Untergrund quellen. Rigidität, fragloser Konformismus, Verschanzung in einem vorgeblichen So-Sein verhindern eine lebendige Lebenspraxis, in der wir uns selbst zugänglich bleiben.

Selbstsein als unabschließbarer Prozess

Wer keinen Abstand zu seinem Umfeld einzunehmen wagt, nimmt sich die Möglichkeit, sein Selbst zu einem bestimmten Selbst auszuformen. Wer die Welt kategorisch auf Abstand hält, ebenso. Die bloß verneinte und verschmähte Welt bleibt dem Individuum äußerlich, fremd und unbeeinflussbar. Es mag sich dann frei und ungebunden wähnen, gewinnt aber nur eine Freiheit im negativen Sinn: Was man ihm auch anbietet, es ist dagegen. Wahre Selbstbestimmung indes setzt voraus, sich mit etwas identifizieren zu können, sich einer Sache hinzugeben, handelnd in diese Welt einzugreifen. Noch einmal anders: Wer sich aus Angst vor Freiheitsverlust und Fremdbestimmung aus allem raushält, zahlt den Preis innerer Verarmung oder Leere. Wer hingegen widerstandslos der Welt verfällt und die Distanzierung von ihr meidet, wird zum Getriebenen, selbst wenn er in gehobener Position die Fäden zieht. Selbstsein kann sich allein im Wechsel von Weltverwicklung und nachdenklichem Rückzug vollziehen.

Da das Heraustreten in die Welt heute vielleicht mehr denn je der Verfälschung ausgesetzt ist, muss der Einzelne immer wieder daran arbeiten, sich selbst und seinen Projekten »treu« zu bleiben. Damit ist nicht gesagt, dass er an einer einmal bestimmten Linie lebenslang festhalten muss, sondern dass er Veränderungen, Kehrtwendungen und Ambivalenzen in eine – so Jaeggi – »sinnhafte Erzählung (s)einer selbst integrieren kann«. Peter Bieri spricht an diesem Punkt von einer »Stimmigkeit des Willens, die sich über die Veränderung des Gehalts hin fortschreibt«.

Der von beiden Philosophen dargelegte Prozess der narrativen (erzählenden) Selbstbildung geht davon aus, dass es für uns nichts Feststehendes mehr gibt. Das Weltgeschehen um uns herum ist in einem ständigen Fluss, und wir können deshalb niemals sicher sein, wohin es uns trägt, wenn wir versuchen, wie Hannah Arendt sagt, »den eigenen Faden in ein Gewebe zu schlagen, das man nicht selbst gemacht hat«.

In der modernen Welt knüpfen die Individuen fragile Netze zur Überbrückung des Trennenden, das ihre Existenzen voneinander absondert. Arendt schreibt hierzu: »Ohne Verschiedenheit, das absolute Unterschiedensein jeder Person von jeder anderen, die ist, war oder sein wird, bedürfte es weder der Sprache noch des Handelns für eine Verständigung.«

Da sich das Gespinst der Gemeinsamkeit der Verfestigung entzieht, fordert jede Situation uns neuartig heraus. Ständig müssen wir Perspektiven aufeinander abstimmen und allein oder im Gespräch über richtiges Handeln entscheiden. Die Ergebnisse unseres erfahrungsgeleiteten Nachdenkens lassen sich, so sinnvoll sie auch erscheinen mögen, nicht einfach auf eine neue Wirklichkeit übertragen. In der Sphäre des Praktisch-Politischen »geht es immer um Einzelnes, und ›allgemeine‹ Aussagen, die überall gleichermaßen anwendbar wären, würden alsbald zu leeren Allgemeinheiten werden: Das Handeln hat mit Einzelnem zu tun, und nur partikulare Aussagen können auf dem Gebiet der Ethik oder Politik gültig sein«, so Arendt. Beziehe ich mich aktiv auf eine gemeinsame Welt, so kann mir nicht verborgen bleiben, wie begrenzt meine Möglichkeiten sind. Weder ich noch sonst jemand kann erwarten, im Gefüge des sozialen Miteinanders mit seinen Impulsen und Vorhaben umfassend Anklang zu finden. Es ist deshalb nur selten möglich, in der sozialen Aktion restlos aufzugehen. Meistens erwarten uns zähe Verhandlungen, faule Kompromisse und lange Gesichter.

Doch die Freiheitsliebe inspiriert trotz alledem unermüdlich dazu, uns so in die Welt einzubringen, dass immer mehr Bewegungsspielräume erschlossen werden. Im Ringen um Freiheit kann unser Umfeld, wie wir bereits gesehen haben, unterstützend oder behindernd für uns sein. Besonders manipulative Einflüsse sind freiheitsgefährdend und verlangen uns eine besondere Anstrengung des Nachdenkens ab, der man manchmal nur entsprechen kann, indem man sich zeitweilig von allem zurückzieht. Andere können aber auch eine hilfreiche Korrekturinstanz für mich darstellen. Mich »in einem inneren Schützengraben« (Bieri) gegen ihre Einwendungen zu verbarrikadieren, behindert mich darin, über einen Prozess der Verbundenheit und Abgrenzung die Spreu vom Weizen zu trennen.

Trotz aller Umsicht und Aufmerksamkeit erweist sich die Freiheit unseres Willens als ein flüchtiges Gut, das es immer wieder aufs Neue zu erobern gilt. Autonomie kann man nicht *besitzen,* sondern immer nur *praktizieren.* Gewiss können wir uns in der tiefer gehenden Reflexion trainieren, uns immer besser kennenlernen und immer häufiger das Gefühl entwickeln, dass wir es schaffen, Einfluss auf Dinge zu nehmen und den Radius unserer Wirksamkeit zu vergrößern. Letztlich aber müssen wir anerkennen, dass das Selbst eine anfällige und permanent gefährdete Größe ist. Der Dschungel moderner Lebensverhältnisse bietet viele Gelegenheiten, im unabschließbaren Schlingerkurs zwischen Weltverwicklung und innerer Distanznahme aus der Bahn zu geraten.

Jede Errungenschaft bleibt ein Provisorium, da es kein verallgemeinerbares Wissen gibt, an das wir uns klammern können. Rahel Jaeggi vergleicht den Prozess der Selbstaneignung deshalb mit einem »Umbau auf hoher See« und ruft mit diesem Bild den Eindruck unruhiger Bewegung sowie der Ausgesetztheit an Wind und Wetter wach. Keine sehr einladende Vorstellung, doch sie erweist sich als treffliche Analogie für die Lage des Einzelnen in der zersplitterten und undurchsichtigen modernen Lebenswelt. Die hier zu vollbringende Integrationsleistung kann zweifelsohne mit einer Restauration bei Windstärke zehn verglichen werden. Jedenfalls ist es nicht übertrieben, angesichts der aktuellen Fährnisse um das Auseinanderbrechen unseres Lebensschiffes zu fürchten. Wer das Schiff aber aus den Wellen nehmen will, um es am geschützten Ufer zu vertäuen, wird vermutlich erst recht in die Irre gehen. Sicher ist nämlich, dass die Beanspruchung letzter Sicherheit im Umgang mit Bedrängnissen und komplizierten Lebensfragen auch in vergangenen Zeiten selten zum Segen der Menschheit gereichte. Der Kampf um die Durchsetzung absoluter Wahrheiten – seien es auch wunderbare Visionen einer gerechten und friedvollen Welt – trübt den Blick für das Naheliegende, der uns auf die richtige Entscheidung im richtigen Augenblick lenkt. Man kann deshalb auch auf sehr verbissene, blinde und, um mit Ernst Tugendhat zu sprechen, egozentrische Art die Welt verbessern wollen, dann nämlich, wenn das persönliche Engagement zum wichtigsten Angelpunkt der Dinge erklärt wird.

Der erste Schritt auf das Ziel hin, ein starkes und lebenskundiges Subjekt zu sein, liegt in der Erkenntnis, dass es ganz und gar auf mich selbst ankommt. Weder Gesetze noch allgemeingültige Normen, Regeln, Ratschläge oder psychologische Empfehlungen können mir diese Mühe abnehmen. Das soziale Gefüge aus Geboten und Verboten, soweit es noch besteht, liefert mir zwar einen Orientierungsrahmen für meinen Lebensweg, kann mir aber nicht sagen, welchen Pfad ich an den unzähligen Weggabelungen und Kreuzungen, zu denen ich gelange, jeweils einschlagen muss. Fühle ich mich von einer Anweisung nicht angesprochen, so bin ich ohnehin ganz auf mich gestellt.

Es nützt mir auch wenig, wenn ich weiß, was *man* in dem einen oder anderen Fall tut, wenn es mir nicht gelingt, die jeweilige Regel zu einem persönlichen Beweggrund werden zu lassen. An Verbrechern und Schurken, die mit glasklarer Vernunft einer Sanktion auszuweichen suchen, erkennt man, dass mit der Kenntnis von Moral und Gesetz noch nichts gewonnen ist. Umgekehrt würden wir auch denjenigen, der ängstlich und vorsichtig nicht nur den Gesetzesverstoß meidet, sondern jeder (vermeintlichen) Regel devote Gefolgschaft leistet, kaum einen starken Menschen nennen. Wirkliche Stärke wurzelt in einem besonderen Vermögen, das der Philosoph Andreas Luckner *Klugheit* nennt. In Bezug auf moralische Forderungen bin ich nach Luckner nicht dann klug, wenn ich mit geschliffenen Argumentationen vom Geltungsanspruch einer Norm überzeugen kann, sondern wenn mir »klar ist, dass es ich bin, auf den es ankommt, dass (jeweils) *ich* es bin, der in der Straßenbahn aufzustehen hat, wenn ein Ausländer angepöbelt wird, dass *ich* es bin, der gegen Ungerechtigkeit protestieren muss, dass *ich* es bin, der von seiner Selbstbefangenheit ablassen muss usw.«. Das heißt: Wir stehen im Leben unablässig in einmaligen Situationen und müssen kluge Entscheidungen treffen. Allgemeine Prinzipien der Ethik wie die goldene Regel oder der kategorische Imperativ Kants helfen wenig, da sie zu abstrakt sind, um das Besondere einer Einzellage zu erfassen. Erst das kluge und besonnene Abwägen des jeweils einmaligen Zusammentreffens von Gegebenheiten hilft weiter, wobei natürlich, wie jeder weiß, keineswegs nur moralische Gesichtspunkte eine Rolle spielen.

Dennoch lehren mich große Moralphilosophen wie z. B. Kant etwas Entscheidendes und Unverzichtbares. Sie weisen mich nämlich in eine Form des Nachdenkens ein, die es mir verbietet, aus rein egoistischem Antrieb für mich persönlich in Dingen eine Ausnahme zu machen, die ich anderen niemals zubilligen würde. Sie lenken mich auf eine grundsätzliche Haltung sozialer Umsicht, wechselseitiger Achtung und persönlicher Anteilnahme, auf die auch ein situationsbezogenes kluges Handeln keinesfalls verzichten kann.

Wir haben die Frage der Moral, auf die ich soeben in pfeilgeradem Kurs zusteuere, bisher nur indirekt einfließen lassen. Deshalb ist es an dieser Stelle noch einmal wichtig, ein paar zusätzliche Überlegungen auf die Frage zu verschwenden, warum moralische

Rücksichten einer starken und selbstbestimmten Persönlichkeit überhaupt zuträglich sind und sie nicht etwa in ihrer Größe behindern und knebeln. Über die tragende Bedeutung anderer Menschen in der Selbstwerdung einer Person wurden inzwischen genügend Worte gemacht. Auch hat sich gezeigt, dass die besondere Ausgesetztheit des Ich-Sagers ihn zur Kooperation mit anderen nötigt, will er sein Leben bewältigen. Doch warum ist es darüber hinaus für ein starkes Subjekt erstrebenswert, sich die Wünsche und Interessen anderer über das Nötigste hinaus zum eigenen Anliegen werden zu lassen? Warum moralisch sein, wenn dies doch aller Voraussicht nach meinen sozialen Aufstieg behindern, meine Karrierechancen verringern, meinen Lustgewinn senken wird? Warum moralisch sein, wenn das bedeuten kann, mich, gemessen an den verheißenen Höhenflügen des Erfolges, mit lauwarmer Durchschnittlichkeit anzufreunden?

Die Philosophin Hannah Arendt liefert hierfür in ihrer Schrift *Vom Leben des Geistes* eine Antwort, die an eine der berühmtesten Sentenzen des Sokrates angelehnt ist. In einem Gespräch mit Kalikles über die freiwillige Schlechtigkeit des Menschen formuliert Sokrates die Worte: »Es ist besser Übel zu leiden als Übel zu tun.« Kalikles reagiert darauf mit Unverständnis, wie es wohl die meisten heutigen Menschen auch tun würden. Welche Überlegung aber veranlasst Sokrates dazu, diese Behauptung aufzustellen? Wenig später präzisiert Sokrates seine Aussage: »Es wäre besser für mich (...), dass noch so viele Menschen mit mir uneins wären, als dass ich, *der ich Einer bin,* nicht im Einklang mit mir selbst sein und mir widersprechen sollte.« Wie Arendt darlegt, bestimmt Sokrates die besondere Erfahrung des denkenden Ichs als ein Zwei-in-einem-Sein. Wenn der Mensch sich aus der Welt zurückzieht, wenn die vielfältigen Einflüsse der Außenwelt nicht mehr auf ihn einstürmen und das Endlosgeschnatter der Medien ausgeschaltet ist, dann zeigt sich auch heute in der Tätigkeit des Nachdenkens die eigentümliche Doppeltheit des menschlichen Bewusstseins. »Diese Dualität zwischen mir und mir macht das Denken zu einer wirklichen Tätigkeit, in der man gleichzeitig der Fragende und der Antwortende ist«, schreibt Arendt.

Eine wichtige Aufgabe des geistigen Lebens ist es nun, dafür zu sorgen, dass man sich selbst nicht zum Gegner wird. Einwände, die von außen kommen, kann man abschmettern. Was aber tut man, wenn der eigene Partner im Inneren, dessen Feindschaft man nicht wollen kann, kritisch seine Stimme erhebt? »Der Partner, der lebendig wird, wenn man hellwach und allein ist, ist der einzige, dem man nicht entrinnen kann – es sei denn, man hörte auf zu denken.« Für den Nachdenklichen ist es deshalb besser, Unrecht zu erleiden, als anderen Schaden zuzufügen, »weil man Freund des Leidenden bleiben kann; doch wer möchte Freund eines Mörders sein und mit ihm zusammen leben müssen?«

Zeiten des Alleinseins, die man natürlich mit aller Macht vermeiden kann, veranlassen uns dazu, über Vergangenes noch einmal *nach-zu-denken*. Im Rückblick stellen sich mir meine eigenen Taten automatisch aus einer betrachtenden Außenperspektive dar. Ich blicke auf mein früheres Handeln wie mit den Augen der anderen, und dann kann es mir leicht passieren, dass ich darüber in einen Zwiespalt mit mir selbst gerate. Anders gesagt: Die Selbstvergessenheit und Kopflosigkeit, in denen ich mitten im Geschehen versinken mag, kann ich dauerhaft entweder gar nicht oder nur mit extremen Mühen und Abwehrstrategien aufrechterhalten. Es liegt in der Struktur meines Geistes, immer wieder in eine Zweiheit zu zerfallen, in der ich mich urteilend auf die eigene Wirklichkeit zurückbeziehen muss. So bin ich stets zugleich in mein Handeln verwickelt und (zukünftiger) Betrachter des eigenen Tuns.

Vor diesem Hintergrund ergibt sich das Problem der Selbstachtung, der Frage nämlich, ob ich vor mir selbst bestehen kann, wenn ich (später) nachdenke. Andreas Luckner vertritt auf der Basis ähnlicher Überlegungen die Ansicht, dass es eine lebenskluge Entscheidung ist, moralische Ansprüche in mein Handeln einzubeziehen. Er schreibt: »Einerseits bin ich ›Ich‹ als jemand unter anderen – d. h. ich verstehe mich als ein ›Er‹, eine ›Sie‹ oder als ein ›Man‹ – andererseits gibt es den Aspekt des ›Ich‹ als ›Ich-selbst‹. Das, was man traditionell das ›Gewissen‹ nennt – vom Lateinischen, und deshalb *con-scientia*, Mit-Wissen – ist gerade der Ort, an dem eine Person diese Aspekte aufeinander bezieht.«

Man kann also sagen: Die dem menschlichen Geist wesentliche Zweiheit sorgt dafür, dass die Sichtweise anderer bzw. die Ansprüche der anderen in unserem Inneren repräsentiert werden (können). Sie erinnert daran, dass wir auf andere angewiesen sind und ebenso Verantwortung für sie tragen – eine Verantwortung, die mit unserem Menschsein immer schon verbunden ist und die deshalb im Grunde genommen keine Angelegenheit der freien Entscheidung ist. Dies gilt selbst dann, wenn jemand vehement und rhetorisch versiert jede Zuständigkeit für fremdes Wohl abzuschmettern weiß. Der Philosoph Emmanuel Lévinas, der wie kein anderer über die unabweisbare Vorrangigkeit zwischenmenschlicher Verantwortung nachdachte, spricht hier von einem »Engagiertsein, das älter ist als jede erdenkliche, das Menschliche konstituierende Überlegung«. Intensive philosophische Studien zeigen – so Lévinas – Folgendes: Am Ende aller geistigen Anstrengungen ist kein solides, rüttelfestes Fundament der Wahrheit aufzufinden, in dem sich unser Denken endgültig verankern und zur Ruhe kommen könnte. Doch ohne eine solche gesicherte, allgemeinverbindliche Basis muss die Beziehung von einem zum anderen grundlegend neu gedacht und gelebt werden. Gibt es nämlich keine Grundlage (mehr), den anderen von einer zeitenthobenen, alles übergreifenden gemeinsamen »Natur« her zu »erkennen« und auf diese Weise zu »vereinnahmen«, so erwächst daraus – unabwendbar – eine radikalisierte ethische Herausforderung: Ich bin angehalten, mich der (beunruhigenden) Erfahrung der Andersheit des anderen in jeder Situation neu zu stellen. Augenfällig wird nun etwas, das – so sieht es Lévinas – immer schon gilt: Im Verhältnis von Mensch zu Mensch dominiert das Unterscheidende, das Fremde. Jeder übereilten, selbstherrlichen oder gar gewaltsamen Verschließung gegen die Perspektiven und Forderungen anderer ist unwiderruflich der legitime Nährboden entzogen: »Der andere affiziert uns nicht als jemand, den es zu überwinden, einzunehmen, zu beherrschen gilt – sondern als anderer, der von uns unabhängig ist: Hinter jeder Beziehung, die wir mit ihm unterhalten könnten, taucht er immer wieder als Absoluter auf«, schreibt Lévinas.

Stärke und charakterliche Festigkeit können wir nur gewinnen, wenn wir dieser Grundgegebenheit unseres Seins Rechnung tragen. »Echte Verantwortung gibt es nur, wo es wirkliches Antworten gibt«, sagt Buber und bindet damit unsere Moralität an den konkreten Ort und die konkrete Stunde, in der zwischenmenschliche Begegnung stattfindet. Wer in einer gemeinsamen Situation aufmerksam auf das ist, was ihm widerfährt, was er zu sehen, zu hören, zu spüren bekommt, der kann auf keine geläufige Technik zurückgreifen und sich auch nicht hinter allgemeingültige Regeln und Gebote flüchten. Es gibt in der Frage der Verantwortung nichts »stets Verwendbares zu besitzen«, da man es im Konkreten immer mit dem »Uneinreihbaren« zu tun hat. Der ganze »Apparat unserer Zivilisation« dient nach Buber dem Zweck, »den Menschen vor diesem Aufmerken und seinen Folgen zu bewahren«.

Man könnte zwar behaupten, dass dieser begegnungshemmende Apparat der Zivilisation seit einigen Jahrzehnten in sich zusammenschrumpft, da es ja jenseits der Rechtsordnung immer weniger verbindliche Maßstäbe und Gebräuche gibt. Doch ob wir es folglich in der Kunst des Aufmerkens sehr viel weiter gebracht haben, steht auf einem anderen Blatt. Worauf sollten wir zurückgreifen? Denn die besondere Klugheit, die sich nicht allein auf egoistische oder rein persönliche Zwecke richtet, sondern Menschen zu selbstbestimmten und zugleich verantwortlichen Handlungen veranlasst, ist, wie Luckner herausstellt, ein Stiefkind der neuzeitlichen Ethik. Zu sehr am Image kühler Rationalität orientiert, sah mancher ambitionierte Denker das individuelle Glück und ein rundum gutes Leben – die Dreh- und Angelpunkte normalsterblicher Erdenkinder – deshalb als Störfaktor und Hemmschuh für die moralische Pflichterfüllung an. Was man sollte und was man wollte, schien in verschiedene Himmelsrichtungen auseinanderzudriften. Mit kategorischer Strenge musste beides zusammengebracht werden und dabei blieb – so scheint es – nicht selten die Lebensfreude auf der Strecke. Vernachlässigt wurde die Einsicht, dass moralische Rücksichten nicht zwangsläufig das gequälte Produkt einer blutleeren Vernunft sein müssen, sondern ebenso gut dem lebendigen Impuls des In-der-Welt-Seins und des Mit-anderen-Seins entspringen können, ja, dass sie dies genau genommen sogar müssen.

Im Zuge der fortgesetzten Individualisierungsprozesse, die eine Rückkehr zu den starren Regelsystemen der Vergangenheit undenkbar werden lassen, ist heute mehr denn je individuelle Klugheit gefordert. Eine Kultur der Klugheit ist deshalb ein unbedingtes Gebot der Stunde. Natürlich macht eine Klugheitslehre das Nachdenken über allgemeingültige Normen nicht überflüssig, sondern sie stellt sich ihm als eine zweite, heute unerlässliche Instanz zur Seite. So ist Klugheit nicht als Alternative oder Gegenentwurf zur

Moral anzusehen, sondern bleibt im Stil einer individuellen praktischen Vernunft permanent auf sie bezogen. Denn: Auch wenn man grundsätzlich bereit ist, sich nach den Geboten der Moral zu richten, weiß man noch lange nicht, wo es in jeder konkreten Lebenslage hinzugehen hat. Dies ist jeweils neu auszuloten und nur in Teilen von einer Situation auf die andere übertragbar. Luckner findet einen schönen Vergleich, um die besonderen Herausforderungen für die Klugheit auf dem Spielbrett der Moral zu veranschaulichen: »Das ist wie beim Schachspiel: Zu wissen, was an Spielzügen erlaubt bzw. verboten ist – d. h. Kenntnis von den konstitutiven Spielregeln haben –, bedeutet lediglich, den Handlungsspielraum zu kennen, innerhalb dessen man sich bewegen kann; es bedeutet noch lange nicht, zu wissen, wie man sich am besten in ihm bewegt. Selbst derjenige, der die Spielregeln des Schachspiels im Schlaf kennt, kann dennoch völlig orientierungslos vor dem Brett sitzen, wenn es dann ans Spielen geht.«

Glück – »How can happiness feel so wrong? How can misery feel so sweet?«

Es kann passieren, dass wir nach einem langen, anstrengenden und ausgefüllten Arbeitstag erschöpft nach Hause kommen, eine geliebte Musik auflegen, uns ein gutes Glas Wein einschenken, ans Fenster oder in den Garten treten und, während wir in die Landschaft hinausblicken, urplötzlich von einem außerordentlichen Glücksempfinden durchströmt werden. Versuchen wir aber wenige Tage später in Erinnerung an den schönen Moment dieses Gefühl erneut herzustellen, so will es uns nicht gelingen, dieselbe Erfüllung in uns wachzurufen. Wir erkennen dann: Um uns glücklich zu fühlen, können wir auf keine Rezeptur zurückgreifen. Außerordentliche Momente überraschen uns, sie fliegen uns an wie ein köstlicher Duft und verflüchtigen sich ebenso unversehens ohne unser Zutun. »Ich trinke in einer Winternacht, und plötzlich fällt mir auf, dass es ungewöhnlich kalt geworden ist. Ich stoße das Fenster auf und sehe Schneeflocken wirbeln, so groß wie eine Hand, und der Schnee liegt schon drei oder vier Zoll hoch. Ist das vielleicht nicht Glück?«, schreibt ein chinesischer Dichter und lässt in dieser Episode das Plötzliche und Unbeständige des Glückes fühlbar werden. Nur ein »Hauch, ein Husch, ein Augenblick« macht, wie auch Nietzsche sagt, die Art des besten Glückes.

Gleichwohl uns viele Ratgeber etwas anderes glaubhaft machen wollen, sind Gebrauchsanweisungen zum Glücklichsein wenig tauglich. Glück ist kein Leckerbissen, der sich durch Anrühren der richtigen Zutaten herstellen lässt. Dennoch ist das Glücklichsein oberstes Ziel unserer menschlichen Existenz. Irgendwie geht es doch immer ums Glück. Manche Philosophen wie zum Beispiel Schopenhauer begegnen dem Glücksstreben jedoch mit größter Skepsis, da sie der Ansicht sind, dass wir uns auf diese Weise mit übersteigerten Erwartungen in ein Leben verwickeln, das grundsätzlich von seinem Wesen her leidvoll ist. Wir können dann nur enttäuscht werden. Viel besser sei es, so meint er, nicht das Glücklichsein anzustreben, sondern das Unglück zu vermeiden, indem man sich so weit wie möglich aus den Dingen heraus- und von den Menschen fernhält. Einmal abgesehen davon, ob das Heraushalten sich als guter Ratschlag erweist, drängt es auch Schopenhauer nicht zum Unglücklichsein. Selbst sein pessimistischer Rat sucht in der Abwesenheit des Unglücks noch ein letztes Quäntchen Glück. Was also spielt eine Rolle für unser Glück? Gibt es eine Form des Lebens, die uns dem Glück näher bringt, ohne es als Ergebnis technischer Machbarkeit anzusehen? Wir haben weiter oben gesehen, dass ein Zustand, in dem wir uns von den Dingen abgetrennt fühlen und das eigene Leben unbeteiligt an uns vorbeiziehen sehen, kaum als glücklich beschrieben werden kann. Die Lähmung und Apathie, die uns in solchen Phasen ereilt, lässt somit fraglich werden, ob es ratsam ist, mit Schopenhauer auf Weltverneinung zu setzen.

Auch die Aufspaltung in zwei Grundmodi der Lebensführung, wie es heute oft geschieht, ist nicht ohne Tücken. Irgendwie geht die Rechnung nicht auf, wenn wir das Alltagsleben mit einem resignierten »Muss ja« über uns ergehen lassen und dann in Stunden der Freizeit, am Wochenende und im Urlaub mit prallen Segeln in das richtige und vollgültige Leben einlaufen wollen. Im Gedanken an die leidige Arbeit fällt es uns schwer, unsere Mußestunden auszukosten. Tiefere Freude will sich nicht einstellen, denn es gelingt uns nicht, den tagelang aufrechterhaltenen Sicherheitsabstand zu den Dingen gewissermaßen per Knopfdruck abzustellen. Die Doppelexistenz als Zuschauer und Beteiligte unseres Lebens in zwei abgetrennten Zeitzonen ist ein Balanceakt, der sich auf Dauer nicht ohne radikale Glückseinbußen durchhalten lässt. Mit anderen Worten: Wir können nicht über lange Perioden in unserer hauptsächlichen Lebenstätigkeit entfremdet und außengelenkt sein und diesen Mangel an Selbstsein in den Randstunden unseres Lebens kurzum durch Genuss oder besondere Techniken der Introspektion wieder ausgleichen, so wie man einen leergelaufenen Akku zum Aufladen an die Steckdose anschließt.

Betrachten wir all diese Phänomene und Zusammenhänge, so drängt sich die Erkenntnis auf, dass unser Lebensglück mit jenem besonderen und wechselvollen Selbstverwirklichungsprozess verbunden ist, den ich in Anlehnung an verschiedene Autoren dargelegt habe. Es kommt darauf an, uns dieser permanenten und unabschließbaren Arbeit an uns selbst in Verbundenheit mit dem gesellschaftlichen Umfeld hinzugeben und dafür zu sorgen, dass unser Leben nicht in unvereinbare Bruchstücke zerbricht. Demnach sind wir, um es mit Viktor Frankl auszudrücken, nur in dem Maß bei uns selbst, in dem wir »geistig bei etwas oder bei jemandem« sind. Wenn wir auf eine Sache, eine Idee, auf andere Personen hingeordnet leben, gelangen wir dazu, unser Leben zu gestalten und in unseren Tätigkeiten wirklich gegenwärtig zu sein. In dieser sich verausgabenden Form, unser Leben zu leben, liegt die Quelle aller tieferen Glücksempfindung. Es geht uns in diesem Fall gar nicht unmittelbar darum, in einen Glückszustand hineinzugelangen, sondern wir versuchen unsere Sache gut zu machen, das zu tun, was uns sinnvoll und richtig erscheint.

»Wer nach dem Glück jagt, verjagt es«, sagt Frankl und macht uns auf die Vergeblichkeit aller Versuche aufmerksam, ein Glückserleben auf direktem Wege anzusteuern. Bezüglich der romantisierten Subjektivität habe ich im sechsten Kapitel dargelegt, dass alles umweglose Auskosten und Ausweiden möglicher Lustangebote keine dauerhafte Befriedigung verschafft, sondern sich im Uferlosen verliert. »Der Löwenjäger erlebt kein Abenteuer über den dritten Löwen hinaus«, schreibt Fernando Pessoa. Hungrig ergreifen wir, was sich uns bietet, und bemerken, dass es in kürzester Zeit einen schalen Geschmack bekommt. Schon bald verlangt es uns nach anderen Köstlichkeiten und stärkeren Stimulanzen. Wenn das Objekt der Begierde an Neuheitswert verliert und das Eintreten einer Lustempfindung berechenbar wird, mindert sich – das bestätigt auch die Gehirnforschung – unser Lustempfinden. »Es ist generell die große *Erwartung* der Belohnung, die den – hoffentlich – sich anschließenden Genuss steigert, aber die Erwartung verliert ihre genusssteigernde Wirkung mit dem Grad der Sicherheit des Eintretens der Belohnung«, schreibt Gerhard Roth.

Wir müssen noch einen Schritt weiter gehen. Zur Glückerfahrung von Bestand gehört es nicht nur, sich einer Sache, einer Aufgabe oder einer Tätigkeit mit voller Kraft zu widmen, sondern wesentlich ist zudem, dass wir dies in einem wachen und reflektierten Verhältnis zu uns selbst tun. Die von Hannah Arendt umrissene Zwiesprache mit uns selbst, die Fähigkeit also, uns selbst gegenüberzutreten, muss all unser Handeln begleiten. Für ein gesteigertes Glück ist es wichtig, dass wir nicht nur in den Dingen aufgehen, sondern uns in dieser Hingabe auch erfahren und bejahen können. Selbstvergessenheit mündet erst dann in ein volles Glückserleben, wenn wir momenthaft aus ihr heraustreten und diesen Zustand gutheißen können. »Ein glücklicher Mensch muss daher, um einer zu sein, sich selbst als jemanden erfahren können, der in seiner Tätigkeit aufgeht. Diese minimale Distanz zu sich aber ist ein Konstitutivum des (...) Glücks«, schreibt Andreas Luckner.

Auf eine Formel gebracht könnte man sagen: Nichts schafft so intensive Gegenwart wie das im Heraustreten aus uns selbst angeeignete Leben. Glück ist etwas dem Menschen Eigentümliches und kann deshalb auch nicht losgelöst von der »moralischen« Dimension der menschlichen Existenz betrachtet werden. Das Zwei-in-einem unserer Bewusstseinsstruktur macht uns zu Zuschauern unserer selbst. Immer drängt sich uns deshalb die Notwendigkeit auf, den Blick der anderen in unser Tun zu integrieren. Das heißt: Es gehört zum Glücklichsein, sich nicht nur eingedenk einer persönlichen Nutzenbilanz, sondern zugleich eingedenk des menschlichen Beziehungsgefüges zu relativieren. Wenn wir diese Notwendigkeit draufgängerisch oder erfolgsversessen ignorieren – was immer möglich ist –, mindern wir aufs Ganze gesehen unsere Glückschancen. Wir gelangen dann schwerlich in jene kontemplativen Ruhemomente, in denen sich unser Leben auf einmal vor uns ausbreitet und wir uns damit einverstanden erklären können, auch wenn es leidvolle Stunden gab.

Arendts Ausführungen zur Struktur des Denkens zeigen uns, warum das Nichtdenken unglücklich macht, ohne damit den Rückschluss nahezulegen, dass eine garantierte Direktverbindung zwischen Glück und Denken besteht. Im Gegenteil: In Anlehnung an Hegel hebt auch Arendt hervor, dass das Denken aus Uneinigkeit und Zerrissenheit entspringt und demnach seine »existenzielle Wurzel im Unglücklichsein« hat. Der Denkimpuls ergeht im Auseinanderfall von Individuum und Welt. Er leitet uns nicht selten in eine Dimension des Ergründens, die uns schwindeln lässt angesichts der Bodenlosigkeit all unserer Anstrengungen. Doch weitaus zerstörerischer und tiefgreifender ist die Desintegration, die ein Mensch erleidet, wenn die Zweiheit des Bewusstseins in einen dauerhaften Zwiespalt aufbricht und das innere Selbstgespräch verebbt, denn damit verliert er die Möglichkeit, sich angesichts der Entzogenheit übergeordneter Wahrheiten unter Menschen eine Heimat zu verschaffen. Er verliert, auch wenn er fortgesetzt betriebsam ist, seine elementare Kraft zu lieben und zu handeln.

Für die meisten Menschen gilt, dass sich das Glücksverlangen nicht stückweise befriedigen lässt, sondern nur aufs Ganze gesehen. Wer darauf hinarbeitet, am Ende seines Lebens sagen zu können, er sei glücklich gewesen, benötigt dazu die Bereitschaft und Weitsicht, das unmittelbare Glücksangebot des Augenblicks zu prüfen und abzuwägen. Arendt wählt für diese Haltung den Begriff der »Gravitation« auf das Glück hin. Es geht dann nicht darum, aus jeder Lebenslage den größten Ertrag an Befriedigung herauszupressen, sondern um die Aufrechterhaltung der persönlichen Integrität. Darauf wollte im Übrigen auch Immanuel Kant hinaus mit der Forderung, des Glückes würdig zu werden.

Arendt ist der Ansicht, dass immer die Person angesprochen ist. Das heißt, es gibt letztlich keine Instanz, auf die sich der Einzelne berufen kann, um sein Handeln zu entschuldigen. Folgt er einer späteren Einsicht, indem er sich von einer fragwürdigen Tat distanziert, zeigt er mithin Reue, so ist Verzeihung möglich, ja, sie spielt sogar eine ganz wesentliche Rolle im Hinblick auf ein zwischenmenschliches Weiterkommen. Das Auftauchen des »Jemand« – also desjenigen, der sich verantwortlich zeigt – an der Stelle des »Niemand« ist Voraussetzung dafür. Verzeihen ist ein »Heilmittel gegen die Unwiderruflichkeit« des Getanen, während das Versprechen die »chaotische Ungewissheit des Zukünftigen« mindert, sagt Arendt. Beide Akte, die an den Zuspruch der anderen gebunden bleiben, sind wesentliche Voraussetzungen sowohl für die Ausreifung der Person als auch für die Befreiung der Menschen aus einem Teufelskreis aus Rache und Vergeltung: »Könnten wir einander nicht vergeben, d. h. uns gegenseitig von den Folgen unserer Taten wieder entbinden, so beschränkte sich unsere Fähigkeit zu handeln gewissermaßen auf eine einzige Tat, deren Folgen uns bis an unser Lebensende im wahrsten Sinne des Wortes verfolgen würden. (…) Ohne uns durch Versprechen für eine ungewisse Zukunft zu binden und auf sie einzurichten, wären wir niemals imstande, die eigene Identität durchzuhalten; wir wären hilflos der Dunkelheit des menschlichen Herzens, seinen Zweideutigkeiten und Widersprüchen ausgeliefert, verirrt in einem Labyrinth einsamer Stimmungen, aus denen wir nur erlöst werden können durch den Ruf der Mitwelt (...)«, schreibt Arendt. Allein diese sozial verbundene Person, die sich dem Konflikt öffnet und zugleich ihrer Mitwelt versprechend und verzeihend begegnet, die alle herstellenden und schöpferischen Aktivitäten stets auch nachdenkend begleitet, wäre – so muss man aus Arendts Philosophie schließen – letztlich dem gewachsen, was man ein tieferes Glück nennt. Hier mag man einwenden: Der dem Redlichen immer mögliche Moment einsamer Zwiesprache, das besonnene Zur-Ruhe-Kommen in all unseren Geschäften ist doch letztlich ein Einfallstor für jene abgründige Einsamkeitserfahrung, für die es in der Moderne weder Antwort noch Trost gibt. Warum also angesichts des Verlustes einer übergeordneten Sinnsphäre das Leben nicht lieber nach den Erfolgsleitlinien der Geschäftswelt einrichten? Warum irgendwelchen Skrupeln Gehör schenken, die nichts als der kraftlose Nachhall eines abgedankten Gottes sind? Zu antworten wäre: Die Sinnorientierung des Menschen ist unhintergehbar, sonst würden wir die Abwesenheit des Sinns nicht betrauern und die Kontingenzerfahrung in der Einsamkeit nicht fürchten. Der Sinnlosigkeit des Daseins durch Flucht in wilde Betriebsamkeit zu entfliehen, ist nicht besonders heldenhaft und vermutlich weniger wirkungsvoll als erhofft. Vielmehr erscheint es ratsam, die uns gegebenen Möglichkeiten der Sinnstiftung auszuschöpfen, um das Leben in unserer menschlichen Welt lebbarer zu machen.

Auch Luckner hebt heraus, dass das Glück nicht durch Abwehr der Erfahrung von Absurdität zu erlangen ist: »Der Weg zum Glück – (…) verstanden als Aufgehen in der eigenen Tätigkeit – führt mitten durch die Sinnlosigkeit des Daseins hin zu Aneignung der eigenen Situation.« Martin Buber könnte hinzufügen: »Die Menschen, die nach Gemeinschaft begehren, begehren nach Gott.« Er verweist damit auf die Möglichkeit, das Göttliche im Zwischenmenschlichen zu erschließen. Eine von Gott getrennte Welt ist für Buber »das Leben mit einer verfremdeten Eswelt«, also einer Welt, in der auch der andere Mensch zum Gebrauchsgegenstand herabgesetzt wird. Nicht der vermeintlich leere Himmel besiegelt den Tod Gottes, sondern die Vernichtung jener Instanz in unserem Inneren, die uns »zum andern ausgehen« lässt.

Dem Menschen nicht objekthaft, sondern menschlich zu begegnen, verbietet es, in der Welt des Miteinander-Handelns verallgemeinernd von *einem Menschen überhaupt* zu sprechen. Die tatsächliche Vielfalt der Menschen darf, wie Arendt sagt, nicht als »unendlich variierbare Reproduktion eines Urmodells« angesehen werden. »Das Handeln bedarf der Pluralität, in der zwar alle dasselbe sind, nämlich Menschen, aber dies auf die merkwürdige Art und Weise, daß keiner dieser Menschen je einem anderen gleicht, der einmal gelebt hat oder lebt oder leben wird.«

Schluss: Worauf es ankommt

Verschiedenes sollte klar geworden sein: Obwohl wir heute ständig von Selbstverwirklichung, Autonomie und freier Entfaltung der Persönlichkeit sprechen, leitet uns oftmals ein sehr vordergründiges Verständnis dieser Werte. Man könnte sogar behaupten, dass sich hinter mancher vollmundigen Rede über diese Dinge das glatte Gegenteil dessen verbirgt, was sich dem Nachdenklichen erschließt. Das »Handwerk der Freiheit« (Peter Bieri), die Herauslösung aus entfremdenden Strukturen, ein selbstbestimmter Lebenskurs, die Aneignung von Klugheit – all dies fällt uns nicht leichtfüßig zu, sondern verlangt sehr viel von uns.

Ich hoffe nun sehr, ich habe deutlich machen können, wie wichtig diese »philosophischen Qualitäten« angesichts der Schwierigkeiten sind, mit denen wir heute zu kämpfen haben. Ob es die Zerwürfnisse der Liebenden sind, die Nöte der Kindererziehung, die Abwertung des Alters, die allgemeine Flucht vor der Einsamkeit, die Überforderung durch die Arbeitswelt oder der Verlust gesellschaftlicher Solidarität: Mehr oder weniger zeigt sich in allen Bereichen das Überhandnehmen einer vorwiegend zweckrationalen und zielfixierten Lebenshaltung.

Die sozialen und psychischen Komplikationen, die sich vor uns ausbreiten, sind Ausfluss ein und derselben Grundproblematik, in die wir uns hineinmanövriert haben: Wir haben einerseits einer Logik des Marktes und andererseits einem übersteigerten Wissenschafts- und Machbarkeitscredo mehr Einfluss auf unser Leben zugebilligt, als unserem Leben guttut. Wie ich schon dargelegt habe, hat der Glaube an eine technische Herstellbarkeit wahrhaften und glückvollen Selbstseins inzwischen auch in der Psychobranche Einzug gehalten. Ob es um Wechseljahresbeschwerden, Gefühlsblockaden, schwere Lebenskrisen oder Formen der Selbstpräsentation geht, überall lauern uns geschulte oder selbst ernannte Experten auf, um mit neuen Techniken der Selbstbeobachtung, Farbgestaltung, Aromatherapie, Familienaufstellung usw. den Durchbruch zu authentischer Lebensfülle zu bewirken.

Einige Betrachtungen der letzten Abschnitte haben entfaltet, dass das Wesen der Selbstverwirklichung gerade darin liegt, nicht von außen her produzierbar zu sein. Kein noch so versierter Kenner der menschlichen Seele kann über die Bedeutungen meiner inneren Welt verfügen, niemand kann für mich wissen, wie meine Situation zu meistern ist. Zugleich habe ich gezeigt, dass es eine unhintergehbare Grundstruktur des Menschseins gibt, der man sich nicht entziehen kann, jedenfalls bislang noch nicht. Es liegt auf der Hand, dass es einem philosophischen Berater darum gehen muss, allen Tendenzen entgegenzuwirken, die in der gegenwärtigen Gesellschaft die tiefen Gewässer unserer Selbstauslotung in einen seichten Erlebnissumpf abzuflachen suchen. Dieses Anliegen darf keinesfalls als ein Versuch missverstanden werden, dem Individuum bestimmte Sinninhalte aufzupfropfen. Es kann kaum irgendwo auf normierte Präparate für die richtige Lebensführung zurückgreifen, da das Gute und Passende in konkreten Lebenssituationen jeweils neu zu erschließen ist. Er kann deshalb auch keine bewährten und erfolgssicheren Techniken anwenden, mit denen sich ein feststehender Zweck erreichen lässt. Das Selbst ist kein Endprodukt gekonnter Maßnahmen und Handgriffe, sondern es realisiert sich in der fortwährend erneuerten Bereitschaft, ins Offene hinein zu denken, nach Luckner »in der Auflösung von Fixierungen an bestimmte Vorstellungen vom Leben«.

Doch wir können uns, wie ausgeführt, in diesem Selbstwerdungsprozess immer nur als Koautoren begreifen. Unabänderlich sind wir in ein Geflecht unzähliger Handlungsfäden eingelassen, das uns sowohl bindet, bettet und birgt als auch von uns fortzuzerren droht. Was für mich gut ist, hängt zwar von meiner Einstellung zu den Gegebenheiten meines Lebens ab, doch diese Einstellung ist ihrerseits ebenso einer Prüfung zu unterziehen. Mit Rahel Jaeggi gesprochen, muss das sich ausdrückende Wollen ein wahrhaftes Wollen sein, insofern es keinen »internen Behinderungen unterliegt«. Ihr Kriterium für ein unentfremdetes Wollen ist nicht etwas Bestimmtes zu wollen, »sondern das, was man will, frei oder selbstbestimmt wollen zu können«. Das heißt: Wer sich hohe Lebensziele steckt, muss zugleich eine realistische Wahrnehmung der Bedingungen des Selbst besitzen. Fatal wäre es – wie manche Lebenskunstphilosophen es sehen –, das Ende vorgegebener Menschenbilder dahingehend auszudeuten, als könne man sich nun in freier Schöpferkraft mit souveränem Pinselstrich absolut frei entwerfen. Die Idee einer künstlerischen Kreation des Selbst ist zwar bei berühmten Denkern wie Friedrich Nietzsche oder Michel Foucault durchaus von gesellschaftskritischen Impulsen getragen, ähnelt aber aus der Nähe betrachtet jenen umrissenen romantischen Tendenzen, die in Abkehr von der Norm einem unstillbaren Hunger nach Unverfälschtheit verfallen. Der Ausschlag ins Leere ist vorprogrammiert, denn das Verlangen des Selbsterfinders entbehrt jeder Bezugsinstanz. Sich vom Nullpunkt aus neu erschaffen zu wollen, verkennt die psychische Realität unserer Lebensprozesse und erweist sich zudem als logisch widersinnig: Wer sollte derjenige sein, der jenseits aller vorgängigen Maßstäbe das Kunstwerk des Selbst gleichsam aus dem Boden stampft?

Der handelnde Mensch wähnt sich gemäß dieser Logik allmächtig und droht in die eigenen Projektionen hineinzustürzen, wie Rüdiger Safranski u. a. in Bezug auf die Persönlichkeit Nietzsches demonstriert hat: »Nietzsche wollte das Leben finden mit Hilfe des Denkens und hat dabei ein Denken erfunden, welches das Leben verwüstet.« Nietzsches Idee des großen Einsamen, der sich dem Zugriff der kleinlichen Herde entzieht, der das Gute der vielen als Scheinheiligkeit entlarvt und sich, hart gegen sich selbst, der lauernden Gefahr der Liebe entreißt, verkündet eine Form mitleidloser Selbsterschaffung, die am Ende der Figur umfassender Weltentfremdung sehr ähnlich sieht. Dieser Hochmut reiner Selbstkreation begreift das Leben der anderen als narzisstische Kränkung. Hier kann die von Ernst Tugendhat umrissene »lebensnotwendige« Selbstrelativierung keinen Boden gewinnen, es kann sich kein gemeinsames Leben ergeben, das meistenteils vernichtend auf das freiheitswütige Selbst zurückschlägt. Dass die Anerkennung anderer nicht zwangsläufig bedeuten muss, restlos und erstickend in eine Gemeinschaft eingeschmolzen zu werden, sondern als Faktum der Verbundenheit positiv gelebt werden kann, entgeht der Ideologie frei schwebender Selbsterfindung. Wer verbissen auf seine Einzigartigkeit aus ist, hat gute Chancen, sich selbst zu verpassen. Das Leben als Kunstwerk zu betrachten, mündet aller Voraussicht nach in einer Fixierung auf ein Image oder Selbstideal, wodurch die Verwicklung ins Alltägliche auf Abstand gehalten wird. Gerade das reflektierte Engagement innerhalb der uns umgebenden Wirklichkeit indes ist die Quelle echten Selbstvollzuges.

Ein Teil dieser Welt zu sein, in Gemeinschaften eingebettet zu leben, in Kollektiven zu kooperieren, an demokratischen Prozessen teilzunehmen, all dies konfrontiert uns zwangsläufig mit einer zweifachen Erfahrung der Grenze: Wir können niemals ganz sicher sein, das Richtige und alles uns Mögliche getan zu haben, und wir müssen damit leben, Dinge zu tun oder hinzunehmen, die wir eigentlich nicht wollen. In Anlehnung an eine Definition Bieris müsste man sagen, dass wir aufs Ganze gesehen nicht umhinkommen, über weite Strecken unseres Lebens Dinge mit nur »geborgter Wünschbarkeit« zu verfolgen. Es mag widersinnig klingen, aber um gut mit anderen zu leben, müssen wir die Fähigkeit kultivieren, uns etwas widerfahren zu lassen. Wir müssen gewisse Passivitätsqualitäten und ein sicheres Gespür für den richtigen Augenblick der Zurückhaltung erwerben. Es ist gut, individualistisch zu leben, aber es ist (selbst)zerstörerisch, das Leben eines Sonnenkönigs führen zu wollen. Im Gegenzug ist unbedingt festzuhalten: Obschon überspannten Konzepten der Selbstkreation à la Foucault oder Nietzsche mit Skepsis zu begegnen ist, kommt dem philosophischen Werk dieser Denker unschätzbarer Wert zu. Mit historischer Sorgfalt und mit einem unbeirrbaren Gespür für die subtilen Ablagerungen, Schichtungen und Gitterwerke verborgener Machtstrukturen sensibilisieren sie ihre Leser dafür, das Selbstverständliche und vermeintlich Ewige als historisch gewachsen und gemacht zu erkennen.

Weiß man um die geschichtliche Kontingenz bestehender Beschränkungen und Ausgrenzungsformen, so wächst die Bereitschaft, Dinge mit anderen Augen zu betrachten und über Neugestaltung nachzudenken. Foucault lässt uns z. B. erkennen, dass die moderne Redeweise über das Subjekt nicht zuletzt auch auf der Basis wissenschaftlicher Messdaten ein Dogma der Normalität errichtet hat, das wenig Spielraum für Andersartigkeit und Neugestaltung lässt. Gemäß den Resultaten der Naturwissenschaften oder auch nur in Entsprechung zu vorherrschenden Denkrastern katalogisieren wir unsere Leistungen, berechnen wir unsere Zukunftsaussichten und kalkulieren wir wichtige persönliche Lebensentscheidungen wie eine mathematische Gleichung. Weiter oben habe ich beschrieben, dass wir nicht selten auch in höchstpersönlichen und intimen Angelegenheiten quasi ferngesteuert einer expertenbemannten Kommandobrücke folgen und Gefahr laufen, unser schöpferisches Potenzial anschmiegsam zu ersticken. Eine solche Unterwerfung unter fremde Normierung, deren Sinn für das eigene Leben nicht mehr bedacht wird, nennt der Mediziner und gesellschaftskritische Therapeut Wolf Büntig »Normopathie«. Er bezeichnet damit eine krank machende Haltung, die als Ergebnis einer übermäßigen »Konditionierung in der sogenannten Zivilisation, die die Kultur verdrängt«, anzusehen ist. Auch Büntig verdeutlicht darüber hinaus den spezifischen Widersinn, in den die Krankheit der Normalität uns gegenwärtig hineinführt: Die Norm schreibt uns – wie auch allen anderen – vor, etwas ganz Besonderes werden zu müssen. Wir gleichen uns darin, uns voneinander unterscheiden und absetzen zu wollen. Dass unter dem Regiment einer solchermaßen paradoxen Anpassungsstruktur die soziale Welt zersplittert und der Einzelne sich selbst fremd wird, liegt auf der Hand. Normopathie, ob konservativ oder progressiv gewendet, ist das Grab einer lebendigen Demokratie, die ihre soziale und ökologische Verantwortung wahrnimmt.

Wie unterscheidet sich die Klugheit einer starken Persönlichkeit von der Normopathie? Ein paar Eckpunkte mögen genügen: Wer Klugheit ausbildet, arbeitet darauf hin, verbindliche Solidaritäten aufzubauen und solchermaßen positive Erfahrungen des Allgemeinen in die Welt zu bringen. Er verliert sich nicht in der Abwehr allgegenwärtiger Konformitätszwänge, sondern wagt die Auseinandersetzung mit der Welt, um sich auf diese Weise seines eigenen Denkens und Könnens bewusst zu werden. Nur so ist Freiheit möglich. Das heißt, ein solchermaßen Kluger weiß um die Grenzen der eigenen Person, akzeptiert, dass Realität nie ohne Schmerz erfahrbar ist, und befreit sich aufgrund dessen vor allem von dem fehlgeleiteten Heilsversprechen mancher Zeitgeistströmungen, dem ichbezogenen Ideal nämlich, alles Leid müsse aufhebbar sein. Den Vereinsamungstendenzen innerhalb der gegenwärtigen Gesellschaft antwortet er, der im Alleinsein die Selbstzerrissenheit und Versöhnung mit sich selbst auszuhalten vermag, durch einen steten Einsatz für aktive Freundschaft und Solidarität, Werte, die für ihn mehr sind als »die Schönheit seelenvoller Lebenszustände einer längst verklungenen Vergangenheit«, wie der Philosoph Hans-Georg Gadamer es formuliert.

Nachwort

Georg, Thomas und Franz gibt es nicht, jedenfalls so nicht, nur Anteile von ihnen finden sich in den Seelen vieler Menschen, die ich kenne. Dass es Georg nicht gibt, betrübte mich so sehr, dass ich ihn erfinden musste. Tante Clara allerdings hat wirklich gelebt. Unter anderem Namen wohnte sie über viele Jahrzehnte im Haus meiner frühen Kindheit, noch lange nachdem meine Eltern, meine Schwester und ich in eine moderne Neubauwohnung in die benachbarte Großstadt abgewandert waren. Die etwas ungnädige Germanistin und die esoterische Lehrmeisterin sind verschiedenen realen Personen nachempfunden. Obgleich ich bei ihrer Zeichnung genügend verfremdende Tünche verwendet habe, wäre es irreführend, ihre Ähnlichkeit mit vielen lebenden Personen als rein zufällig auszugeben.

Doch neben diesen halberfundenen Gestalten gibt es eine Reihe sehr konkreter Personen, denen ich für ihre Hilfe nachdrücklich danken möchte: Allen voran den vielen Besuchern meiner philosophischen Praxis, mit denen ich unzählige anregende Gespräche führen konnte; des Weiteren und im Besonderen: Thomas Polednitschek, Vera Viehhöver, Ursula Arslan, Thomas Gutknecht, Kurt Kliem, Susanne Kliem, Thomas Hölzl, Burkhard Menke, Christiane Galla, Christiane Funken, Lutz Ellrich, Claudia Wein-Hilgers, Rudolf Weishaupt, Ute Gäs-Zeh, Inga Humpe, Thomas Schwabe, Roger Wisniewski, Grete Sprungala, Tanya

Klocke, Natalie Knapp, Heidi Lehnen (für die vielen wunderbaren Hundespaziergänge!) und natürlich meiner Familie, die mich immer unterstützt hat und mich manchmal auch ertragen musste.

Literaturangaben

Es werden kapitelbezogen die wesentlichen Titel angegeben, auf die ich mich entweder explizit beziehe oder die mir wichtige Anregungen gegeben haben.

Einleitung

Hannah Arendt: Vom Leben des Geistes. Das Denken. Das Wollen, München – Zürich 2002 // Manfred Spitzer (Audiobook): Glück ist …, Etsdorf am Kamp 2010 // Harro Albrecht: Gemeinschaft als Therapie. Nicht nur Schnupfen ist ansteckend, sondern auch das Wohlbefinden. Soziale Netzwerke helfen, gesund zu bleiben – und glücklich, in: DIE ZEIT Nr. 17., 16.4. 2009.

1. Sport

Christopher Lasch: Das Zeitalter des Narzißmus, Hamburg 1995 // Johan Huizinga: Homo ludens. Vom Ursprung der Kultur im Spiel, Frankfurt a. Main 1939 // Hubert Dahlkamp, Ralf Schröder: Nicht alle Helden tragen Gelb. Die Geschichte der Tour de France, Göttingen 2005 // Gernot Böhme: Leibsein als Aufgabe. Leibphilosophie in pragmatischer Hinsicht, Zug 2003.

2. Von Liebe und Gerechtigkeit

Iris Radisch: Die Schule der Frauen. Wie wir die Familie neu erfinden, München 2008 // Jana Černá: Milena Jesenská, Frankfurt a. Main 1985 // Marie-France Hirigoyen: Solotanz – Anleitung zum Alleinsein. Glück und Unglück einer neuen Lebensform, München 2008 // Ricarda Huch: Die Romantik. Blütezeit – Ausbreitung – Verfall, Tübingen 1951 // Lou Andreas-Salomé: Die Erotik, München 1979 // Ulrich Beck, Elisabeth Beck-Gernsheim: Das ganz normale Chaos der Liebe, Frankfurt a. Main 1990 // Novalis: Schriften. Werke, Tagebücher und Briefe von Friedrich von Hardenberg, hg. v. Hans-

Joachim Mähl und Richard Samuel, Bd. 2., Wien – München 1978 // Ulrich Beck: Das Zeitalter der Nebenfolgen und die Politisierung der Moderne, in: Ulrich Beck, Anthony Giddens, Scott Lash: Reflexive Modernisierung. Eine Kontroverse, Frankfurt a. Main 1996 // Johann Gottlieb Fichte: Grundriß des Familienrechts, in: ders.: Grundlage des Naturrechts nach Principien der Wissenschaftslehre (1776), Hamburg 1779 // Max Scheler: Liebe und Erkenntnis, in: ders.: Gesammelte Werke, Bd. 6., Schriften zur Soziologie und Weltanschauungslehre, Bonn 2008 // Kai Buchholz (Hg.): Liebe. Ein philosophisches Lesebuch, München 2006.

3. Sex Sex Sex

Das Titelzitat »Body is Boss« ist ein Songtitel vom Album »Lasso« der Band »Zweiraumwohnung« // Wolfgang Büscher, Bernd Siggelkow: Deutschlands sexuelle Tragödie. Wenn Kinder nicht mehr lernen, was Liebe ist, München 2008 // Myrthe Hilkens: McSex. Die Pornifizierung unserer Gesellschaft, Berlin 2010 // Kai Buchholz (Hg.): Sex. Ein philosophisches Lesebuch, München 2008 // Gernot Böhme (siehe Kapitel 1); ders.: Einführung in die Philosophie. Weltweisheit – Lebensform – Wissenschaft, Frankfurt a. Main 1984 // Michael Niehaus, Roger Wisniewski: Management by Sokrates. Was die Philosophie der Wirtschaft zu bieten hat, Berlin 2009.

4. Über Erziehung

Das Titelzitat »Erst die Mächtigkeit, die umfasst, ist Führung« ist der Erziehungsschrift Martin Bubers entnommen: Martin Buber: Reden über Erziehung: Reden über das Erzieherische/ Bildung und Weltanschauung/Über Charaktererziehung, Martin Buber Werkausgabe, Bd. 8., Gütersloh 2005 // Hannah Arendt: Was ist Autorität?, in: dies.: Zwischen Vergangenheit und Zukunft, München 1994 // Hannah Arendt: Die Krise in der Erziehung, in: dies.: Zwischen Vergangenheit und Zukunft, München 1994 // Alexander Sutherland Neill: Theorie und Praxis der antiautoritären Erziehung, München 1965 // Kurt Beutler und Detlef Horster (Hg.): Pädagogik und Ethik, Ditzingen 2005 // Immanuel Kant: Über Pädagogik, in: ders.: Schriften zur Anthropologie, Geschichtsphilosophie, Politik und Pädagogik. Werkausgabe (hg. v. Wilhelm Weischedel) Bd. XII., Frankfurt a. Main 1977 // Anton Hügli: Philosophie und Pädagogik, Darmstadt 1999 // Michael Winterhoff: Warum unsere Kinder Tyrannen werden oder: Die Abschaffung der Kindheit, Gütersloh 2008 // Marie-France Hirigoyen: Die Masken der Niedertracht. Seelische Gewalt im Alltag und wie man sich dagegen wehren kann, München 2008 // Donald Woods Winnicott: Über die Fähigkeit, allein zu sein, in: Psyche 12, 6. Heft 1958 // Johannes Bilstein: Pädagogische Gnadenakte, in: Stefan Drees u. a. (Hg.): Musik – Transfer – Kultur. Festschrift für Horst Weber, Hildesheim 2009 // Jakob Schrenk: Die Kunst der Selbstausbeutung. Wie wir vor lauter Arbeit unser Leben verpassen, Köln 2007 // Peter Bieri: Wie wäre es, gebildet zu sein?, in: NZZ am Sonntag, Nr. 45, 11.6. 2005 // Robert Spaemann: Wer ist ein gebildeter Mensch?, in: Scheidewege, Jahresschrift für skeptisches Denken, Jahrgang 1994/95.

5. Altern als Kampf gegen den Zahn der Zeit

Simone de Beauvoir: Der Lauf der Dinge, Reinbek 1966; dies.: Das Alter, Hamburg 1977 // Thomas Rentsch: Philosophische Anthropologie und Ethik der späten Lebenszeit, in: Paul B. Baltes, Jürgen Mittelstraß (Hg.): Zukunft des Alterns und gesellschaftliche Entwicklung, Berlin – New York 1992 // Odo Marquard: Zum Lebensabschnitt der Zukunftsverminderung, in: Jahrbuch der Deutschen Akademie für Sprache und Dichtung 2006, Darmstadt 2007 // Norberto Bobbio: Vom Alter – De senectute, München 2002 // Sören Kierkegaard: Gesammelte Werke. Tagebücher 1834–1855, München 1949 // Thomas Druyen: Die große Alterswende, in: Aus Politik und Zeitgeschichte 49–50, Alter und Altern, Beilage zur Wochenzeitung *Das Parlament*, 2005 // Alain Ehrenberg: Das erschöpfte Selbst. Depression und Gesellschaft in der Gegenwart, Frankfurt a. Main 2004 // Hannah Arendt: Ein mögliches Schlusskapitel: »Von der Wüste und den Oasen«, in: dies.: Was ist Politik? Fragmente aus dem Nachlaß, hg. von Ursula Ludz, München – Zürich 2005.

6. Von erhabener Einsamkeit zu kläglicher Vereinsamung

Rolf Haubl: Lebenskunst: Die Fähigkeit, mit sich allein zu sein, in: Psychologie Heute, März 2009 // Dorette Gühlich: Langeweile: Die produktive Kraft, in: Psychologie Heute, März 2009 // Marie-France Hirigoyen (siehe Kapitel 2) // Cornelia Klinger: »... *car je ne tends qu'à connaître mon néant* ...« oder: Die verlorene Einsamkeit der Philosophie, in: Deutsche Zeitschrift für Philosophie, 50. Jahrgang 2002, Heft 5 // Slavoj Žižek: Die Brisanz des christlichen Erbes, in: Information Philosophie 1/2002 // Alain Ehrenberg (siehe Kapitel 5) // Meister Eckhart: Von der Abgeschiedenheit, in: ders.: Schriften, Jena 1934 // Jean-Jacques Rousseau: Träumereien eines einsamen Spaziergängers, in: ders.: Schriften, Bd. 2., München 1978 // Ricarda Huch (siehe Kapitel 2) // Ludwig Tieck: William Lovell, Darmstadt 1961 // Stendhal: Über die Liebe, in: ders.: Werke, Bd. 7., Berlin 1982 // Georg Friedrich Wilhelm Hegel: Einleitung in die Ästhetik, München 1985 // Martin Heidegger: Die Grundbegriffe der Metaphysik. Welt – Endlichkeit – Einsamkeit, in: Gesamtausgabe, Bd. 29/30, Frankfurt a. Main 1983 // Carl Friedrich Pockels: Versuch einer Charakteristik des weiblichen Geschlechts. Ein Sittengemälde des Menschen, des Zeitalters und des geselligen Lebens, 4 Bde., Hannover 1797–1802 // Hannah Arendt (siehe Einleitung) // Lars Svendsen: Kleine Philosophie der Langeweile, Leipzig 2002 // Helmut Brall (Hg.): Versuche über die Einsamkeit, Frankfurt a. Main 1990.

7. Szenarien der Selbsterschaffung

Richard Sennett: Der flexible Mensch, Berlin 1998 // Fernando Pessoa: Das Buch der Unruhe, Frankfurt a. Main 1995 // Alain Ehrenberg (siehe Kapitel 5) // Luc Boltanski, Ève Chiapello: Der neue Geist des Kapitalismus, Konstanz 2006 // Eva Illouz: Die Errettung der modernen Seele, Frankfurt a. Main 2009 // Max Scheler: Wesen und Formen der Sympathie, Bonn 1999 // Jakob Schrenk (siehe Kapitel 4) // Manfred Prisching: Seelentraining. Über eine neue Dimension der Karrierepolitik, in: Ronald Hitzler, Michaela Pfadenhauer (Hg.): Karrierepolitik. Beiträge zur Rekonstruktion erfolgsorientierten Handelns, Opladen 2003 // Wolfgang Krischke, Bernhard Pörksen (Hg.):

Die Casting-Gesellschaft. Die Sucht nach Aufmerksamkeit und das Tribunal der Medien, Köln 2010 // Martin Buber: Alles Leben ist Begegnung. Hundert Worte von Martin Buber, hg. v. Stefan Liesenfeld, München – Zürich – Wien 2006 // Thomas Polednitschek: Diagnose Politikmüdigkeit. Die Psychologie des nicht-vermissten Gottes, Berlin 2003 // Ulrich Beck: Das Zeitalter der Nebenfolgen und die Politisierung der Moderne, in: Ulrich Beck, Anthony Giddens, Scott Lash (Hg.): Reflexive Modernisierung. Eine Kontroverse, Frankfurt a. Main 1996; ders.: Wissen oder Nicht-Wissen? Zwei Perspektiven »reflexiver Modernisierung«, ebd. // Peter L. Berger, Thomas Luckmann: Die gesellschaftliche Konstruktion der Wirklichkeit, Frankfurt a. Main 1980 // Scott Lash: Wir leben im Zeitalter der globalen Kulturindustrie. Wenn alles eins wird, in: DIE ZEIT Nr. 10 v. 5.3.1998 // Zygmunt Bauman: Wenn Menschen zu Abfall werden – Ein Gespräch mit Zygmunt Bauman, dem Soziologen der Moderne, über nutzlose Menschenmassen, die Revolte in Frankreich und sein neues Buch »Verworfenes Leben«, in: DIE ZEIT Nr. 47 v. 17.11.2005 // Hannah Arendt (siehe Einleitung) // Michel Foucault: Die Ordnung der Dinge, Frankfurt a. Main 1971.

8. Selbstrelativierungen

Martin Hubert: Ist der Mensch noch frei? Wie die Hirnforschung unser Menschenbild verändert, Düsseldorf 2006 // Klaus Jürgen Grün, Gerhard Roth (Hg.): Das Gehirn und seine Freiheit. Beiträge zur neurowissenschaftlichen Grundlegung der Philosophie, Göttingen 2006 // Peter Heintel, Gerhard Roth: Kann die Gehirnforschung den Geist erklären? Hirnforschung und Geist – Information Philosophie im Internet, www.information-philosophie.de // Karl Zilles: Hirnforschung widerlegt nicht Freiheit. Libet-Experiment misst keine Willensentscheidung, ebd. // Gerhard Roth: Persönlichkeit, Entscheidung und Verhalten. Warum es so schwierig ist, sich und andere zu ändern, Stuttgart 2007 // Eve-Marie Engels, Elisabeth Hildt (Hg.): Neurowissenschaften und Menschenbild, Paderborn 2005 // Das Böse im Guten. Die Biologie von Moral und Unmoral, in: DER SPIEGEL Nr. 31/31.7.07 // Thomas Assheuer: Ich war es nicht!, in: DIE ZEIT Nr. 42/11.10.07

// Sabine Rückert: »Wie ist es denn schließlich zur Entscheidung gekommen, die Frau zu vergewaltigen?«, in: ZEITmagazin Leben, Nr. 35 v. 23.8.2007 // Frank Ochmann: Die gefühlte Moral. Warum wir Gut und Böse unterscheiden können, Berlin 2008 // Immanuel Kant: Grundlegung zur Metaphysik der Sitten, hg. v. Theodor Valentiner, Stuttgart 1961 // Arthur Schopenhauer: Über die Grundlage der Moral, in: Sämtliche Werke, Darmstadt 1962.

9. Ich, du, ihr, man und die übrigen anderen

Ernst Tugendhat: Egozentrik und Mystik. Eine anthropologische Studie, München 2003 // Robert Spaemann: Personen. Versuche über den Unterschied zwischen »etwas« und »jemand«, Stuttgart 1996 // Viktor Frankl: Zehn Thesen über die Person, in: ders.: Der Wille zum Sinn. Vorträge über Logotherapie, München – Zürich 1991 // Judith Butler: Kritik der ethischen Gewalt, Frankfurt a. Main 2003 // Georg Franck: Ökonomie der Aufmerksamkeit, Wien 1998.

10. Selbstwerdung

Das Titelzitat »Du sollst werden, der du bist« entstammt der Schrift »Fröhliche Wissenschaft« von Friedrich Nietzsche // Das Titelzitat »How can happiness feel so wrong? How can misery feel so sweet?« entstammt dem Song »The closest thing to crazy« von Katie Melua // Ernst Tugendhat (siehe Kapitel 9) // Rahel Jaeggi: Entfremdung. Zur Aktualität eines sozialphilosophischen Problems, Frankfurt a. Main 2005 // Peter Bieri: Das Handwerk der Freiheit, München – Wien 2001 // Hannah Arendt: Vita activa oder Vom tätigen Leben, München – Zürich 2006; dies.: Vom Leben des Geistes. Das Denken. Das Wollen, München – Zürich 2002 // Emmanuel Lévinas: Zwischen uns. Versuche über das Denken an den Anderen, München 1995; ders.: Totalität und Unendlichkeit. Versuch über die Exteriorität, Freiburg – München 1987 // Martin Buber (siehe Kapitel 7) // Viktor Frankl (siehe Kapitel 9) // Gerhard Roth: Persönlichkeit, Entscheidung und Verhalten (siehe Kapitel 8) // Hannah Arendt: Über das Böse. Eine Vorlesung zu Fragen der Ethik, München – Zürich 2006 // Gernot Böhme (siehe Kapitel 1).

Meister Eckhart
Philosophisch leben

Herausgegeben von
Thomas Polednitschek

Gebunden mit
Leseband, 160 Seiten
ISBN 978-3-451-32311-9

Meister Eckhart, um 1260 geboren, gilt als bedeutendster Vertreter der Deutschen Mystik. Thomas Polednitschek stellt ihn als »Philosophischen Praktiker« vor, dessen zeitloses Lebenswissen Orientierung für ein klug geführtes und gutes Leben gibt. In Originaltexten kommt Meister Eckhart selbst zu Wort.

HERDER

www.herder.de

Satz: Barbara Herrmann, Freiburg
Herstellung: fgb · freiburger graphische betriebe
www.fgb.de

Gedruckt auf umweltfreundlichem, chlorfrei gebleichtem Papier
Printed in Germany

ISBN 978-3-451-32535-9